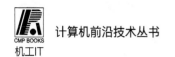

计算机前沿技术丛书

HANDS-ON VISUAL PERCEPTION
FOR AUTONOMOUS DRIVING WITH PYTORCH

PyTorch自动驾驶视觉感知算法实战

刘斯坦 著

本书全面介绍了自动驾驶系统中深度学习视觉感知的相关知识，包括深度神经网络和深度卷积神经网络的基本理论，深入讲解了自动驾驶中常用的目标检测、语义、实例分割和单目深度估计四种视觉感知任务。

本书对自动驾驶工程实践中很重要但经常被忽略的知识进行了全面总结，包括多任务模型的损失平衡、Ubuntu 操作系统、Anaconda 和 Docker 等环境配置工具、C++开发环境搭建、神经网络压缩、模型导出和量化、TensorRT 推理引擎等和部署相关的技术。

本书各个任务都由 PyTorch 实现，模型部署的代码则提供 C++实现，并附带一个中等规模的自动驾驶数据集用于示例。所有代码都公开在 Github 公开源码仓库上，很多代码可以直接用于生产环境，且提供了商业友好的代码许可证。

本书适用于具备基本机器学习知识，有志于从事自动驾驶算法工作的学生，也适用于刚迈入职场，面对各种陌生技术无所适从的初级工程师。同时，本书也可供中高级算法工程师作为案头常备书籍，以便查阅。

图书在版编目（CIP）数据

PyTorch 自动驾驶视觉感知算法实战 / 刘斯坦著. —北京：机械工业出版社，2024.1（2024.9 重印）

（计算机前沿技术丛书）

ISBN 978-7-111-74027-8

Ⅰ.①P… Ⅱ.①刘… Ⅲ.①汽车驾驶-自动驾驶系统-计算机视觉-算法 Ⅳ.①U463.61-39

中国国家版本馆 CIP 数据核字（2023）第 190362 号

机械工业出版社（北京市百万庄大街 22 号　邮政编码 100037）
策划编辑：李培培　　　　　　　责任编辑：李培培
责任校对：贾海霞　李小宝　　　责任印制：单爱军
北京虎彩文化传播有限公司印刷
2024 年 9 月第 1 版第 2 次印刷
184mm×240mm・17.25 印张・422 千字
标准书号：ISBN 978-7-111-74027-8
定价：119.00 元

电话服务　　　　　　　　　　网络服务
客服电话：010-88361066　　　机　工　官　网：www.cmpbook.com
　　　　　010-88379833　　　机　工　官　博：weibo.com/cmp1952
　　　　　010-68326294　　　金　　书　　网：www.golden-book.com
封底无防伪标均为盗版　　　机工教育服务网：www.cmpedu.com

前言

2012年,多伦多大学Geoffrey Hinton教授指导的学生Alex Krizhevsky发表了AlexNet深度卷积神经网络模型,在ImageNet图像识别任务上大幅超越第二名,开启了深度学习的新纪元。同年,笔者于慕尼黑工业大学毕业,彼时,笔者选修了Daniel Cremers教授开设的多门课程,醉心于学习凸优化、微分几何等经典计算机视觉的理论知识,对卷积神经网络一无所知,丝毫感觉不到一个人工智能的伟大时代就此揭开帷幕。25年前,也是在慕尼黑工业大学计算机系,Jürgen Schmidhuber教授指导的学生Sepp Hochreiter发表了论文LSTM(Long Short-Term Memory),他们也决然无法预料,被SVM等机器学习方法打败的仿生人工智能,居然会在几十年后忽然起死回生,迎来爆发式发展。

从2012年AlexNet的发表到今天,不过10年有余,卷积神经网络和相关硬件的发展可谓一日千里。笔者在自动驾驶视觉感知领域从业五年,深感这个领域教育资源的发展远远跟不上学术界和工业界的发展。该领域涉及的知识庞杂,既广又深:知识广度方面,从最优化理论,常用模型的特点,到使用C++编写高性能、高可靠性的程序和对各种神经网络加速芯片的了解,都属于自动驾驶感知算法工程师技术栈的覆盖范围;知识深度方面,工程师要对卷积神经网络的数学理论有足够深入的理解,而不应止步于调参的范围。

也就是说,一个自动驾驶算法工程师,不但要有深厚的数学基础,掌握凸优化和统计学,还要熟悉高性能嵌入式软件的编写,这是一个横跨学术界和工业界的多面手职业。尤其是自动驾驶行业一日千里,很多工程师只能在工作中边干边学,一路走来可谓磕磕绊绊,如果能有一本书全面覆盖自动驾驶感知算法工程师的能力圈,那职业之路走起来就会顺畅很多。笔者就是出于这个目的,根据自己的职业经验和理论知识,编写了本书。

本书特点

考虑到上文提及的自动驾驶感知算法工程师的种种职业特点,本书的内容将会兼顾计算机视觉学术界的最新研究成果和自动驾驶的工程实践。

兼顾细节与理论

深度学习的很多算法用公式或语言来描述会困难重重，用示意图来表现则是一目了然。对算法和模型的细节，笔者绘制了大量的三维示意图进行讲解，争取让读者一看就懂。

但光有细节是不够的，深度学习算法工程师常被取笑为"调参侠""炼丹师"。这是因为卷积神经网络被认为是一个巨大的黑盒（Black Box），其运作规律难以为人类所理解。诚然，深度学习的理论仍在构建之中，尚不完善，但学术界从未停止过对深度学习的理解。已经有大量学术成果能加深人们对卷积神经网络各种现象的理解，本书将吸收这些成果对神经网络的运作进行解释。例如，ResNet 的有效性，除了原论文中的解释，还有其他学者也对其进行了研究，产生了新的理解，这些研究也被纳入到本书中来。

总之，笔者争取让读者知其然，也知其所以然，超越"调参侠"的职业定位。

注重动手实践

本书除了对理论进行深入浅出的讲解，也注重将理论落到实处。深度学习一个很大的特点是"一看就懂，一做就懵"。理论很熟悉了，但实际操作起来会遇到各种各样的小问题。这是因为算法工程师应能将数学符号和代码中的数据结构连接起来，这是这个职业所需要的独特能力。本书对重要的模型细节都展示了代码示例，对代码中各个张量的维度，各维度的含义都有详细的注释和讲解。对于复杂的模型，笔者直接在公式下方展示代码，尽量做到让读者从公式中的符号轻松地落实到代码中的变量中。

提供迷你数据集

自动驾驶视觉感知任务的另一个特点是任务多而杂，每个任务往往都有一些通用的数据集。例如，深度估计有 KITTI 数据集，语义分割有 Cityscape，目标检测有 nuScenes 等。学习的时候往往会遇到的一个问题是每一个任务都要下载一个巨大无比的数据集，并专门写接口。如果要进行多任务训练，往往需要 nuScenes 等巨型数据集，而且标注还不全面。如果只用于学习的目的，杂乱而庞大的数据集无疑大大增加了学习的时间和经济成本。

为此笔者特意自制了一个方便学习的迷你数据集。数据集采集于德国慕尼黑一片安静的城区，场景类似于 KITTI，仅包含 7000 多帧图像。笔者使用当时精度最高的目标检测和语义分割网络对这个迷你数据集进行标注，并逐帧对标注的伪真值进行后期处理，尽量获得高质量的标注数据。数据集是一个连续的视频，笔者还对相机进行了标定，故可以用于无监督深度估计任务。

强调模型部署落地

正如上文所说，要成为一个优秀的算法工程师，其工作内容不仅是调参那么简单，另一块重要的工作内容就是将模型部署到生产环境。对于互联网行业的算法工程师来说，模型部署可能相对简单，有成熟的工具链支持，但自动驾驶的模型部署就复杂得多了。首先自动驾驶系统运行的硬件平台往往不是常见的 x86 平台，自动驾驶系统的模型部署，其实已经属于嵌入式软件开发了。其次，自动驾驶系统实时性高，吞吐率需要达到 10FPS（Frame-Per-Second）或更高，同时需要运

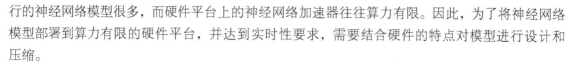

行的神经网络模型很多，而硬件平台上的神经网络加速器往往算力有限。因此，为了将神经网络模型部署到算力有限的硬件平台，并达到实时性要求，需要结合硬件的特点对模型进行设计和压缩。

模型的部署涉及模型压缩、模型导出、Nvidia 芯片的模型量化和模型推理、C++的开发等知识，都是深度学习课堂上不会涉及的工程实践内容。这些工程实践知识是非常重要的，但超出了很多长期在 Ubuntu 和 Python 开发环境下的读者的"舒适区"。本书将全面覆盖相关知识，帮助读者更轻松地扩大自己的"舒适区"，为将来的工作做好准备。

本书内容

第 1 章讲解卷积神经网络的理论基础，用简洁的篇幅介绍了神经网络和卷积神经网络的基础知识。包括反向传播的推导、神经网络的各种网络层、常用的损失函数、正则化、优化器和学习率调整方法等。

第 2 章介绍深度学习开发的常用工具，从显卡和操作系统的概念，到 Python 开发中用到的常用工具。例如，pip 包管理器、Anaconda 虚拟环境以及 NumPy 和 OpenCV 两个常用的库。最后配合示例代码着重讲解 PyTorch 的使用，示例代码将实现一个简单的卷积神经网络并进行训练。

第 3 章讲解卷积神经网络中主干网络的概念。本章首先介绍主干网络在卷积神经网络中的位置和作用，以及对比学习等主干网络预训练技术。之后会对最常用的几种主干网络的特点和使用场景进行讲解。最后通过示例代码展示如何加载 TorchVision 中的主干网络模型。

第 4 章介绍自动驾驶系统中最经典的一个任务——目标检测。本章首先讲解目标检测算法中的几个基本概念，如锚框、极大值抑制、一阶段和两阶段算法等。随后以 FasterRCNN 为例介绍两阶段网络，以 Yolo 为例讲解一阶段网络，以 CenterNet 为例讲解无锚框网络。最后讲解 Yolo 的 PyTorch 示例代码。

第 5 章聚焦于自动驾驶系统中和图像分割有关的两个任务：语义分割和实例分割。本章讲解语义分割的网络结构、损失函数、常用精度指标等基础知识。也会涉及实际工作中需要解决的问题，尤其会介绍语义分割模型的几种信息融合方法和设计思路。本章 5.3 节介绍三个实例分割算法，特别是会介绍一种半监督的实例分割算法。最后介绍计算机视觉领域最常用的框架 OpenMMLab 的系统结构和使用方法。

第 6 章的内容是近几年来新出现的自动驾驶感知任务——单目深度估计。本章首先介绍多视图三维几何理论，然后讲解单目深度估计的无监督训练方法，最后结合实际工作中会遇到的若干难点提出一些解决方案。

第 7 章分为两部分，第一部分介绍多任务网络的结构和设计思路，着重介绍多任务网络训练时的损失平衡问题及其基于不确定度的损失平衡方案；第二部分介绍神经网络的压缩，以通道剪枝为例介绍 L1 正则化增加网络稀疏度和可微通道剪枝的网络压缩方法。最后通过示例代码讲解如何用 PyTorch 实现网络压缩。

第 8 章讲解神经网络模型的部署，包括 C++ 开发环境的搭建，LibTorch 和 TensorRT 这两个神经网络推理库。最后介绍模型量化的相关理论知识和工程实践，并对 FP32 精度模型和 INT8 精度模型进行精度与推理速度对比。

本书代码资源

本书强调动手实践，笔者为本书的出版制作了一个迷你数据集，并为大部分内容编写了代码。代码均以 MIT 许可证开源，既可用于学习，也可直接应用于日常工作中。开源代码托管于代码库 https://github.com/vision-adas/code。

开源代码的具体内容详见代码库的 README 页面，迷你数据集的下载链接也公布于此。代码库中代码包括：

1）目标检测和语义分割多任务网络模型的全套训练代码。
2）无监督单目深度估计的全套训练代码。
3）多任务模型的网络压缩代码。
4）将模型导出为 onnx、pt 和 TensorRT 格式的模型导出代码。
5）在目标硬件上使用 LibTorch 和 TensorRT 部署模型的 C++ 示例代码。
6）配置代码环境所需的 Dockerfile。

致谢

笔者长年在知乎论坛的深度学习社区参与讨论，很多对深度学习的理解都来自于社区讨论。网友的批评指正和提问都是对笔者的鞭策，而关注者的认可也在激励笔者不断进步，特此对网友们表示感谢。本书成书于疫情期间，父母对笔者长年不回国探亲报以极大的宽容和理解，长时间的专注让本书得以完成。笔者的小伙伴杨丹青对本书的第 1 章进行了审阅，对行文提出了很多有价值的建议，更要感谢她对笔者疏于陪伴的谅解。

笔　者

CONTENTS 目录

前 言

第1章 卷积神经网络的理论基础 / 1

1.1 神经网络回顾 / 2
　　1.1.1 神经网络模型 / 2
　　1.1.2 神经网络的训练——反向传播算法 / 3
　　1.1.3 神经网络的拟合能力和泛化能力 / 6
1.2 什么是卷积神经网络 / 8
　　1.2.1 什么是卷积运算 / 8
　　1.2.2 通道（Channel）和三维卷积 / 9
　　1.2.3 为什么需要深度网络 / 10
　　1.2.4 什么是批次（Batch） / 12
1.3 卷积神经网络的组成细节 / 12
　　1.3.1 卷积神经网络的输入层 / 12
　　1.3.2 神经网络的输出层 / 15
　　1.3.3 卷积层和转置卷积层 / 18
　　1.3.4 激活层 / 21
　　1.3.5 归一化层 / 24
　　1.3.6 上采样层和下采样层 / 27
　　1.3.7 池化层 / 28
　　1.3.8 跳跃、空间注意力等特殊的连接方式 / 29
　　1.3.9 构建一个复杂的卷积神经网络 / 31
1.4 卷积神经网络的训练 / 31
　　1.4.1 常用损失函数 / 31
　　1.4.2 常用的正则化方法 / 35
　　1.4.3 常用的优化器 / 39

1.4.4　常用的训练学习率调整方法　/　42

第2章　深度学习开发环境及常用工具库　/　44

2.1　硬件和操作系统　/　45

  2.1.1　显卡　/　45

  2.1.2　操作系统　/　46

2.2　Python开发环境管理　/　47

  2.2.1　Anaconda虚拟环境的管理　/　47

  2.2.2　Python的包管理器pip　/　49

2.3　常用的Python包　/　50

  2.3.1　NumPy——Python科学计算库　/　50

  2.3.2　OpenCV——Python图像处理库　/　57

2.4　GPU加速的深度学习和科学计算库PyTorch　/　62

  2.4.1　GPU加速的科学计算功能　/　63

  2.4.2　PyTorch的自动求导功能　/　68

  2.4.3　PyTorch的优化器　/　71

  2.4.4　PyTorch的数据加载　/　73

  2.4.5　用PyTorch搭建神经网络　/　76

  2.4.6　常用的辅助工具　/　80

  2.4.7　搭建一个神经网络并进行训练　/　82

第3章　神经网络的特征编码器——主干网络　/　86

3.1　什么是神经网络的主干网络　/　87

  3.1.1　神经网络的元结构　/　87

  3.1.2　神经网络的主干网络及有监督预训练　/　89

  3.1.3　主干网络的自监督预训练　/　91

3.2　流行的主干网络　/　93

  3.2.1　简单直白的主干网络——类VGG网络　/　94

  3.2.2　最流行的主干网络——ResNet系列网络　/　96

  3.2.3　速度更快的轻量级主干网络——MobileNet系列　/　99

  3.2.4　自由缩放的主干网络——RegNet系列　/　101

3.3　使用TorchVision模型库提供的主干网络　/　104

目 录

    3.3.1　构建和加载模型　/　105

    3.3.2　修改主干网络获取多尺度特征图　/　106

    3.3.3　不同主干网络和预训练模型的训练对比　/　107

第 4 章　目标检测网络——识别车辆　/　110

4.1　目标检测基本概念　/　111

    4.1.1　Anchor　/　111

    4.1.2　NMS　/　113

    4.1.3　目标检测网络的类别　/　115

4.2　以 Faster RCNN 为代表的两阶段检测方法　/　116

    4.2.1　RPN 网络　/　117

    4.2.2　ROI 网络　/　119

    4.2.3　使用 TorchVision 模型库中的 Faster RCNN　/　120

4.3　以 Yolo 为代表的一阶段检测方法　/　123

    4.3.1　YoloV3 的整体结构　/　123

    4.3.2　Yolo 的训练　/　125

    4.3.3　类 Yolo 的一阶段检测网络　/　126

4.4　以 CenterNet 为代表的 Anchor-Free 方法　/　128

    4.4.1　CenterNet 的整体结构　/　128

    4.4.2　用高斯模糊和 Focal Loss 训练 CenterNet　/　130

    4.4.3　YoloX 网络　/　131

4.5　Yolo 的 PyTorch 实现　/　133

    4.5.1　样本选择算法的实现　/　133

    4.5.2　Yolo 层的实现　/　138

    4.5.3　构造损失函数　/　139

    4.5.4　NMS 的实现　/　141

第 5 章　语义分割与实例分割——逐像素分类　/　143

5.1　语义分割　/　144

    5.1.1　语义分割的网络构架和损失函数　/　144

    5.1.2　评价语义分割质量的指标　/　147

    5.1.3　使用 OHEM 和类别权重解决样本不均衡问题　/　148

5.1.4 语义分割的关键——信息融合 / 149

5.2 使用PyTorch训练一个语义分割模型 / 155

5.2.1 语义分割的数据加载 / 155

5.2.2 加载Lite R-ASPP语义分割模型进行训练 / 158

5.2.3 计算混淆矩阵 / 160

5.2.4 计算mIoU / 162

5.3 实例分割——分辨行人和车辆 / 163

5.3.1 以Mask-RCNN为代表的两阶段实例分割方法 / 163

5.3.2 以SOLO为代表的单阶段实例分割方法 / 165

5.3.3 基于CondInst的半监督实例分割方法BoxInst / 168

5.4 安装及使用OpenMMLab——以MMDetection为例 / 171

5.4.1 安装和配置MMDetection / 171

5.4.2 MMDetection介绍 / 173

5.4.3 SOLO代码解析 / 175

第6章 单目深度估计——重建三维世界 / 178

6.1 计算机三维视觉基础知识 / 179

6.1.1 相机模型 / 179

6.1.2 什么是深度图 / 181

6.1.3 相机运动模型 / 182

6.2 单目深度估计的网络构架 / 184

6.2.1 深度图预测网络 / 185

6.2.2 基于相对视差的深度图输出编码 / 185

6.2.3 基于有序回归的深度图输出编码 / 187

6.2.4 相机运动估计网络 / 189

6.3 无监督学习的机制 / 190

6.3.1 无监督学习系统构架 / 190

6.3.2 将深度图反投影为点云的PyTorch实现 / 191

6.3.3 从相邻帧采集RGB值并重投影的PyTorch实现 / 192

6.3.4 无监督单目深度推断的损失函数 / 194

6.4 可能存在的问题及解决方案 / 197

6.4.1 用图像梯度图解决边缘模糊问题 / 197

6.4.2 用图像一致性掩膜解决移动物体问题 / 198

目　录

　　　　6.4.3　用速度损失解决尺度问题　/　200

第7章　通过控制网络结构提高速度和精度　/　201
7.1　使用多任务网络构架提高速度和精度　/　202
　　　　7.1.1　多任务网络的设计　/　202
　　　　7.1.2　多任务网络的任务平衡问题　/　204
7.2　用 PyTorch 搭建一个语义分割和目标检测双任务网络　/　209
　　　　7.2.1　多任务数据加载　/　209
　　　　7.2.2　多任务网络的搭建　/　211
　　　　7.2.3　多任务损失的平衡　/　214
7.3　压缩神经网络提高推理速度　/　215
　　　　7.3.1　什么是神经网络压缩　/　215
　　　　7.3.2　几种常见的通道剪枝方法　/　217
　　　　7.3.3　在训练中使用 L1 正则化压缩权重　/　218
　　　　7.3.4　使用可微通道加权进行通道剪枝　/　220
　　　　7.3.5　网络压缩的流程　/　221
7.4　用 PyTorch 实现可微网络压缩　/　222
　　　　7.4.1　用 PyTorch 构造可微通道选择层　/　222
　　　　7.4.2　利用通道选择层确定压缩方案　/　224
　　　　7.4.3　对 PyTorch 模型进行压缩并对比运行速度　/　226

第8章　导出和部署神经网络模型　/　229
8.1　配置开发环境　/　230
　　　　8.1.1　Docker 的使用　/　230
　　　　8.1.2　配置 C++开发环境　/　237
8.2　使用 LibTorch 部署 PyTorch 模型　/　240
　　　　8.2.1　导出 TorchScript 模型　/　241
　　　　8.2.2　将 LibTorch 加入 CMake 项目　/　242
　　　　8.2.3　将输入图像转换为 Tensor　/　243
　　　　8.2.4　加载 TorchScript 模型并进行推理　/　244
8.3　用 TensorRT 部署模型　/　245
　　　　8.3.1　Nvidia 的推理引擎 TensorRT　/　245

8.3.2　配置 TensorRT 开发环境　/　246

8.3.3　导出 TensorRT 支持的网络模型　/　249

8.3.4　加载 TensorRT 模型并初始化执行环境　/　252

8.3.5　TensorRT 模型的输入、输出　/　254

8.4　量化神经网络提高推理速度　/　256

8.4.1　模型量化中的精度转换　/　256

8.4.2　使用低精度数值完成运算　/　257

8.4.3　使用随机数据进行量化校准　/　258

8.4.4　模型推理时间对比　/　260

参考文献　/　262

第 1 章

卷积神经网络的理论基础

特斯拉汽车的 Autopilot 系统几乎基于纯视觉，它的大规模商业化证明了纯视觉自动驾驶系统的可行性。而在自动驾驶系统中，卷积神经网络起着至关重要的作用。自动驾驶系统需要实时地获取车辆周围的环境信息，这些信息包括道路状况、车辆、行人、交通信号灯等。卷积神经网络在经过训练后可以从传感器获取的数据中提取特征，如道路边缘、车辆轮廓。通过识别这些特征，卷积神经网络可以对车辆周围环境进行实时感知和分析，从而支持自动驾驶系统做出正确的决策。

在图片识别领域，卷积神经网络的识别能力已经超越了人类，有理由相信，以卷积神经网络为智能核心的自动驾驶系统，也有超越人类的潜力。本章将介绍卷积神经的基本理论。

1.1 神经网络回顾

本节将简要回顾神经网络的基础知识。一般来说，神经网络的使用可以分为三个步骤：模型构建（Model），训练（Training）和推断（Inference）。首先，需要设计神经网络模型，然后使用数据对模型进行训练。当模型具有一定的预测能力后，可以使用该模型对新数据进行推断，获得对新数据的预测值。这些预测值在不同的任务中有不同的应用。例如，股价预测模型可用于预测未来的股价，以指导投资；天气预测模型可用于预测明天的天气；人脸识别模型可用于识别照片中的人脸位置等。

1.1.1 神经网络模型

最简单的神经网络早在20世纪60年代就发明出来了，后来发展出了现在广泛使用的多层感知机（Multi Layer Perceptron，MLP）。多层感知机的基本网络结构如图1-1所示。

输入层 X 是一个一维向量，输出层 f 则是神经网络计算出来的预测值。举个实际应用的例子。假如这个神经网络被用来预测明日的股价，X 可以是前几天的股价涨跌幅，f 就是股票明天的涨跌幅了。那么神经网络的内部发生了什么？一般而言，神经网络是由一层一层的网络层组成的，每一层都会对输入向量进行一系列的运算，从而得到输出值。因为神经网络的作用可以被认为是对输入进行特征提取，所以每一层的输出值都被称为这一层的特征（Feature）。图1-1中 f_1 便是第一层神经网络的输出特征。可以用式（1-1）来表达第一层网络进行的运算：

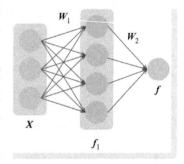

● 图 1-1 多层感知机

$$f_1 = \phi_1(X \cdot W_1 + b_1) \tag{1-1}$$

式中，W_1 称作权重（Weight），是一个二维矩阵。图1-1中 X 是一个维度为3的向量，输出的特征 f_1 是一个维度为4的向量，那么 W_1 就是一个 3×4 的矩阵，它的作用是通过线性变换把一个3维空间的输入向量投射（Project）到一个4维的特征空间中去。b_1 称作偏置（bias），是一个长度为4的向量。

ϕ 称作激活函数（Activation Function），之所以称其为激活函数，是因为神经网络的设计灵感来自于人类的神经元。人类神经元的树突接收来自多个神经元传递过来的信号，将它们积累起来。当电位累积到一定阈值时,神经元会激活并向下一个神经元传递信号,这被称为神经冲动。激活函数仿照人类神经元的激活方式设计,如常用的 ReLU 激活函数,可以用式(1-2)表达:

$$\phi_{ReLU}(x) = \max(0, x) \tag{1-2}$$

ReLU 函数的作用很简单,如果输入不超过阈值 0,就不输出(输出为 0),如果超过阈值了,就把这个输入原原本本地传导到下一个神经元。通过观察图 1-2 中所示的 ReLU 激活函数的图形能够更直观地理解它的作用。

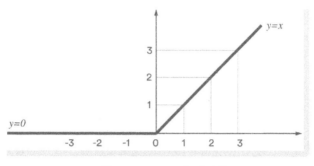

● 图 1-2　ReLU 激活函数

于是第一层的完整公式就很容易写出来了:

$$f_1 = F_1(X) = \max(0, X \cdot W_1 + b_1) \tag{1-3}$$

激活函数必须是非线性变换,ReLU 是由两个线性变换组合而成的分段函数,属非线性函数。简单地说,每一层神经网络都会对输入向量进行线性变换和非线性变换之后得到输出特征。第二层神经网络接收到了第一层的输出,也会进行一番线性变换和激活,就得到了最终的输出值 f:

$$f = F_2(f_1) = \phi_2(f_1 \cdot W_2 + b_2) \tag{1-4}$$

因为输出层输出的是股票明日的涨跌幅,且输出层不需要激活函数,这样输出的数值就可以是负无穷到正无穷之间的任意数值了,也就是说 ϕ_2 可以去掉。那么直接将两层神经网络的输入、输出连接起来,就可以得到整个神经网络的公式:

$$f = F(X) = F_2[F_1(X)] = \max(0, X \cdot W_1 + b_1) \cdot W_2 + b_2 \tag{1-5}$$

式中,$F(X)$ 便是整个神经网络的函数。

▶▶ 1.1.2　神经网络的训练——反向传播算法

神经网络一般使用反向传播算法通过对损失函数进行优化来训练。训练的逻辑是通过更新模型参数使得模型计算出来的损失值变小,让模型变得越来越准确。训练开始之前,神经网络的参数(权重和偏置)都是随机数,模型输出的预测值通常和训练数据中的真实值相差较大。通过计算预测值和真实值的差别,能知道当前模型的错误,根据这个错误去更新每一层的参数,就可以让结果变得更接近真实值,这被称为一次更新。经过多次更新,模型的输出会越来越接近真实值,这就是神经网络的训练过程。

假设训练数据集中总共有 n 个数据样本,其中第 i 个样本的输入是 X_i,对应的真实值是 y_i,模型的输出是 $F(X_i)$。模型的输出和真实值之间存在一个误差,通常使用损失函数(Loss Function)来计算这个误差(对于不同类型的真实值,损失函数也不尽相同)。本例中,真实值是明日股价的涨跌幅,是一个回归问题,可以采用均方误差(Mean Squared Error,MSE)作为损失函数:

$$\text{MSELoss} = \frac{1}{n}\sum_{i=1}^{n}[F(X_i) - y_i]^2 \qquad (1\text{-}6)$$

均方误差损失函数会把每一个样本的预测值和真实值的误差的平方加起来并计算平均值。很显然,误差越小,模型就越精确,于是模型的训练可以作为一个优化问题来解决:

$$\hat{F} = \underset{F}{\text{Argmin}}\ \frac{1}{n}\sum_{i=1}^{n}[F(X_i) - y_i]^2 \qquad (1\text{-}7)$$

式(1-7)的意思是通过优化神经网络的函数 F 使损失值最小,以得到一个最优的模型 $\hat{F}$。当神经网络的结构确定了,接下来就要确定其函数 F 的参数,即每一层的权重 W_1、W_2 和偏置 b_1、b_2。也就是说神经网络的参数是优化的目标。

假如使用梯度下降(Gradient Descent,GD)算法来优化 F,若 F 函数的参数形成一个高维参数空间的话,那么这个参数空间的一个点就对应一个 F 函数。因为神经网络有很多层,每一层都有自己的权重和偏置,整个参数空间的维度就变得很大。为了方便绘图,用图1-3中横轴对应 F 函数的参数空间,纵轴对应损失函数的值,这样就形成了一条损失曲线。图1-3所示为一个神经网络的训练过程,随机初始化之后,F 函数位于初始位置,这个时候损失值很大。然后用梯度下降法来更新 F 函数的参数,使之按照梯度下降的方向向左移动,直到达到局部极小损失值。之所以说是局部极小,是因为神经网络的损失曲线是高度非线性的非凸函数,在参数空间的另一个位置,很可能还存在一个全局极小值,因为梯度下降法的限制,只能求得局部极小值。幸运的是,因为神经网络的一些特性,局部极小值就足够了。

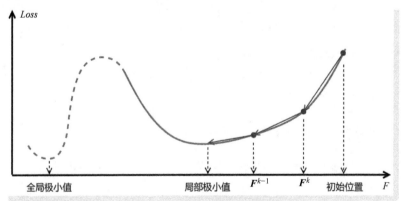

● 图1-3 梯度下降算法的优化过程

假设损失函数为 L,梯度下降过程中的某一个参数点是 F^k,经过一步迭代之后得到参数点 F^{k+1},更新过程以式(1-8)表示:

$$F^{k+1} = F^k - \lambda \frac{\partial L^k}{\partial F^k} \tag{1-8}$$

F 由很多层组成,其中每一层的参数包括权重和偏置,以图 1-1 所示神经网络为例,权重 W_2 的更新过程可以用式(1-9)来表示:

$$W_2^{k+1} = W_2^k - \lambda \frac{\partial L^k}{\partial W_2^k} \tag{1-9}$$

式(1-9)中的 λ 是学习率,决定了优化的速度。

  损失函数 L 是个特别复杂的函数,直接求损失函数对模型参数的偏导未免太过繁琐,不如将损失函数 L 视为一个复合函数,然后对复合函数使用链式法则求对 W_2 的偏导,求导过程以式(1-10)表示:

$$\frac{\partial L}{\partial W_2} = \frac{\partial L}{\partial f} \frac{\partial f}{\partial W_2} \tag{1-10}$$

式中,f 是神经网络的直接输出。如果用 f_i 表示第 i 个样本的输出,那么损失函数 L 可以表示为:

$$L = \frac{1}{n} \sum_{i=1}^{n} (f_i - y_i)^2 \tag{1-11}$$

对式(1-11)的求导就变得非常简单了:

$$\frac{\partial L}{\partial f} = \frac{2}{n} \sum_{i=1}^{n} (f_i - y_i) \tag{1-12}$$

再看式(1-10)的右半部分,式中的 f 可以表示为 W_2 的函数:

$$f = f_1 \cdot W_2 + b_2 \tag{1-13}$$

求导也很简单:

$$\frac{\partial f}{\partial W_2} = f_1 \tag{1-14}$$

将式(1-12)和式(1-14)结合起来,就得到了最终的导数:

$$\frac{\partial L}{\partial W_2} = f_1 \cdot \left[\frac{2}{n} \sum_{i=1}^{n} (f_i - y_i) \right]^T \tag{1-15}$$

注意式(1-15)中 f_1 是第一层神经网络的输出特征,是一个 4×1 的向量,而等号右边的加和运算得到的是一个标量,可以看成是一个 1×1 的向量,两者相乘,就得到了一个 4×1 的梯度矩阵,和 W_2 矩阵的维度一致。读者可以自行推导第一层的权重 W_1 的梯度,可得式(1-16):

$$\frac{\partial L}{\partial W_1} = X \cdot \left[f_1 \cdot \left(\frac{2}{n} \sum_{i=1}^{n} (f_i - y_i)^T \right) \right]^T \tag{1-16}$$

  仔细观察可以发现,梯度是从损失函数开始,反向朝前一层传导的。例如,式(1-15)计算的 W_2 的梯度,只与损失函数的梯度式(1-12)以及第二层的梯度式(1-14)有关。在式(1-16)中计算 W_1 的梯度时,会使用式(1-15)中的计算结果,换句话说,W_2 的梯度传导到了 W_1。这种通过复合函数对模型参数求导的算法,就称作反向传播算法(Back Propagation,BP)。损失函数产生的梯度通过反向传播算法传遍神经网络的每一层,然后就可以使用梯度下降算法对参数进行更新了。每一次参数更新都会让损失变得更小,模型的精度也变得高更。神经网络经过多次参数更新后,模型的精确度逐渐趋于稳定,训练便告完成。训练好的模型具备了一定的预测能力,只需将新的数据输入模型进行推断(Inference),就能获得预测值。例如,可以让模型预测明日的股价,然后参考预测值进行投资。

▶▶ 1.1.3 神经网络的拟合能力和泛化能力

理论上来说,如果参数量足够大,一个两层的神经网络就具有拟合任何函数的能力,这便是所谓的万能近似定理(Universal Approximation Theorem)。若是输入和输出的函数特别复杂,模型无法拟合,可以通过增加第一层的神经元数目来提高模型的拟合能力。

如此简单的结构竟能拟合任意复杂的函数,读者们一定非常疑惑。其实道理并不复杂,只要第一层的神经元数目足够多,产生的特征f_1维度足够大,中间层f_1也可以通过直接记录输入、输出对应关系的方式进行拟合。但这种理论上的拟合能力只对训练数据集有效,对于不属于训练数据集的数据不一定有效。模型对新数据的拟合能力被称为模型的泛化(Generalization)能力。

为了评测模型在新数据上的精度表现,往往会额外建立一个验证数据集(Validation Set),它包含了训练集中没有的数据,专门用来评测模型的泛化能力。一般而言,80%的数据用来建立训练集,20%的数据用来建立验证集。工程师常常使用验证集来调整模型的超参数(Hyper-Parameters),所谓超参数是指模型的层数、每一层神经元的数目等需要自行定义的参数,这些参数无法通过训练获得。训练集用于优化模型的可训练参数,验证集用于优化模型的超参数。为了更严格地评测模型的泛化能力,有时还会提取约10%的数据建立测试集(Testing Set),测试集可以用于最终评估模型的性能。因为在训练和调整模型超参数时,验证集的反馈可能会对模型的泛化性能产生影响,因此,测试集是一个相对独立的数据集,用于验证模型的泛化性能,并确保模型能够良好地适应未知数据。

在机器学习中,模型对训练数据拟合良好却对验证数据拟合不佳的现象称为过拟合(Overfitting),顾名思义,过拟合是指模型对训练数据进行了过度的拟合,这种情况很可能是因为模型过于复杂。如图1-4所示,深色数据点是训练数据,浅色数据点是验证数据,深色曲线表示的模型完美地拟合了每一个训练数据点,却和验证样本相差甚远。浅色直线表示的模型虽然对训练数据拟

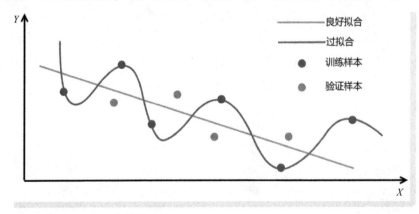

● 图1-4 过拟合

不完美，却能更好地拟合验证样本，泛化性也更强。

除了过拟合，还有欠拟合（Underfitting），需要拟合的函数很复杂，但模型太简单就会导致欠拟合。对于神经网络而言，欠拟合比较好解决，一旦观察到训练误差太大，可以通过增加层数或增加神经元数量来提升模型的拟合能力。前文也提到了，如果神经元数量增加到一定程度，甚至可以直接把训练数据集记录下来，达到完美的拟合效果。

但训练一个神经网络，目的并不是记录训练集，而是希望模型能从训练集中学习提取有价值的特征，从而具备对新数据的认知能力，也就是所谓的泛化能力。打个比方，如果读者想要训练一个神经网络来识别偶数，最终的目的是让神经网络学习到"能够被 2 整除的数字是偶数"这个特征，而不是让它把训练集里的偶数记下来。如果神经网络只是把训练集里的偶数记了下来，一旦出现了一个新的偶数，模型就失效了。简而言之，如果模型没有从训练集中学习到有意义的特征，只是简单地把训练集记下来，就是过拟合；对于参数量太少的模型，既没能学习到有意义的特征，也没能把训练集记下来，就是欠拟合。

在训练的过程中，每一次更新完成后都会记录模型的损失值，以监测模型的训练情况。模型在训练集上的损失值会越来越小，最后稳定在低位。模型在验证集上的表现就没有这么乐观了。一开始模型在验证集上的损失会变小，但经过了一个临界点之后，模型在验证集上的损失会变得越来越大，这就说明模型过拟合了。最终会保存那个在验证集上损失最小的模型。

在经过了过拟合临界点之后，我们已经得到了泛化性能最好的模型，那是不是就可以停止训练了？工程师们一度就是这么做的，这个技术称为提前停止（Early Stopping）。如图 1-5 中所示的虚线，经过了第一个过拟合点之后，模型在验证集上的损失越来越大，继续训练已经没有意义了，因此可以停止训练。然而一篇由 OpenAI 的研究人员发表于 2019 年的论文指出，神经网络会出现所谓"二次下降"（Double Descent）现象[1]，也就是说，模型在验证集上的损失值短时间内似乎越来越大了，但随后又会变小，甚至比之前的最小值还要小。如图 1-5 中所示的深色实线表现的就是这个现象。考虑到这个特性，为了不要错失最优模型，一般会让训练持续到最后，然后选择整个训练过程中的最佳模型，而不是提前停止。

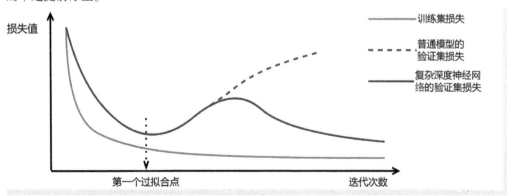

● 图 1-5　深度神经网络的二次下降现象

1.2 什么是卷积神经网络

上文简单回顾了 MLP 神经网络的基础知识,那么为什么还要发明卷积神经网络?MLP 网络不是已经可以拟合一切函数了吗?诚然,无论任务多么复杂,只要增加 MLP 网络的神经元,增加网络结构的深度,最后总能成功地拟合训练数据。但若输入数据是图片,那数据量就太大了。例如,一幅 640×480 的 RGB 图片,整平(Flatten)之后变成了一个一维向量,维度高达 921600(640×480×3)。如果使用 MLP 模型,将会产生巨型矩阵的乘法运算,计算效率很低。此外,因为图片数据是二维数据,强行把二维的图片整平成一维向量会破坏图片的二维位置特征,反而增加了神经网络的训练难度。

▶▶ 1.2.1 什么是卷积运算

假设神经网络的任务是要识别出图片中的直线,将图片用图 1-6 所示左侧二维矩阵的形式来表达,图中高亮的两条标识为 1 的直线容易识别出来。如果把二维的图片整平成右侧的一维向量,直线上的像素会零散地分布在向量的各个位置,再要去识别出直线,就很困难。这是因为直线是基于相邻像素在二维空间的几何连续性形成的,而整平之后,这种连续性就被破坏了,识别难度将大大增加。

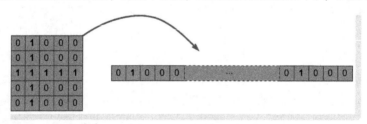

● 图 1-6 整平操作

为了保持二维输入的几何连续性,卷积神经网络选择使用二维的卷积核(Kernel)作为权重。前文说到的 MLP 网络,每一个输入都会和不同的权重值相乘,故 MLP 的网络层也被称之为全连接层(Fully Connected Layer)。而卷积神经网络的卷积核是重复使用的,卷积的计算过程如图 1-7 所示。

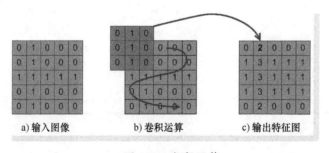

a) 输入图像　　b) 卷积运算　　c) 输出特征图

● 图 1-7 卷积运算

图 1-7 中深色的 3×3 矩阵就是卷积核，浅色的 5×5 矩阵则是输入图像。卷积核与其覆盖的图像区域求点积，便得到了卷积核中心所在像素的输出特征。现在来计算图中深色卷积核所在的位置的卷积；可以看到卷积核第一行没有和任何像素重叠，这种情况总是发生在图像的边缘。一般的做法是将露出来的卷积核权重值与 0 相乘，所以这种做法也称零填充（Zero Padding），很容易计算出图中卷积核位置的特征是 2。同一个卷积核一行一行地扫描过每一个像素并计算出特征，最终就能得到一个特征图（Feature Map）。读者可以自行计算一下作为练习，看看结果是不是和右边的输出特征图一致。

读者可能注意到了，整个计算过程中从头到尾都在重复使用同一个卷积核，这就是卷积运算的"权值共享"特性。卷积的运算效率很高，例如，这幅 5×5 的输入图像，整平之后输入到一个全连接层进行点积运算，需要 25 个权重值，进行 25×25 次乘法运算，最后得到一个特征；而使用卷积运算，只需要 9 个权重值，进行 9×25 次乘法运算，最终能得到一个和原图分辨率一致的特征图。

▶▶ 1.2.2 通道（Channel）和三维卷积

卷积神经网络特别适合处理图像数据，这是因为卷积运算使用二维卷积核对图像进行扫描，让二维空间的几何连续性得以保留。读者可以观察到，图 1-7 中的 3×3 的卷积核包含了一条竖线，再观察输出特征图，会发现里面数值最大的特征也形成了一条竖线，正对应了原图中的竖线，这就是卷积核的作用：模式识别（Pattern Recognition）。卷积核保存了一种模式，输入图像经过卷积运算后，能把这种模式识别出来。例如，使用保存竖线模式的卷积核进行运算，输出的特征就是竖线特征图。不难想到，使用横线模式的卷积核就会输出横线特征图，使用斜线模式的卷积核就会输出斜线特征图。

既然一个卷积核可以识别一种模式，想要尽可能识别更多的模式，就需要很多卷积核。每一个卷积核都能输出一张特征图，一般称这张特征图是一个通道（Channel）。为了统一概念，输入图片也被认为是由通道组成的，如图 1-6 中所示的输入就是单通道输入（Single Channel Input）。若输入一张彩色图片，就是一个多通道输入（Multi-Channel Input），准确地说，是一个三通道输入。输入、输出可以有更高的维度，这种高维度的数据，一般称之为张量（Tensor）。例如，一张 640×480 分辨率的彩色图片就是一个维度为 3×640×480 的张量。

前文提到的二维卷积运算的输入是单通道张量，如果输入有多通道张量，是不是要把同一个卷积核在所有的通道上都做一遍卷积呢？这当然是可以的，这种卷积计算的方法称为深度卷积（Depth-Wise Convolution）。一般将一个三维张量的三个维度称为长、宽和深。通道的数目决定了张量的深度，对张量每一个深度的二维矩阵做卷积，称为深度卷积。

深度卷积的缺点是忽略了不同通道之间信息的相关性。例如，一幅彩色图片，RGB 三个基本色组成了输入的三个通道，如果要识别蓝天所在的部分，除了考虑蓝色通道的值，同时还要考虑红色和绿色通道的值，只有三个通道的值同时纳入考虑，才能正确地识别出蓝天。为了学习通道之间的关联性，卷积神经网络一般会使用三维卷积核对张量进行卷积运算，卷积的计算方式和二维卷积类似。如图 1-8 所示，输入是一个深度为 3 的张量，如果选择 3×3 作为卷积核的尺寸（Kernel Size），那么这个卷积核就是一个维度为 3×3×3 的三维张量。同理，如果输入张量有 10 个通道，或者说深度为 10，卷积核就是一个维度为 10×3×3 的张量。

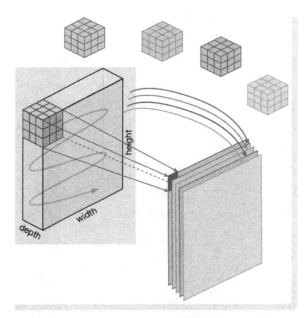

● 图 1-8　卷积运算三维视图

图 1-8 中一个三维卷积核对整个输入张量进行一次卷积运算后，只能得到特征图的一个通道。想要获得多通道的输出特征，就得使用多个三维卷积核，如图 1-8 所示，每一个卷积核都能输出一个特征图，于是得到了一个多通道的输出张量。四个三维卷积核放在一起，其实就组成了一个四维张量，该四维张量就是这个卷积层的权重，或者说是整个卷积层的卷积核。假设输入张量深度为 10，输出特征图有 20 个通道，卷积核尺寸为 3，那么这个卷积层的权重就是一个 20×3×3×10 的四维张量。

每一层卷积层输出的通道数目代表这一层可以识别的模式有多少种，显然，输出通道越多，可以识别的模式也就越多，能解决的问题就越复杂。

▶▶ 1.2.3　为什么需要深度网络

前文提到，卷积核的作用是识别输入数据中的模式，使用的卷积核越多，输出的特征图就越多，能识别的模式也越多。出于效率考虑，卷积核的尺寸一般都不大，常用的卷积核的尺寸是 3、5 和 7，再大的就很罕见了。这也意味着卷积核能识别的模式不会特别复杂，像直线、斜线、圆圈等模式都能被很好地表达，但行人、车辆、交通标志之类复杂的模式就很难用一个 3×3 大小的卷积核表达了。这个时候，就需要进行抽象。卷积神经网络就是通过增加深度来对模式进行抽象的。这里的深度，是指卷积层的层数（Layers），而不是指前文提到的特征图通道数。如图 1-9 所示，每一个卷积层都可以对多通道输入进行卷积操作，得到多通道输出张量，每一层的输出张量又可以作为下一层的输入，如此把一个又一个的卷积层叠起来，就构建出了一个很多层的深度神经网络。

第一层负责识别输入图片中的底层特征（Low-level Features），如图片中的直线、斜线、边缘线等几何特征。第二层则负责识别第一层识别出来的特征的更高级特征，依此类推。每一个卷积层都在对输入的特征进行进一步理解，并将其理解的结果输入到下一层。这个不断深入理解的过程，就是抽象的过程。靠近输入端的抽象程度浅，靠近输出端的抽象程度深。

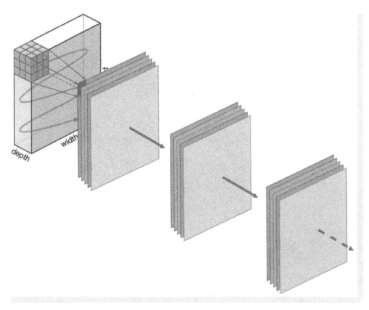

● 图 1-9　连接多个卷积层组成深度神经网络

2009 年，斯坦福大学的研究人员发表了一篇论文[2]，他们通过对各个卷积层输出的特征图进行概率推理，重建出了各个卷积层对输入图像的理解。图 1-10 就是论文中发表的图片，作者构建了一个三层的卷积神经网络来识别人脸的特征，从图中可以看出，神经网络的第一层只能理解边缘线、圆形等几何结构，第二层就能看到人的眼睛、鼻子、耳朵，到了第三层就能看出整个人脸来了。

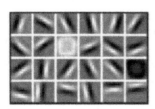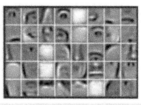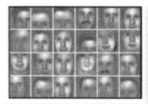

● 图 1-10　卷积神经网络的特征提取能力

深度神经网络通过对问题进行抽象，简化了每一个网络层的任务，从而让训练变得更为简单高效。但神经网络并不是越深越好，对于相对简单，或者数据量少的问题，过深的网络反而会导致过拟合。所以在实践中，只能通过不断地试验来确定最合适的深度。比较常用的方法是直接使用论文里采用的深度。

▶▶ 1.2.4　什么是批次（Batch）

卷积神经网络是针对图片数据发明的。图片数据非常大，一幅640×480的低清晰度RGB图片就能占据将近1MB的内存空间，而常用的自动驾驶数据集数据量都超过了100GB。如果使用梯度下降法，每更新一次都需要把整个数据集输入到模型中计算梯度，在数据量少的情况下这是可以做到的，但对于图像数据，每一次计算梯度都使用整个数据集显然是不现实的，于是随机梯度下降法（Stochastic Gradient Descent，SGD）就应运而生了。

随机梯度下降法每一次更新都只使用数据集中的若干幅图片作为输入，下一次更新则随机地从数据集中挑选新一批图片，所以称之为随机梯度下降法。每一次更新使用的几幅图片被称为一个批次（Batch）。批次大小（Batch Size）是指一个批次中图片的数目。批次大小一般是固定的，如每一次更新都取8幅图。通过不重复地加载图片，最终将覆盖整个数据集。每完整地覆盖训练数据集一次，就称为一个Epoch。训练一个卷积神经网络，往往需要50个以上的Epoch。

1.3　卷积神经网络的组成细节

1.2节介绍了一些神经网络的基础知识，读者对神经网络的基本特性应该已经有所了解。但随着近几年相关研究的发展，神经网络的结构变得越来越复杂，原本只由卷积层和激活层组成的神经网络，如今发展出了五花八门的各种网络层。

图1-11所示为一个简单的语义分割（Semantic Segmentation）神经网络，RGB彩色图片从左侧输入，右侧输出语义分割图。语义分割的任务是对原图的每一个像素分类，例如，图中的像素被分成了三个类别，即黑色部分是背景，深色部分是摩托车，浅色部分是人。数字代表特征图的通道数，高度代表特征图的尺寸，每一个箭头都包括了卷积层、激活层、归一化层和用于缩放特征图的插值采样层。

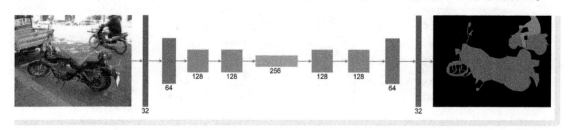

● 图1-11　语义分割神经网络模型

在本节里，笔者会详细介绍卷积神经网络的常用网络层以及这些网络层的适用范围。

▶▶ 1.3.1　卷积神经网络的输入层

卷积神经网络的输入以图片为主，RGB图片被看作是一个三维张量。但这个三维张量不能直接输入到神经网络中，需要对其进行预处理（Preprocessing）。

1. 输入归一化

和传统的机器学习一样，卷积神经网络也要对输入进行归一化（Normalization）。归一化的方法有很多种，最终目的是把数据的取值范围压缩到一个较小的区间。

最简单的预处理方法是最小最大归一化（Min-Max Normalization）。假设第 i 个输入数据是 X_i，整个数据集用 X 表示，最大最小归一化的计算方法如下：

$$\overline{X}_i = \frac{X_i - X_{\min}}{X_{\max} - X_{\min}} \tag{1-17}$$

如果输入数据是图像，图像数据的 RGB 值一般是 0~255 之间，所以只需把输入的图像数据除以 255，归一化就完成了。通过最大最小归一化，输入数据将被压缩到 0 和 1 之间。

另一种归一化方法也称标准归一化（Standardization），这种标准归一化方法需要计算整个数据集的平均值和标准差，计算方法为：

$$\overline{X}_i = \frac{X_i - \mu}{\sigma} \tag{1-18}$$

式中，μ 是整个数据集的平均值，对于图像数据而言就是所有 RGB 值的平均值；σ 是整个数据集的标准差，也就是所有像素点 RGB 值的标准差。标准化后的数据均值为 0，最小值和最大值则会根据输入数据的分布变化，一般在 −3 和 3 之间。

为什么要归一化？解释有很多种，其中一种是从优化算法的角度来考虑。图 1-12 所示是一个机器学习模型的损失面等高线，横轴和纵轴代表的是模型的两个参数。这两个参数可以有无数种可能性，每一组参数形成的模型都可以算出一个损失值，这就形成了一个损失曲面。图中从外围浅色的部分到内部深色的部分，损失值逐渐减小，而优化算法的目标就是要找到一组让损失最小的参数，也就是图中深色区域的参数。图 1-12a 所示是直接使用原始数据作为输入产生的损失面，图 1-12b 所示是使用归一化数据作为输入产生的损失面。箭头代表使用梯度下降法进行优化时参数更新的方向，因为使用了梯度下降法，参数的更新总是朝着梯度最大的方向，也就是垂直于等高线的方向进行。

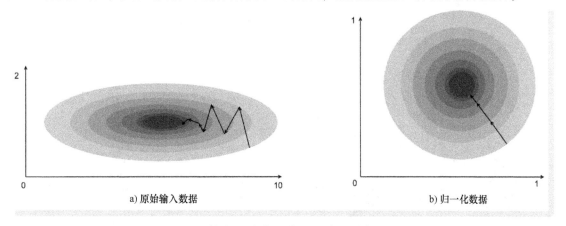

● 图 1-12　梯度下降算法在不同输入数据下的表现

显然，要从初始位置到达损失值较小的目标区域，使用归一化后损失曲面更规则，优化起来速度更快，绕的弯路更少。而原始数据输入参数的两个维度尺度差异很大，导致其相应的权重差异也很大，损失面就产生了扭曲。

还可以从另一个角度出发来理解，后文会介绍，模型最终的输出一般都位于−3 到 3 之间。如果输入数据的范围是 0~255，那么神经网络的一个任务就是要把 0~255 的数据投射到−3 到 3 之间。不进行输入归一化的话，神经网络就需要通过优化去完成这个任务。而神经网络的参数是有限的，交给模型去完成的任务当然越少越好，既然已经知道这个先验知识，何不直接代劳，帮模型完成这个任务。使用最大最小归一化，相当于帮模型完成了一部分任务，使用标准归一化，则可以认为是完全代劳了。相较于最大最小归一化，使用标准归一化的做法可以提高大约 0.5% 的精确度。

2. 数据扩增（Data Augmentation）

输入数据预处理的另外一项重要任务就是数据扩增。图 1-13 所示很好地展示了图像数据扩增到

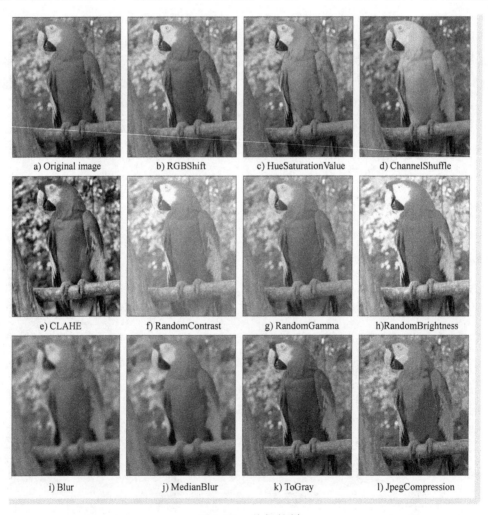

● 图 1-13　数据扩增

底是做什么的。图中左上角是原始图片，其他图片都是扩增的图片。

如果神经网络的任务是识别第一张图片中的鹦鹉，那么这个模型也应该能识别出其他图片中的鹦鹉。这对于人类而言是很轻松的任务，而神经网络的目标是赶超人类。也就是说，数据扩增是通过对图片进行受限制的随机处理，生成新的数据。标注数据的成本很高，通过数据扩增，相当于免费获得了新的数据。如图1-13所示，一共使用了11种不同的数据扩增方法，等于把数据集扩大了11倍。数据扩增还能让神经网络更加健壮（Robust），如果不进行数据扩增，神经网络很可能只会学到"鹦鹉就是红色的鸟"这样的特征，但哪怕图中的鹦鹉是绿色的或是黑白的，人类仍然可以识别出来这是一只鹦鹉。数据扩增可以防止神经网络学习到错误的，或者说过于简单的特征。

▶▶ 1.3.2 神经网络的输出层

神经网络的输出根据具体的任务来确定，大部分任务都可以归为两种：分类（Classification）任务和回归（Regression）任务。顾名思义，分类任务就是对输入进行分类，例如，区分输入的图片是人还是车，根据摄像头拍摄的图片区分阴、晴、雨、雪、雾五种天气等。因此，分类任务输出的值是离散的。

回归任务的范围就大多了。当神经网络需要预测某一个特定的值时，就是在做一个回归任务。例如，预测明天的气温具体有几度，通过摄像头预测距离前面的汽车有多少米等。回归任务输出的值是连续的。

1. 分类任务的输出

分类任务输出的值一般理解为将输入分类为某一个类别的概率。最简单的例子莫过于二分类任务，也就是只有两个类别。例如，识别一幅图片是不是汽车就是一个二分类问题。对于二分类问题，只需要一个输出值就可以了，这个输出值代表的是其中一个类别的概率。网络直接输出的值是任意大小的数值，而概率却必须是0到1之间的值，所以需要将神经网络的输出通过一个函数映射到0到1之间。一般使用Sigmoid激活函数完成这个任务，Sigmoid函数可表示为：

$$\sigma(\boldsymbol{x}) = \frac{1}{1+e^{-x}} \quad (1\text{-}19)$$

Sigmoid函数使用σ（Sigma）符号表示，这是因为σ的一个变体是$\int$（Esh），Sigmoid函数的图形特别像$\int$，如图1-14所示。

从图1-14中可以看出，负无穷到正无穷的实数会被Sigmoid函数映射到0到1之间，输出的数值可以理解为某一个类别的概率P。因为这是一个二分类问题，那另一个类别的概率自然就是（$1-P$）了。进行预测的时候，如果输出代表的是"图片为汽车的概率"，那么当输出概率>0.5时，就意味着图片是一张汽车图片，输出概率<0.5则不是。

如果是一个多分类问题，例如，要识别一张图片到底是行人、小汽车、自行车还是其他，就需要输出四个类别。最直观的想法是输出四个值，每一个值都连接一个Sigmoid函数，不就有四个概率了？这样当然也是可以的，但很容易发现，每一张图片都只可能是这四个类别中的一种，根据概率论的知

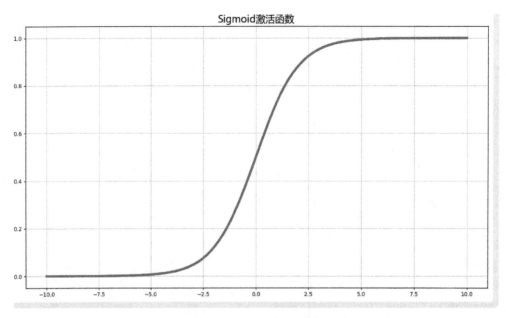

● 图 1-14　Sigmoid 激活函数图形

识，神经网络预测的各类别概率加起来必须等于 1。如果简单地输出四个值，每个值连接一个 Sigmoid 的函数，最后四个概率加起来不能保证刚好等于 1。为了让各个分类的概率加起来等于 1，多分类问题一般使用 Softmax 函数，其原理很简单，表达式为：

$$P_j = \frac{e^{x_j}}{\sum_{i=1}^{k} e^{x_i}} \quad (1-20)$$

式中，P_j 是指第 j 个类别的概率；x_j 是神经网络的第 j 个直接输出值；一共有 k 个类别，所以神经网络一共有 k 个输出值。为了观察两者的区别，图 1-15 中展示了一个具体的例子进行对比。

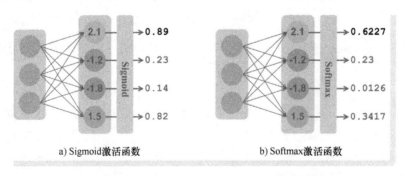

● 图 1-15　Sigmoid 和 Softmax 激活函数区别

图 1-15a 使用了 Sigmoid 激活函数，各类别概率相加不等于 1；图 1-15b 使用了 Softmax 激活函数，所有类别的概率加起来等于 1。进行预测的时候，四个类别里概率最大的那个类别就是模型预测的识

别结果了。既然神经网络输出了四个概率,那么进行训练的时候,训练数据也应该有四个概率,例如,某张图片里包含了自行车,训练的时候给出的标签就是 1、0、0、0 四个数,除了自行车类别为 1,其余均为 0。这种只有一个类别概率是 1,其他都是 0 的编码方式,被称之为独热编码(One-hot Encoding),图 1-15 很形象地展示了独热编码:只有概率最大的那个类别是"热"的。

读到这里读者们一定很疑惑,为什么 Sigmoid 和 Softmax 都不约而同地使用自然常数 e?如果仅仅是用于损失函数,那么使用 2 或者 10 之类的数字作为底数都是可以的,不会对结果产生显著的影响。但自然常数 e 能带来很多便利,如导数和积分等于其自身,统计学中常用的正态分布是自然常数的幂等。选择自然常数 e 能让和损失函数有关的微积分运算变得更加简洁直观。

2. 回归任务的输出

回归任务的输出范围要广得多。最简单的处理方式就是使用神经网络的直接输出,不连接任何激活函数,这样就能保证覆盖从负无穷到正无穷的整个取值范围。但很多时候,回归任务的目标取值范围是很明确的,如果不限制输出数值的取值范围,神经网络可能会输出不合常理的数值。例如,回归的目标是温度,那肯定要高于绝对零度,但如果不设限制,模型就有可能输出低于绝对零度的值。又比如回归目标是汽车的速度,一般不会超过 200km/h。这些先验知识,神经网络是不知道的,最终都得通过训练来学习。如果能直接把输出数值的范围限定在指定范围,相当于帮助模型减轻了学习负担,模型的表征能力(Representation Power)就可以用在提高精确度上了。

根据不同的回归任务,可以使用不同的激活函数来限制输出数值的取值范围。例如,要输出一个 0°~360° 的角度,就可以使用 ReLU 作为激活函数,这样至少可以保证输出肯定>0。为了得到不超过 360° 的输出角度,还可以截断超过 360° 的输出值,也就是为 ReLU 激活函数设置一个最大输出值,这也是常见的做法。如果取值范围比较随机,可以在 ReLU 函数之后加一个偏置值来实现。例如,目标取值范围是 4~20,就可以在最后连接一个最大值为 16 的 ReLU 函数然后加上 4,这样输出数值的取值范围就是 4~20 了。也可以使用 Sigmoid 代替 ReLU 达到同样的目的。

甚至还可以把回归任务转换成分类任务。例如,回归任务目标是一个取值范围在 0°~360° 的角度,可以在输出端连接一个有 360 个类别的 Softmax 函数,分别代表 360 个角度。把回归任务转换成分类任务的好处是任务变得更容易了,原本模型需要预测 0~360 范围内的任意一个实数,可能性是无限的,如今只剩下了 360 种可能性,难度大大降低。但很显然,模型输出的误差必然>0.5°,如果回归目标是 12.5°,模型将无法输出这个数值,只能输出 12° 或 13°,这就存在一个 0.5° 的误差。

3. 不同维度的输出

前文提到的图片分类任务也好,角度和速度的回归任务也好,都属于一维输出,而卷积神经网络的特征图都是二维的,所以在输出层之前,只能将二维的特征图整平(Flatten)为一维向量,然后通过一个全连接层输出一维向量。

在计算机视觉领域,二维的输出也是很常用的。例如,语义分割(Semantic Segmentation)就是自动驾驶领域必备的二维输出。语义分割的目的是为相片的每一个像素分类,常用的类别有汽车、行人、植被等。图 1-16 所示是语义分割的真实值(Ground Truth),训练好的语义分割模型也应像这张标注图片一样，能为图片中的每一个像素分类。

- 图 1-16 语义分割的真实值

为了完成语义分割任务，模型要输出一张二维的分类图。卷积神经网络的特征图本来就是二维的，输出二维分类图反而简单。卷积神经网络一维和二维分类输出的计算方法如图 1-17 所示。

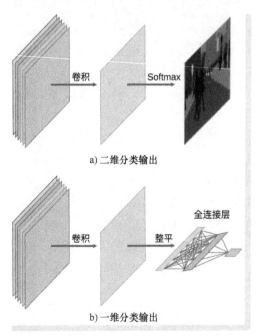

- 图 1-17 一维和二维分类输出的区别

▶▶ 1.3.3 卷积层和转置卷积层

卷积层已经在本章卷积神经网络简介中做过介绍，读者想必对简单的卷积计算已经很熟悉了。但近几年发展出来的各种卷积层变体应用得越来越广泛,不同卷积层的用途和特性都不一样。图 1-18 所示为四种卷积层的计算方法。

1. 卷积核尺寸

卷积核的大小是可以调节的,一般使用奇数作为卷积核的尺寸,这样卷积核会有一个中心像素,方便对齐。卷积核的中心对准图片像素的中心,然后一个像素一个像素地平移经过每一个像素,就能输出一张和原图片一样分辨率的特征图。如前文所述,当卷积核的中心对准图片边缘像素时,卷积核的一部分会露在图片外面,要使用零填充(Zero Padding)来完成计算。最常用的卷积核是 3×3 卷积,几乎是最小的卷积核了。当然还有更小的 1×1 卷积核,但这个一般有特殊用途,后文会介绍。卷积核的大小决定了卷积运算感受野(Receptive Field)的大小,所谓感受野,就是卷积运算时单个卷积核覆盖的空间大小,卷积核尺寸越大,感受野也越大。为了增加感受野,往往会

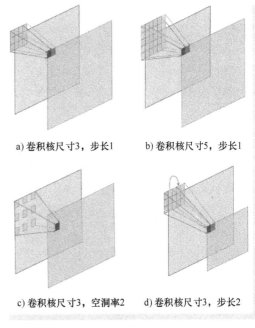

a) 卷积核尺寸3,步长1 　　b) 卷积核尺寸5,步长1

c) 卷积核尺寸3,空洞率2　　d) 卷积核尺寸3,步长2

● 图 1-18　四种卷积层的计算方法

把卷积核的尺寸增加到 5×5,不同大小的卷积核在实际运算过程中的对比如图 1-18a、b 所示。

卷积核尺寸增加了,计算量当然也相应增加。如果将 3×3 卷积核用于一张 640×480 分辨率的图片,一共要进行 3×3×640×480 次乘法和加法。如果是 5×5 卷积核,就需要 5×5×640×480 次乘法和加法,计算量差距是非常大的,因此一般不会使用 5×5 卷积核。

2. 空洞卷积

增加卷积核尺寸扩大感受野,就得承受翻倍的计算量,于是研究人员开始思考,如何在不增加计算量的情况下扩大感受野?空洞卷积(Dilated Convolution)就是为了这个目的而设计的。空洞卷积的思路非常巧妙,卷积核被理解为对图片进行信息采样的工具,最原始的卷积核相当于对图片进行密集采样(Dense Sampling),而空洞卷积则是对图片进行稀疏采样(Sparse Sampling)。如图 1-18c 所示,空洞卷积的卷积核张得很开,中间跳过了几个像素,在卷积核里留下了空洞,所以称为空洞卷积。空洞卷积通过牺牲信息的密度来获得更大的感受野。如图 1-18c 中所示的空洞卷积,只有 9 个参数,却获得了和 5×5 卷积核一样大小的感受野。考虑到图片的信息密度非常高,使用空洞卷积进行稀疏采样就变得非常合理了。空洞卷积特别适合高分辨率图片和大物体的识别。对于高分辨率图片而言,信息密度已经很大了,牺牲一点无伤大雅。如果在感知图片中的大物体时使用普通卷积,感受野太小,无法将大物体的整体信息纳入感知范围,而使用空洞卷积则可以解决这个问题。

3. 卷积的步长

除了调节卷积核的尺寸和排布方式,还可以调整卷积运算时的平移量。普通的卷积是将卷积核中

心对准某一个像素，计算卷积，然后平移到下一个像素，如此循环直至覆盖整张图片。不难想到，平移的时候让卷积核跳过两个像素直接平移到第三个像素也是可以的，平移卷积核时跳过的像素数目称为步长（Stride）。直接跳到下一个像素，卷积的步长为 1；每次平移跨过一个像素，卷积的步长就是 2。通过设置卷积步长为 2，卷积层会输出一张长宽均减半的特征图，可以认为这是一种对特征细节的浓缩，或者对特征的进一步抽象。具体的计算方式如图 1-18d 所示，图中的小箭头显示卷积核平移的步长为 2。

4. 转置卷积

卷积神经网络除了对细节进行浓缩和抽象，有时候也要利用特征重建细节。前文提到的语义分割模型就是需要重建细节的模型。例如，输入特征图的分辨率为 128×128，最终需要得到 256×256，甚至 512×512 的高清晰度输出，此时就需要使用转置卷积（Transposed Convolution）了。

进行卷积计算时，图片上 3×3 的小区域和 3×3 的卷积核进行点积运算，得到的是特征图上的一个点。而转置卷积则是将特征图上的一个点和 3×3 卷积核相乘后累加到特征图上。如图 1-19a 所示，右侧特征图中第一行第二列的值 2 和卷积核相乘，然后累加到左侧的输出特征图中，就完成了一次转置卷积操作。和卷积一样，通过平移卷积核的位置反复进行转置卷积运算，每一次运算的结果都直接累加到输出特征图中，最后可以得到一张和输入特征图一样大小的输出特征图。读者朋友们可以计算一下图 1-19b 所示的例子是否和结果相吻合。

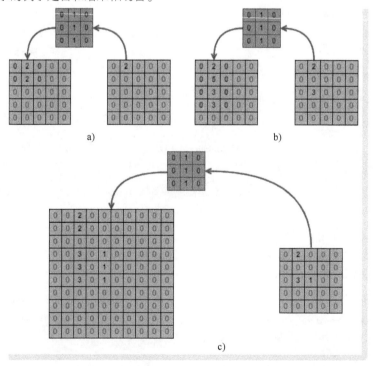

● 图 1-19 转置卷积计算过程

看起来，除了计算方法不同，似乎输入、输出和计算量都是一样大的，那转置卷积有什么特殊的用途？如图 1-19c 所示，使用步长为 2 的转置卷积可以生成输入特征图两倍大的输出特征图。简而言之，转置卷积可以让特征图分辨率变大。但转置卷积也有缺陷，观察图 1-19c 会发现，输入特征图中的 3 和 1 是紧紧挨着的，而输出的高分辨率特征图中 3 和 1 在中间隔了个空白列，这就是所谓的棋盘格效应。图 1-20 所示是一张使用了转置卷积的语义分割预测图，观察前方行人和右侧路灯杆上的棋盘格纹理，会发现棋盘格效应对语义分割的质量影响很大，出于该原因，工程师们越来越倾向于用卷积和下采样的组合来取代转置卷积。

● 图 1-20　转置卷积导致的棋盘格效应

▶▶ 1.3.4 激活层

和 MLP 网络一样，卷积神经网络每一个卷积层后面都会连接一个激活层来引入非线性变换。激活层的激活函数仍然遵循这样的仿生规律：小的输入值不产生或者只产生微弱的神经冲动，大的输入能产生大的神经冲动。激活函数曾经不受重视，最近几年有越来越多的激活函数被发明出来。激活函数大致可以分为三类，即类 Sigmoid 激活函数、类 ReLU 激活函数和类 Mish 激活函数。不同类型的激活函数有着不同的用途，下面分别介绍各类激活函数的特点。

1. 类 Sigmoid 激活函数

类 Sigmoid 激活函数的形态如图 1-21 所示。

Sigmoid 函数可以用于输出概率，换言之，使用 Sigmoid 函数的激活层其实并不是对神经网络的输出进行激活操作，而是输出一个概率图。概率图的每一个像素点都代表了一个 0 到 1 之间的概率，这个概率的含义可以自由定义。例如，一个摩托车的语义分割任务，要把图 1-22a 所示图像中的摩托车分割出来，就可以使用 Sigmoid 激活函数作为输出层，输出概率图中概率越大的像素越可能是摩托车。经过训练之后，神经网络最后就能输出如图 1-22b 所示的概率图，颜色偏浅的像素代表摩托车，颜色偏深的像素则代表不是摩托车。因为这种对概率图进行编码的方式和温度图很类似，所以也被称之为热力图（Heat Map）。由 Sigmoid 激活层输出的概率图不仅可以作为输出，也可以在神经网络中作为注意力图（Attention Map）使用，可以引导神经网络对感兴趣的区域赋予更高的重要性，在后面的章节中笔者会详细解释注意力图的应用。

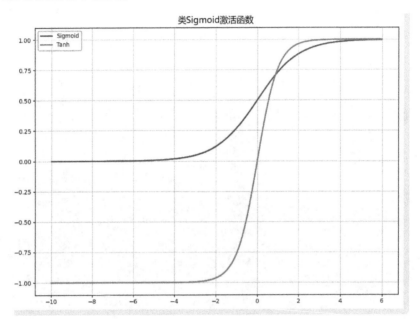

- 图 1-21　Sigmoid 和 Tanh 激活函数的图形

- 图 1-22　输入图片及其神经网络输出的语义分割概率图

除了用于生成概率图，Sigmoid 激活函数已经不再作为普通的激活函数使用。主要原因是 Sigmoid 函数的两端太扁平。从图 1-21 所示的 Sigmoid 图形可以看出来，当输入值>5 或<-5 时，Sigmoid 函数几乎是平的，反向传播时 Sigmoid 产生的梯度接近于零，导致学习速度变得很慢，这就是所谓的梯度

消失问题（Vanishing Gradient Problem）。Sigmoid 函数即便是在梯度最大的位置（也就是零附近）梯度也只有 0.25，于是研究人员发明了 Tanh 激活函数。Tanh 激活函数输出值的范围是 -1~1，零偏置的输出让训练更稳定。此外 Tanh 的梯度比 Sigmoid 要大，作为激活函数表现优于 Sigmoid。但很明显 Tanh 也存在梯度消失问题，所以现在用得不多了。此外，Sigmoid 和 Tanh 都需要进行幂运算和除法运算，效率低。

2. 类 ReLU 激活函数

类 ReLU 激活函数是使用最广泛的激活函数，其形态如图 1-23 所示。

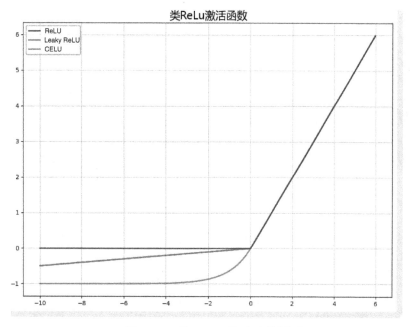

● 图 1-23　类 ReLU 激活函数图形

ReLU 激活函数的逻辑完全按照人类神经元的逻辑设计，输入<0 就截断并输出零，相当于不激活；输入>0 则直接将输入传递到下一个神经元，模仿了人类神经元的神经电信号传导过程。前向传播时，ReLU 只需要判断输入特征的正负即可；反向传播时，其梯度不是 0 就是 1，也就是说不需要计算梯度，因而其计算效率极高。现在 ReLU 几乎成了卷积神经网络的默认激活函数，读者们设计自己的神经网络时，都是从使用 ReLU 开始。

ReLU 函数也有缺陷，一个重要缺陷是 ReLU 函数<0 的部分梯度为零，这也意味着如果输入为负值的话，反向传播的梯度都会被截断，导致之前的卷积层无法学到东西。为了解决这一问题，研究人员发明了 Leaky ReLU 激活函数。如图 1-23 所示，在<0 的部分，Leaky ReLU 函数会有一个很小的梯度（一般设置为 0.1），如此便可以保证即便处于未激活状态，在反向传播的时候也能向上一层的卷积层泄漏一定比例的梯度，保证学习的活跃度。此外还有研究人员发明了 CELU 激活函数，其形态如图 1-23 所示。据试验表明 CELU 在 0 附近的平滑曲线能提高神经网络输出的质量和健壮性，而且其输

出的均值也会更靠近零一些，有助于训练的稳定，但 CELU 的计算复杂度要高一些。

3. 类 Mish 激活函数

类 Mish 激活函数是近年来最为流行的激活函数，根据实践，基本上只要换上 Mish，精度就能提升。其形态如图 1-24 所示。

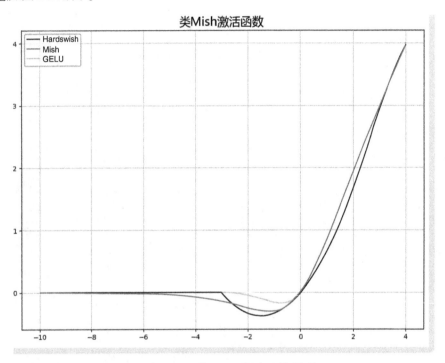

● 图 1-24　类 Mish 激活函数图形

Mish 是最新发表的激活函数，各方面的表现都要优于其他激活函数。随着激活函数形态的越来越复杂，对其性能的解释也越来越困难了。研究人员发现在训练中梯度能更顺畅地在使用 Mish 的神经网络中流动，但这只是根据观察产生的猜想。在具体的工作中，读者们可以多尝试几种激活函数，然后根据具体项目对计算复杂度和精确度的要求选择最符合的激活函数。

▶▶ 1.3.5　归一化层

前文提到，神经网络的输入是很随机的，其均值和标准差也是随机的，不规则的数据会产生不规则的损失曲面，对优化算法不利，因此需要进行输入归一化让损失面变成一个更为对称的曲面，让训练变得更快。归一化的计算可用式（1-21）表达：

$$\overline{X}_i = \frac{X_i - \mu}{\sigma} \tag{1-21}$$

式中，X_i 是归一化的对象，μ 是平均值，σ 是标准差。显然，平均值和标准差都是统计量，需要积累

许多的 X_i 才能计算出平均值和标准差，于是就诞生了各种各样的归一化方法。

这些归一化方法的计算公式都是式（1-21），只是统计平均值和标准差时选取的样本空间各不相同。批归一化（Batch Normalization）是对一个批次内同一个通道的特征图进行归一化；组归一化（Group Normalization）是对一个批次内相邻若干个通道的特征图进行归一化；层归一化是对某一个卷积层输出的属于单个样本的所有特征图进行归一化；实例归一化（Instance Segmentation）则是对卷积层输出的每一个通道进行独立的归一化，如输入图像的归一化就可以认为是对输入层的实例归一化。

图 1-25 所示为几种常用的归一化方法。假设一个批次有三个输入样本，每个样本输出五张特征图。同一个灰度值的特征图代表的是归一化的样本空间，也就是说同一灰度值的特征图会根据这个灰度的均值和标准差进行归一化。

1. 批归一化

最常用的归一化方法是批归一化（Batch Normalization）。研究者发现，不但整个神经网络输入数据的均值和标准差是随机的，神经网络每一层的输入也都会产生随机的均值和标准差。如果不对神经网络每一层的输出进行控制，在训练过程中，每一层输出的均值和标准差会各不相同，从而给后续网络层的学习带来了额外的负担，这就是所谓的内部协方差漂移（Internal Covariate Shift）问题[3]。

为了解决这个问题，很自然的想法就是仿照输入归一化，对神经网络每一层的输入进行归一化处理。如图 1-25a 所示，和输入归一化的做法一样，批归一化按照通道（Channel）进行。使用随机梯度下降法训练时每一次迭代都只加载一个批次，所以只能对该批次的特征图进行归一化，故称"批归一化"。假设一个批次有三个样本，那么同一个通道就会输出三张特征图，这三张特征图就形成了归一化的样本空间，因此在图中被涂上了同一种颜色。

训练的时候存在批次，可以计算每一个批次的均值和标准差，但使用训练好的模型进行推断的时候却没有批次，只有一个单一的数据样本，那如何应用批归一化呢？为了在推断的时候也能使用具有统计意义的均值和标准差进行归一化，训练的时候每一层输入的均值和标准差都会被记录下来。在下一个批次的数据投入训练的时候，各层输入特征图的均值和标准差都会进行更新，使之能够反映整个数据集的统计特性。也就是说，每一层输入特征图的均值和标准差也是通过不断学习得到的，训练结束后这两个值也会被记录并固定下来，成为模型的一部分。之后对新的数据样本进行推断的时候，就直接使用之前学习到的均值和标准差对单个样本进行归一化。

2. 层归一化

批归一化一经发表便成了深度神经网络的标准，训练的速度和健壮性都因此大大提高。但很快就出现了新的问题，在训练某些大模型的时候，因为 GPU 数目有限，一个批次只能容纳极少的样本，极端情况下一个批次甚至只有一个样本。但批归一化依赖于对同一批次中的多个样本进行统计，如果只有一个样本，统计也就失去了意义。研究者发现一个批次中样本越少，训练的稳定性就越差，最终的精度也越低。于是就发明了层归一化（Layer Normalization）。如图 1-25b 所示，层归一化即对同一个卷积层输出的所有特征图进行归一化，因此一个批次中有多少个样本也就不重要了[4]。

3. 组归一化

组归一化（Group Normalization）则兼具两者之长。批归一化重视通道的独特性，每一个通道单

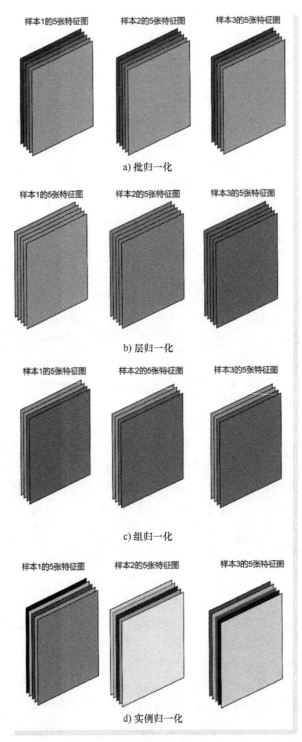

● 图 1-25 几种常用的归一化

独进行归一化，却需要大批次；层归一化不考虑批次，却对所有的通道一视同仁，没有考虑各个通道的独特性。组归一化同时解决了这两个问题，归一化的对象不针对整个批次，也不针对所有的通道，而是对通道分组之后进行组内归一化，因此被称为组归一化。如图 1-25c 所示，组归一化的对象是单个样本的相邻特征图，于是相邻特征图的数目就成了一个需要设置的参数，如图 1-25c 所示，就是两个通道一组。实际项目中一般会设置为 16 或者 32，也就是 16 张特征图或者 32 张特征图一组。组归一化的目的是在不同通道的独特性和相关性之间取得平衡。

4. 实例归一化

实例归一化（Instance Normalization）的计算方法如图 1-25d 所示，每一张特征图单独进行归一化就是实例归一化。实例归一化比较特殊，研究者不是为了提高训练的速度和健壮性才使用实例归一化的，而是发现在训练生成模型（Generative Model）时，实例归一化能产生质量更高的图片。生成模型在自动驾驶中一般用于迁移学习，这不是本书的重点，但读者们在使用生成模型时，可以尝试使用实例归一化，可能能获得更高质量的结果[5]。

▶▶ 1.3.6　上采样层和下采样层

在 1.3.3 节提到可以使用步长为 2 的卷积来让特征图缩小，使用转置卷积来让特征图扩大，但工程师们在实践中发现，使用这两种方法对特征图进行缩放很容易产生如图 1-20 所示的棋盘格效应，这对输出结果的质量影响很大，因此上采样（Up Sample）和下采样（Down Sample）就变得越来越流行了。

上采样和下采样是图像处理的常用工具，日常生活中对相片进行缩小就是下采样，对相片进行放大就是上采样。上采样和下采样都是通过插值（Interpolation）完成的，有许多种插值算法，其中最常用的就是线性插值（Linear Interpolation）和最近邻居插值（Nearest Neighbor Interpolation）。所谓线性插值，可简单地理解为对原始图片的局部进行平均，而最近邻居插值则是在原始图片中寻找距离最接近的像素点。图 1-26a 所示为原始图片，图 1-26b、c 所示分别为使用线性插值法放大的图片和使用最近邻居插值法放大的图片。

a) 原始图片　　　　b) 线性插值上采样的图片　　　　c) 最近邻居插值上采样的图片

● 图 1-26　线性插值上采样和最近邻居插值上采样效果对比

两种插值方法的区别是很明显的。在轮廓线附近，线性插值法能得到更柔和的过渡，但显得模糊，这是因为线性插值法是对图片进行局部平均，产生了模糊化的效果；而最近邻居插值法得到的图片边缘呈锯齿状，但更加清晰。下采样是将原始图片缩小，使用这两种不同的采样算法也会有和上采样类似的效果。

在卷积神经网络的应用中，具体使用哪一种采样算法需要根据具体任务而定。最近邻居插值法能获得更清晰的边缘线，缺陷是会有信息损失；线性插值法边缘模糊，但不会漏掉信息。

▶▶ 1.3.7 池化层

池化层（Pooling Layer）常被用于缩小特征图，作用和下采样类似。常用的池化层有三种，分别是最大池化（Max Pooling）、平均池化（Average Pooling）和全局平均池化（Global Average Pooling）。三种池化层的计算方法如图1-27所示。

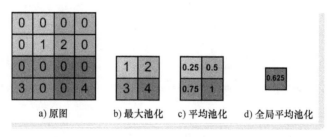

● 图 1-27 几种池化层的运算过程

最大池化层曾经是最流行的池化层，其计算方法是提取图像局部的最大值。最大池化具有平移不变性的特点，原图右上角值为1的像素点无论出现在四个像素的哪个位置，最大池化后都会得到1，这对于捕捉图像中的重要信息会很有用。平均池化和最大池化类似，区别是采用局部平均值而不是最大值。但越来越多的实践经验显示，通过最大池化来缩小特征图会造成信息损失，因为最大值以外的值可能也是很重要的信息，使用最大池化等于舍弃了这些信息。此外，最大池化还会破坏空间关系，如图1-27a中所示的1和2挨得很近，而3和4隔得很远，这种相对的空间关系可能是很重要的。因此，下采样层（平均地化层）用得越来越多，而不是池化层，当然读者需要在实践中根据最终的精度选择最适合的网络层。

全局平均池化层一般用于产生一维输出。1.3.2节谈到，卷积神经网络的特征图是二维的，需要一维输出的时候，可以把特征图压扁成一维向量，然后连接一个全连接层输出。这种计算方法的缺陷是特征图尺寸必须固定，例如，输入一张10×10的特征图，整平之后就形成一个长度为100的一维向量作为全连接层的输入。如果输入特征图的大小是12×12，整平后就变成了长度144的向量，输入为100的全连接层就不能用了，而全局平均池化层就能解决这个问题。所谓全局平均池化其实就是对整张特征图求平均值，无论特征图有多大，经过全局平均池化之后就只输出一个值，所以全局平均池化层输出的一维向量长度和特征图的数目是一样的，而特征图的数目是固定的，不随图片大小的变化而变化。具体的计算过程如图1-28所示。

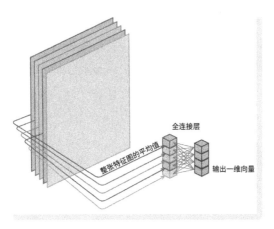

- 图 1-28　全局平均池化的运算过程

▶▶ 1.3.8　跳跃、空间注意力等特殊的连接方式

前文中介绍的各个网络层都是对输入特征图进行某种运算，然后输出特征图，通过这些网络层，已经可以构建一个最简单的卷积神经网络了。后来研究者发现，使用一些特殊的连接方式能大大提高输出结果的质量，因此这些连接方式也变得越来越重要起来。

1. 跳跃式级联

跳跃式连接（Skipping Connection）用于连接低级特征（Low Level Feature）和高级特征（High Level Feature）。所谓的低级特征是指更接近输入图像本身的特征，如图像中的边缘线等。而高级特征是指更接近输出结果的特征，这些特征包含了更接近人类认知的高级语义信息，如摩托车轮子的特征。卷积神经网络的主要任务，就是对低级特征进行抽象得到高级特征，但在某些任务中，低级特征也非常重要。例如，对于语义分割而言，输出的语义分割图边缘线就越精确越好，而经过一层一层地抽象之后，图像的低级特征所剩无几。因此研究者想到，不如直接把低级特征图保留下来，直接叠加到高级特征图上，这样两种信息就都得到了保留，最后的输出结果不但分类准确，边缘线也更清晰。这种将两组相同尺寸的特征图叠加在一起的做法，称作级联（Concatenation）。如图 1-29 所示，靠近输入图像端，具有 64 个通道的低级特征直接通过跳跃连接叠加到了高级特征上，产生了一个 128 个通道的特征，这就是所谓的跳跃式级联。

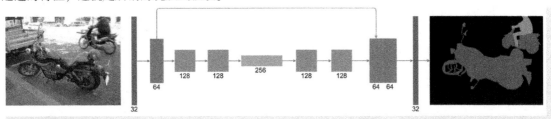

- 图 1-29　带有跳跃式级联的语义分割神经网络

2. 跳跃式相加

跳跃式相加和跳跃式级联类似，作用也是把低级特征和高级特征融合起来，但不是采用叠加的方式，而是把两个特征相加。如图 1-30 所示，64 个通道的低级特征和 64 个通道的高级特征直接相加，得到一个 64 个通道的融合特征，然后输入到下一个网络层。

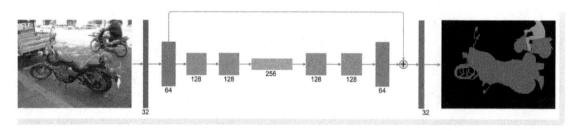

● 图 1-30　带有跳跃式相加的语义分割神经网络

使用相加而不是级联的方式，是为了防止融合之后的特征图通道数膨胀，既节约了计算量，又达到了融合的目的。代价是特征图能承载的信息变少了，影响最终的分类精确度。具体使用哪一种方式来融合高级和低级特征，需要模型设计者在平衡计算量和精确度之后来决定。

3. 空间注意力模块

空间注意力模块（Spatial Attention Module）简称为 SAM，其原理和人类的认知习惯类似，为图像不同的区域赋予不同的权重。比较重要的部分权重高，次要的部分则权重低。计算方法如图 1-31 所示，具有 128 个通道的特征图通过一个卷积层之后被压缩成一个通道，然后连接一个 Sigmoid 激活函数就生成了一张注意力图。这张注意力图的值位于 0~1 之间，代表的是特征图中每一个像素的重要性。注意力图接下来会和特征图相乘，等于在引导神经网络把注意力放到更重要的像素上。图 1-31 中从 Sigmoid 激活函数输出的小图便是注意力图的可视化图像了，读者们会发现神经网络会把更多的注意力集中在摩托车和人上，这也非常符合人类的认知习惯。

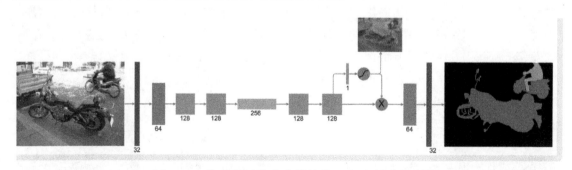

● 图 1-31　带有空间注意力模块的语义分割神经网络

空间注意力模块是作用于图像平面的，所以称之为"空间注意力"。也有通道注意力模块（Channel Attention Module），把注意力集中在输入特征不同的通道上，相当于给不同的通道赋予不同的权重，原理和实现方法与空间注意力模块类似，可参考提出空间注意力和通道注意力的论文 CBAM：Convolutional Block Attention Module[6]。

▶▶ 1.3.9　构建一个复杂的卷积神经网络

神经网络如同一个建筑，是由本节中提及的各种网络层搭建起来的。作为练习，读者可以想象一下如何搭建图 1-32 所示的 BiSeNet V2 语义分割神经网络[7]。BiSeNet V2 使用了巧妙的双向注意力模块，让一个轻量级的语义分割神经网络也获得了很高的精度。

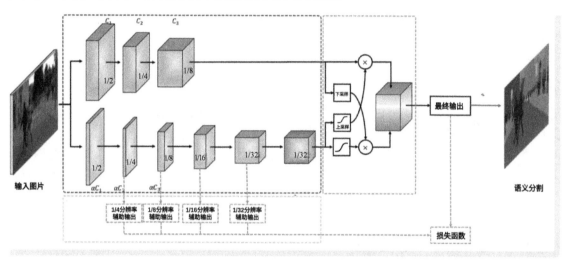

● 图 1-32　BiSeNet V2 语义分割神经网络

值得注意的是，BiSeNet V2 中双向注意力模块输出的注意力图不止一个通道，而是和输入特征图的通道数相同，最终和输入特征图进行逐元素（Element-wise）相乘。因此，图 1-32 中使用到的注意力模块已经不是简单的空间注意力模块了，而是整个特征图的注意力模块。进行上、下采样时，特征图变化的倍数为四倍，而不是常用的两倍。可见在构建神经网络时，破除常规往往会收到意想不到的效果。

1.4　卷积神经网络的训练

通过对 1.3 节的学习，读者们应该已经学会了如何搭建一个卷积神经网络。本节将详细介绍卷积神经网络的几个常用损失函数和优化方法。

▶▶ 1.4.1　常用损失函数

卷积神经网络和一般的神经网络一样，是通过最小化损失函数的值来进行训练的。神经网络在未经过训练之前，其权重是随机初始化的，没有任何预测或识别能力，输出来的结果当然也没有任何意义,等于在随机猜测。对于有监督学习(Supervised Learning)而言,每一张输入图片都会有人工标注的真实值,而神经网络训练的目标就是让模型输出的预测值和人类标注的真实值一致。损失函数就是用来测量模型输出和真实值之间差距大小的,模型的输出和真实值差别越大,损失函数的损失值就越大。训练的过程,就是使用优化算法来优化模型的参数,让损失值变小的过程。

不同的模型有不同的输出,回归型任务的输出和分类型任务的输出就大不相同,这在 1.3.2 小节已有详述。对不同的任务会有不同损失函数,甚至同一种任务的损失函数都会有很多种选择。损失函数的选择对模型的训练和最终结果的质量影响很大,有时一个巧妙的损失函数能让无法训练的模型变得容易训练。因此,掌握各种常用损失函数的特点是极其重要的。

1. 回归任务的损失函数和梯度计算

如果希望一个神经网络输出某个特定的数值,那就是一个回归型任务。例如,预测明天的温度,预测图片中某一个像素点离相机的距离等,都是回归型任务。回归型任务最常用的损失函数是均方误差函数,在 1.1 节就提到了。如果神经网络的输出值是 f,对应的真实值是 y,那么均方误差的公式如下:

$$\text{MSELoss} = (f - y)^2 \tag{1-22}$$

也就是输出值和真实值误差的平方。因为均方误差也被称为误差的 L2 范数(L2 Norm),所以也常被称为 L2 损失(L2 Loss)。

对于回归任务而言,损失值的含义是输出值和真实值的误差,所以必须是正数,平方是一个很好的选择。那么很容易想到,使用误差的绝对值也可以表现误差的大小,这就是所谓的 L1 损失(L1 Loss),这是因为误差的绝对值也被称为误差的 L1 范数(L1 Norm)。

L1 损失的特点和 L2 损失有很大的不同,不妨构建一个最简单的回归任务对这两种损失进行对比。用一个激光测距仪对准一个 1m 外的目标点测量 5 次,观测到 5 个数据,5 个数据点分别是 0.98m、0.99m、1.01m、1.02m、0.85m,利用这 5 个数据来推断测距仪和目标点之间的距离。

将上面的问题构造成一个优化问题,那么其 L2 损失为:

$$L_2 = \frac{1}{5} \sum_{i=1}^{5} (x_i - y)^2 \tag{1-23}$$

式中,y 是目标距离;x_i 代表 5 个测量数据,计算损失值的时候一般会求所有样本损失的平均值,这样损失值的尺度就不会随着样本的数量变化,所以要除以 5。这个优化问题的目的是求一个目标距离 y 使得 L2 损失函数最小。

如果使用最简单的梯度下降法求 y,就要计算 L2 损失函数对 y 的梯度,也就是:

$$\frac{\partial L_2}{\partial y} = -2 \times \frac{1}{5} \sum_{i=1}^{5} (x_i - y) = 2\left(y - \frac{1}{5} \sum_{i=1}^{5} x_i\right) \tag{1-24}$$

显然,当 y 等于 5 个测量数据点的平均值时梯度为 0。因为式(1-23)是凸函数,于是梯度为零的位置也是 L2 损失函数的极小值所在的位置。所以使用 L2 损失函数就意味着用求平均值的方法进行推断,最后求得的 y 值为 0.97。如果使用 L1 损失,损失函数就变成了:

$$L_1 = \frac{1}{5}\sum_{i=1}^{5}|x_i - y| \tag{1-25}$$

和 L2 损失一样，先计算梯度，式（1-25）对 y 的梯度很简单，当 $x_i > y$ 时，这个样本贡献的梯度就是 -1，反之为 1。用公式表达如下：

$$\frac{\partial L_1}{y} = -\frac{1}{5}\sum_{i=1}^{5}\text{sgn}(x_i - y) \tag{1-26}$$

其中，sgn 是符号函数，正数输出 1，负数输出-1。这个梯度的含义是 $>y$ 的测量值的数目和 $<y$ 的测量值的数目之差。当 $>y$ 和 $<y$ 的测量值一样多的时候，梯度等于零，这也是 L1 损失函数极小值所在的位置。显然，当 y 等于所有测量值的中位数的时候损失值最小，所以使用 L1 损失函数就意味着用求中位数的方法进行推断，最后求得的 y 值为 1.01。

经过对比可以发现，使用 L1 损失得到的推断结果 1.01 比 L2 损失得到的 0.97 明显更好。这是因为数据中有一个偏离真实值很远的数据点（0.85m），这个数据点会让平均值产生一个很大的偏移，但对于中值而言，0.85m 和 0.98m 并没有区别，都是偏小的测量值。换句话说，L1 损失对误差大的数据有更高的容忍度，而 L2 损失对误差大的数据更为敏感。所以，到底使用哪种损失函数，需要根据实际项目中的数据特点来定。

除了从数据的角度对比两种损失的区别，还可以从优化算法的角度来对比。从式（1-24）可知，L2 损失函数的梯度会随着误差的变小而变小，但 L1 损失函数却不会，这意味着当误差很小的时候，L1 损失函数的梯度仍然很大，可能会导致训练的不稳定。因此，研究人员结合两者的优点发明了平滑 L1 损失（Smoothed L1 Loss）。这三种损失函数的梯度曲线如图 1-33 所示。

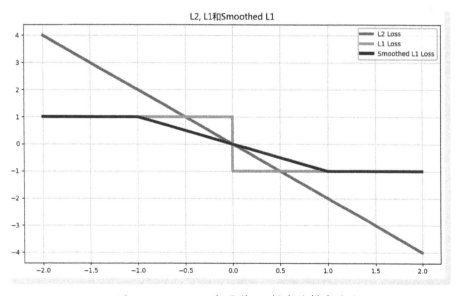

- 图 1-33 L1、L2 和平滑 L1 损失的梯度曲线

图 1-33 中颜色最浅的线是 L1 损失的梯度，颜色最深的线是 L2 损失的梯度，两者中间的线为平

滑 L1 损失的梯度。可以看出来，L2 损失随着误差的变化平滑变化，但如果某一个样本误差太大，会产生一个很大的梯度，可能导致训练不稳定。L1 损失在 0 附近的梯度忽然从 1 变成−1，也会导致不稳定。而绿线则结合了两者的优点，不会因为大的样本误差产生大的梯度，也不会在 0 附近产生梯度的骤变，因此被称为平滑 L1 损失。

2. 分类任务的损失函数和梯度计算

分类任务的损失函数和回归任务大不相同。如前文所述，分类任务输出的是概率值，如果预测目标分为 K 个类别，那就会输出 K 个概率值。假设数据集中某一个样本 X_i 的类别是 y_i，当前模型的参数是 W_t，使用 Softmax 作为输出层，则当前模型输出如图 1-34 所示。

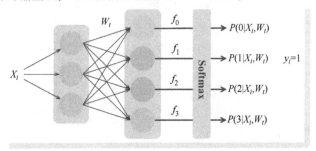

● 图 1-34 分类任务 Softmax 输出层的概率理解

图 1-34 中 Sofmax 层输出 4 个概率值，代表的是在当前模型和输入样本的条件下，预测输入样本属于各个类别的概率。因为是有监督学习，故通过真实值可知这个样本对应的类别 y_i 等于 1，训练的目标就是让模型从标签为 1 的输出端输出概率最大，这样预测的分类才是正确的。在最理想的情况下，标签为 1 的输出端输出概率为 1.0，而其他 3 个输出端均输出 0，在实际情况下这几乎是不可能的。如果把所有训练样本都考虑进去，希望模型所有样本真实值对应的输出概率是最大的，于是可以使用极大似然函数（Maximum Likelihood Function）来构造优化问题：

$$L(\boldsymbol{W}) = \prod_{i=1}^{N} P(y_i \mid \boldsymbol{X}_i, \boldsymbol{W}) \tag{1-27}$$

式中，P 指的是第 i 个样本 $\boldsymbol{X}_i$ 的真实值标签 y_i 对应的输出概率，也就是图 1-34 中标签为 1 的概率。公式的含义是所有样本真实标签对应的输出概率的联合概率，所以是 N 个样本的概率相乘，这个联合概率一般被称之为似然（Likelihood），常用字母 L 表示。训练样本和其真实值标签都是给定的，只有神经网络的权重 $\boldsymbol{W}$ 是变量，因此 L 是 $\boldsymbol{W}$ 的函数。最理想的情况下，神经网络在每一个样本的真实值对应的输出端都输出 1.0，那么式（1-27）中的联合概率等于 N 个 1.0 相乘，便得到理论最大值 1.0。

神经网络的训练目标就是寻找最优的 W 来让似然 L 达到最大，可以表示为以下优化问题：

$$\boldsymbol{W} = \underset{\boldsymbol{W}}{\mathrm{Argmax}} L(\boldsymbol{X}, \boldsymbol{W}) \tag{1-28}$$

根据 Softmax 激活函数，式（1-27）中的条件概率可以用以下公式表达：

$$P(y_i \mid \boldsymbol{X}_i, \boldsymbol{W}) = \frac{e^{f_1}}{\sum_{k=0}^{3} e^{f_k}} \tag{1-29}$$

式中，f_1 和 f_k 代表的是整个神经网络模型的直接输出，常被称为 Logits，f_k 代表的是第 k 个标签的输出，而 k 代表的是标签的编号，从 0 到 3。式（1-29）右侧的分子为 f_1，这是因为已经根据真实值得知 y_i 等于 1。将式（1-29）代入式（1-27）易得：

$$L(\boldsymbol{X},\boldsymbol{W}) = \prod_{i=1}^{N} \frac{e^{f_{y_i}}}{\sum_{k=0}^{3} e^{f_k}} \tag{1-30}$$

在解决极大似然问题时，为了让优化的目标函数变得更容易处理，一般会把似然函数转化为负对数似然函数（Negative Log-likelihood Function，NLL）作为优化目标，也就是对原似然函数求自然对数并乘以 -1：

$$NLL(\boldsymbol{X},\boldsymbol{W}) = -\frac{1}{N}\ln\left(\prod_{i=1}^{N} \frac{e^{f_{y_i}}}{\sum_{k=0}^{3} e^{f_k}}\right) \tag{1-31}$$

展开后不难得到：

$$NLL(\boldsymbol{X},\boldsymbol{W}) = \frac{1}{N}\sum_{i=1}^{N}\left[\ln\left(\sum_{k=0}^{3} e^{f_k}\right) - f_{y_i}\right] \tag{1-32}$$

而原本的最大化问题也变成了最小化负对数似然的优化问题：

$$\boldsymbol{W} = \underset{\boldsymbol{W}}{\operatorname{Argmin}} NLL(\boldsymbol{X},\boldsymbol{W}) \tag{1-33}$$

显然，这个负对数似然函数正是损失函数。于是就可以用梯度下降法来训练模型了。如果复习一下本章开头学过的反向传播算法，可以使用链式法则对 W 求导：

$$\frac{\partial NLL(\boldsymbol{X},\boldsymbol{W})}{\partial \boldsymbol{W}} = \frac{\partial NLL}{\partial f} \cdot \frac{\partial f}{\partial \boldsymbol{W}} \tag{1-34}$$

反向传播算法让求导计算变得非常简单，每一层都只需要关注本层的求导问题。例如，式（1-34）中计算 NLL 损失函数对 f 的导数时，完全不需要考虑神经网络的参数 W。如果将式（1-32）代入式（1-34）求 NLL 对 f 的导数，会发现导数的形式极其简单：

$$\frac{\partial NLL}{\partial f} = \begin{cases} P(k|\boldsymbol{X}_i,\boldsymbol{W}) - 1, & k = y_i \\ P(k|\boldsymbol{X}_i,\boldsymbol{W}), & k \neq y_i \end{cases} \tag{1-35}$$

式（1-35）中 NLL 损失函数对 f 的导数，可以简单地理解为实际输出概率和目标输出概率的差值。对于真实值标签对应的输出，目标输出概率是 1.0，于是导数就是 NLL 损失函数传回的梯度是输出概率减去 1。而对于其他标签，目标概率是 0，所以梯度是输出概率本身。这也是 Softmax 函数和负对数似然损失函数的巧妙之处，一方面为分类问题建立了概率模型，另一方面又特别容易计算梯度。

可能读者们还知道交叉熵（Cross Entropy）也是分类问题的损失函数，其实这里的负对数似然损失函数正是交叉熵。交叉熵是根据信息论中的信息编码长度公式推导出来的，而负对数似然函数是通过似然函数推导出来的，两者的思考角度大不相同，但推导出来的损失函数是一样的，殊途同归。通过信息论中的编码长度公式推导交叉熵的过程就不在这里展开了，读者可查阅相关资料自行学习。

▶▶ 1.4.2 常用的正则化方法

前文提到过，神经网络模型存在过拟合（Overfitting）的问题。应对这个问题最根本的解决方法是增加训练数据，训练数据集越大，多样性越强，就越不易发生过拟合现象。但是在训练数据有限的情况下，还可以使用正则化（Regularization）方法来防止模型过拟合。最常用的正则化方法有 L1 正则化、L2 正则化和 Dropout。正则化也译作规则化，其功能是让模型的参数尽量符合某个规则，通过对模型进行约束来防止模型过拟合。不同的正则化方法代表了不同的约束规则，当然也会对最终的模型产生不同的效果。

1. L2 正则化的搜索空间解释

L2 正则化的做法是在损失函数中加入模型权重的 L2 范数作为一个损失项：

$$L_2 = \lambda \cdot W^2 \tag{1-36}$$

式中，λ 是控制正则化强度的系数，λ 越大则正则化的力度越大；W 是神经网络的权重。从式（1-36）可以看出来，权重值越大，L2 正则化损失就越大。而优化的目标是让损失变小，所以在优化算法的作用下，这个 L2 正则化损失会让模型的权重值越变越小。那么为什么 L2 损失可以防止模型过拟合呢？从不同的角度出发，有很多种解释的方法。

第一种解释是 L2 损失可以缩小权重值的参数搜索空间。在没有 L2 损失的情况下，模型的权重没有任何约束，最终权重在训练过程中张成的搜索空间会呈现出一个范围很大的奇怪形状，如图 1-35 所示。

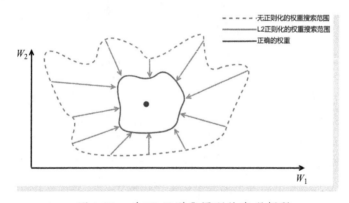

● 图 1-35　对 L2 正则化原理的直观解释

图 1-35 是对神经网络参数的一种高度简化。横轴和纵轴代表了两个参数 W_1 和 W_2，虚线圈代表的是没有任何正则化情况下神经网络参数覆盖的搜索范围。所谓搜索范围，就是在训练过程中参数达到过的值围成的区域。加入了 L2 正则化之后，优化器会让权重值变小，等于压缩了搜索范围，于是加入 L2 正则化之后的权重搜索范围就大大缩小了，变成了如图 1-35 中所示的深色实线标记的区域。因为 L2 正则化对极端值有更强的压缩效果，所以原始搜索范围的很多棱角都被压平，因而实线所标记的搜索范围也更加规整。而优化器寻找的正确权重则是图中的点，显然，通过压缩搜索范围，最终达到最优解的可能性大大增加了。

通过 L2 正则化，权重中极端大的值和极端小的负数都会变少，最终会让模型更接近真实模型。图 1-36 所示是一个简单的回归问题，黑色的点是数据样本点，回归的目标是黑色的直线，虚线是没有使用任何正则化情况下得到的模型,灰色实线是使用L2正则化得到的模型,显然灰色实线更接近真实模型。读者可能会问,如果真实模型真的很复杂呢?在深度神经网络的世界里,模型一般都是过度参数化的(Overparameterized),就是说一般神经网络的复杂度总是会远远超过真实模型的复杂度,所以正则化就是必不可少的了。

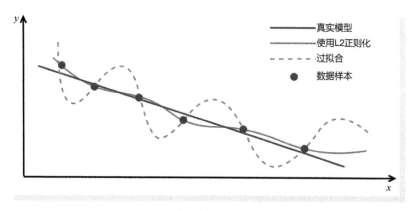

● 图 1-36　对过拟合现象的直观解释

2. L2正则化的概率解释和权重的初始化

第二种解释是从概率角度出发的解释。前文说到,训练一个神经网络就是对似然函数最大化的过程,最大似然函数表示的是在给定输入X_i和权重值W的情况下,模型预测得到输出y_i的条件概率,即:

$$L(\boldsymbol{X},\boldsymbol{W}) = \prod_{i=1}^{N} P(y_i \mid \boldsymbol{X}_i, \boldsymbol{W}) \tag{1-37}$$

式(1-37)中的条件概率可以表示成联合概率的形式:

$$L(\boldsymbol{X},\boldsymbol{W}) = \prod_{i=1}^{N} P(y_i \mid \boldsymbol{X}_i) \cdot P(\boldsymbol{W}) \tag{1-38}$$

式中,$P(\boldsymbol{W})$表示的是当前权重值$\boldsymbol{W}$出现的概率,也就是$\boldsymbol{W}$的先验概率(Prior probability)。既然当前的权重值是经过上一轮的迭代更新计算得出的,所以在一般情况下,认为这个概率就等于1.0。但也可以巧妙地构造一个先验概率引入对权重值的约束。

通过学习前文介绍的输入归一化和批归一化,读者已经知道,通过对每一层的输入进行归一化,能让训练变得更快、更稳定。所以理所当然地可以想到,是不是权重也需要归一化?所谓一个巴掌拍不响,损失曲面不仅是由输入决定的,也是由权重决定的,每一层归一化之后可以让损失曲面变得更规整,但权重如果是扭曲的,损失曲面也会变得扭曲,因此,希望权重也能归一化。所谓权重归一化,就是强行把每一次迭代后每一层的权重进行归一化操作,使之符合均值为0的正态分布。事实上,确实有研究人员发现在训练过程中对权重进行归一化可以让训练变得更稳定。但在一般的工程实践中,不会在训练中进行粗暴的权重归一化。一般的做法是通过加入正则化损失,对偏离正态分布的权重进行惩罚,让权重尽量符合正态分布。如果在概率的框架里考虑,则等价于为权重赋予一个符合标准正态分布的先验概率（Prior probability），也就是说，默认正确权重值应符合均值为 0 的正态分布。所以式（1-38）中的 $P(W)$ 就可以表示为：

$$P(W) = \frac{1}{\sqrt{2\pi}\sigma} e^{-\frac{W^2}{2\sigma^2}} \quad (1-39)$$

只需将式（1-39）代入式（1-38），然后按照 1.4.1 节中介绍的从似然函数推导出负对数似然损失函数的方法，最终就变成了：

$$W = \underset{W}{\mathrm{Argmin}}[NLL(X) + \lambda \cdot W^2] \quad (1-40)$$

读者应该发现了，这正是加入了 L2 正则化损失的损失函数。所以，L2 正则化等价于为权重值赋予一个均值为 0 的正态分布作为先验概率分布。换句话说，是让权重值在优化器的帮助下慢慢地归一化。

值得注意的是，虽然在训练中会通过 L2 正则化让权重值慢慢归一化，但在开始训练的时候，模型的参数是随机生成的，这就给了很大的自由度。所以在随机初始化模型参数的时候，可以选择直接按照均值为 0 的正态分布来初始化模型的参数，相当于直接生成已经归一化过的随机权重，这会让训练变得更加顺利。

3. L2 正则化的模型复杂度解释和权重衰减

第三种解释是从模型复杂度角度出发的解释。当训练数据没有为某些权重带来足够梯度的时候，这些权重值会因为 L2 正则化的存在变得越来越小直至等于 0。原理其实不难理解，如果训练数据没有为某些权重提供梯度，说明这些权重其实并不重要，于是 L2 正则化损失就会慢慢地让这些权重消失，所以 L2 正则化起到了一个为模型删除不必要参数的作用。而删除模型的参数，就意味着降低了模型的复杂度。因为整个删除的过程是缓慢地在训练过程中进行的，所以完全可以认为，降低的复杂度其实是不必要的复杂度，而降低不必要的复杂度，正是防止过拟合的方法之一。

因为 L2 正则化直观的特性，很多深度学习框架都直接提供了让权重慢慢变小的功能，也就是所谓的权重衰减（Weight Decay）。所以在实际的操作中，就不再需要额外定义 L2 正则化损失项了，直接设置优化器的权重衰减系数即可。

除了 L2 正则化，还有 L1 正则化。L1 正则化对神经网络的压缩有独特的作用，因此和 L1 正则化有关的内容会在第 7 章网络压缩详细讲解。

4. Dropout

L1 和 L2 正则化适用于很多机器学习方法，如多项式回归、逻辑斯蒂回归、支撑向量机等。但有一个正则化方法是针对神经网络的，那就是 Dropout。Dropout 的原理很简单，就是在训练过程中随机切断全连接网络里的一些连接（见图 1-37）。

实现的方法就是每一次迭代都将某一层神经网络一定比例的输入元素随机设置为 0，这个比例就称为 Dropout 比率。常用的比率是 0.5，也就是切断 50% 的连接。

这个正则化方法看起来非常无理，让人难以置信，其实其隐含了神经网络的重要内在规律。神经网络经常会被描述为在训练的时候"喜欢作弊"，意思是神经网络并不一定会按照人的愿望学习到足够的特征，往往会选择学习最简单的特征来完成任务，这就让神经网络的健壮性变得很差。例如，语

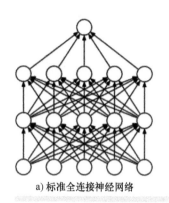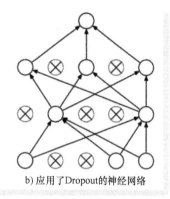

a) 标准全连接神经网络　　　b) 应用了Dropout的神经网络

● 图 1-37　Dropout 的原理示意图

义分割网络的一个类别是天空，而天空往往是蓝色的，最后语义分割可能会偏向于识别蓝色的天空，遇到阴天可能就无能为力了。这是因为天空有很多特征，如是蓝色的、位于房屋和树木的上方等，人类识别天空也是一样的原理，会综合多种特征对天空进行识别。但神经网络总是偏向大批量的训练数据（也就是过拟合），更倾向于用简单而单一的特征进行识别。为了让神经网络学习到更复杂、更综合的知识，人们干脆在训练中随机地丢弃一些特征，也就是说希望神经网络在丢弃掉一些特征的情况下，也能够依靠其他特征识别出目标，从而强迫模型学习多种特征。

值得注意的是，Dropout 一般用于最后的全连接层，而卷积层不使用 Dropout，这是因为在实践中发现 Dropout 会影响批归一化的稳定性反而产生不好的效果。此外，Dropout 只在训练中使用，是帮助训练的正则化方法。在训练完成进行真实数据推断的时候，就不使用 Dropout 了，这时人们希望神经网络训练好的所有特征能一起发挥作用。

▶▶ 1.4.3　常用的优化器

有了模型和损失函数，就可以使用梯度下降法对模型进行训练了。普通的梯度下降法需要对整个数据集的损失加和然后求梯度，这对使用大量图片作为输入的卷积神经网络而言显然是不现实的，所以需要分批次（Batch）进行训练，批次的概念已经在前文介绍过了。简而言之，训练卷积神经网络的时候，每一轮训练都只对若干张图片产生的损失加和，一般一个批次内包含的图片越多，训练速度就越快，所以在实际训练过程中会尽可能地把批次加大。常用的批次大小一般在 8 到 32 之间，也就是一个批次包含 8 张图片到 32 张图片。如果图片太多，用于训练的显卡（GPU）显存有限，可能无法加载图片。

因为在构造一个批次的时候是随机选择图片，所以这种基于批次的梯度下降法就称作随机梯度下降法（Stochastic Gradient Descent，SGD）。熟悉优化算法的读者可能会想到，梯度下降法是优化算法里最简单的了，还有牛顿法（Newton's Method）、莱文贝格-马夸特（Levenberg Marquardt，LM）方法，是不是都可以用来优化神经网络？从理论上来说是可以的，但工程实践中一般不会使用。主要原因是这些更先进的优化方法一般都要对神经网络的参数求二阶导，优化的过程中需要维护一个庞大的海森矩阵（Hessian Matrix），无论是存储开销还是计算开销都太大了，即便考虑这些算法带来的优化加速，仍然得不偿失。因此大部分优化方法都是基于随机梯度下降法的改进方法。其中最常用的优化方法莫过于 Adam 优化法，要理解 Adam 优化法，先得理解动量（Momentum）的概念。

1. 利用动量逃离局部极小值

仍然使用前文使用过的讲解梯度下降算法的例子。如图 1-38 所示，横轴代表的是神经网络的参数点，每一个点都代表了整个模型的参数，纵轴是损失值，代表的是在已有模型参数的情况下，模型在数据集上进行推断之后通过损失函数得到的损失值。

通过梯度下降法，优化的过程如同一个小球从右侧的初始位置滑落到局部极小值。很容易发现，其实这个小球只需要越过左侧的小山峰，就有机会达到左侧的全局极小值。但是因为局部极小值附近梯度很平缓，使用梯度下降的方法小球将无法爬过左侧的小山峰。研究者们联想到，现实世界中的小球从那么高的位置滑下来，肯定能够轻而易举地滑过左侧的小山峰，这是因为小球具有

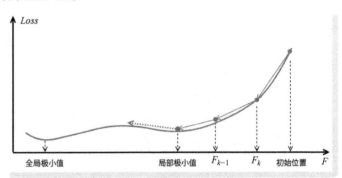

● 图 1-38　梯度下降算法示意图

动量，那么优化算法中自然也可以使用动量的概念来让模型逃出局部极小值的"陷阱"。所谓动量，就是值在优化过程中进行梯度更新的时候，不完全使用当前的梯度，而是保留一部分之前的梯度，让优化过程具有一定的"惯性"。

假设神经网络模型的参数是 W，损失函数是 L，那么使用普通的梯度下降算法对 W 进行更新可以用式（1-41）表示：

$$W_i = W_{i-1} - \lambda\, g_{i-1} \tag{1-41}$$

式中，λ 是学习率，g_{i-1} 是梯度。如果使用动量，每次更新时使用的就不是梯度了，而是动量：

$$W_i = W_{i-1} - \lambda \cdot m_{i-1} \tag{1-42}$$

式中，m_{i-1} 就是动量，动量则根据梯度进行更新：

$$m_{i-1} = \beta \cdot m_{i-2} + (1-\beta) \cdot g_{i-1} \tag{1-43}$$

式中，β 的大小决定了惯性的大小，常用的 β 值为 0.9，也就是说保留前一步动量的 90%。使用动量之后，优化过程中遇到的小山峰都可以毫无阻碍地越过，带动量的梯度下降法能让模型摆脱局部极小值的陷阱。纯数学地看，动量是对历史梯度进行指数移动平均（Exponential Moving Average，EMA）的结果。

2. 通过动态调整学习率解决局部摆动和鞍点问题

除了局部极小值陷阱问题，优化算法很容易遇到的另一个问题是局部摆动问题。如图 1-39 所示，当优化进行至极小值附近时，因为学习率过大，模型会在极小值附近来回摆动，无法进一步下探。

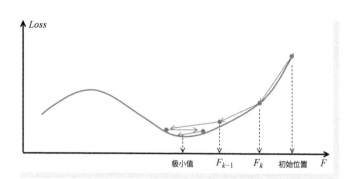

● 图 1-39　梯度下降算法在极小值附近的摆动问题

一般的解决方案是隔一段时间缩小一次学习率，让模型到了极小值附近得以进一步下探，但这需要人工确定间隔时间。一种称作 RMSprop 的优化方法试图通过自动调节梯度大小来达到目的，具体调整幅度通过二阶动量确定：

$$W_i = W_{i-1} - \frac{\lambda}{\sqrt{v_{i-1}+\epsilon}} g_{i-1} \tag{1-44}$$

式（1-44）中的 ϵ 是一个很小的值，用于保证分母>0；v_{i-1} 便是二阶动量。之所以称之为二阶动量，是因为它是由梯度的二次方计算出来的：

$$v_{i-1} = \beta \cdot v_{i-2} + (1-\beta) \cdot g_{i-1}^2 \tag{1-45}$$

仔细观察会发现，RMSprop 在对参与更新的梯度进行负反馈式的缩放，而且是各个权重单独计算的，也就是说会针对每一个权重的历史梯度进行适配。RMSprop 会对历史梯度大的权重缩小学习率进行"刹车"，使之得以下探到更深的极小值。同时，对于历史梯度小的权重，RMSprop 也会对这些梯度进行负反馈，让这些梯度小的权重"加速"往外闯。通过对不同权重进行"刹车"和"加速"，RMSprop 解决了优化算法中著名的鞍点问题（见图 1-40）。

假设当前的模型正在沿损失曲面上的 AB 方向进行梯度下降，因为 AB 沿线上 CD 方向的梯度很小，模型将在 AB 方向来回摆动而无法沿着 CD 线进一步下探。有了 RMSprop 算法，AB 方向的权重会因为梯度很大被"刹车"，而 CD 方向的权重则因为梯度很小得到"加速"，从而让模型摆脱鞍点的束缚进一步沿着 CD 方向下探。

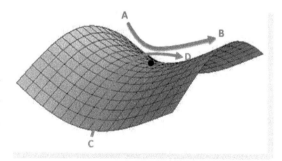

● 图 1-40　优化问题中的鞍点问题

3. Adam 优化算法，集大成者

通过结合带动量的梯度下降算法和 RMSprop 算法，研究人员发明了 Adam 优化算法，希望能结合两者的优点，得到最好的效果。实践经验也证实了这一点，Adam 算法是现在最流行的优化算法，一般使用 Adam 优化模型总是能得到比较好的结果。由于 Adam 是两种优化算法的结合，所以首先要计

算梯度,一阶动量和二阶动量:

$$g_{i-1} = \frac{\partial F}{\partial W_{i-1}} \quad (1\text{-}46)$$

$$m_{i-1} = \beta_1 \cdot m_{i-2} + (1-\beta_1) \cdot g_{i-1} \quad (1\text{-}47)$$

$$v_{i-1} = \beta_2 \cdot v_{i-2} + (1-\beta_2) \cdot g_{i-1}^2 \quad (1\text{-}48)$$

一阶动量和二阶动量应该是历史梯度的平均,但在训练开始的第一步,因为缺乏历史数据,一阶动量和二阶动量只能被初始化为0。因而一阶动量和二阶动量都会产生一个($1-\beta$)的尺度偏移(Bias):

$$m_0 = (1-\beta_1) \cdot g_0 \quad (1\text{-}49)$$

$$v_0 = (1-\beta_2) \cdot g_0^2 \quad (1\text{-}50)$$

很显然,既然一阶动量和二阶动量是历史梯度的平均,那么训练开始时的第一个动量值就应该等于第一个梯度值,所以要通过除法来去掉这个尺度偏移,得到经过偏移矫正(Bias-corrected)的动量值:

$$\hat{m}_{i-1} = \frac{m_{i-1}}{1-\beta_1} \quad (1\text{-}51)$$

$$\hat{v}_{i-1} = \frac{v_{i-1}}{1-\beta_2} \quad (1\text{-}52)$$

然后使用经过偏移矫正的一阶动量和二阶动量对参数进行更新:

$$W_i = W_{i-1} - \frac{\lambda}{\sqrt{\hat{v}_{i-1}} + \epsilon} \cdot \hat{m}_{i-1} \quad (1\text{-}53)$$

以上便是Adam优化算法的计算过程。简而言之,Adam优化算法就是进行过偏移矫正的动量梯度下降法和RMSprop法的结合。

▶▶ 1.4.4 常用的训练学习率调整方法

前文提到过,使用随机梯度下降的时候,会过一段时间降低一次学习率,这样才能让优化下探到更低的位置。观察图1-41中所示模型的损失曲线很容易发现,当优化进行到一定程度,因为学习率太高,模型会在极小值附近反复横跳。

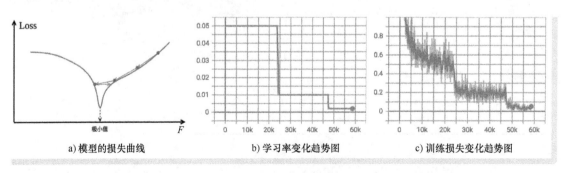

a)模型的损失曲线　　b)学习率变化趋势图　　c)训练损失变化趋势图

● 图1-41　学习率调整算法示意图

如果不降低学习率，模型几乎没有可能达到极小值。如果按照图 1-41b 中学习率变化趋势图所示的规则降低学习率，训练损失值就会呈现出图 1-41c 所示的变化趋势，在学习率降低的瞬间，损失会陡然降低。这是因为模型下探到了损失曲线中更陡峭、更低的谷底。

虽然已经知道学习进行到一定的程度要把学习率降低，但具体应该什么时候开始降低，降低到什么程度，这就要依赖于调度器（Scheduler）了。常用的调度器有三种：多步调度器（Multi-Step Scheduler）、指数调度器（Exponential Scheduler）和余弦调度器（Cosine Scheduler）。这三种调度器按照不同的规则降低学习率，其效果如图 1-42 所示。

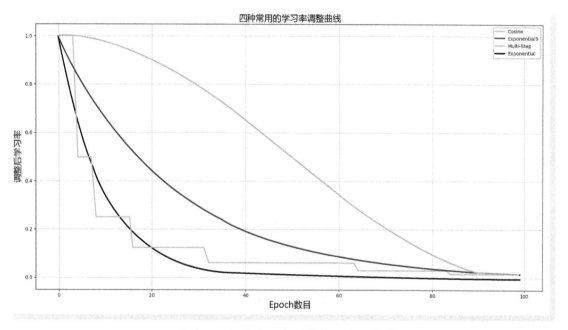

- 图 1-42　几种学习率调整算法的调整策略

多步调度器是最为自由的调度器，用户可以自定义学习率变化的每一个节点作为里程碑（Milestone），同时还可以定义每一个里程碑学习率下降的比率。如图 1-42 中所示的多步调度器分别在第 4、8、16、32、64 和 84 个 Epoch 将学习率降低为之前的 1/2。指数调度器相比多步调度器更为平滑，所谓指数调度是指每一个 Epoch 都会将学习率按照某一个百分比降低，如图 1-42 中的指数调度器就是将每一个 Epoch 的学习率降低为前一个 Epoch 的 90%。指数调度器会在一开始快速调低学习率，这也符合训练的一般规律：一开始学习率大，训练快，所以大学习率训练的轮次少；后期学习率小，训练慢，因而训练轮次多。余弦调度器，顾名思义，就是按照余弦曲线降低学习率。

具体使用哪个调度器进行学习率调整，并没有定规，常用的方法是先分别试用余弦和指数调度器，取其优者，这两种调度器都不需要太多的参数设置，非常方便。在最后获得最优模型后，再使用多步调度器对模型进行最后微调，将精度推至极限。

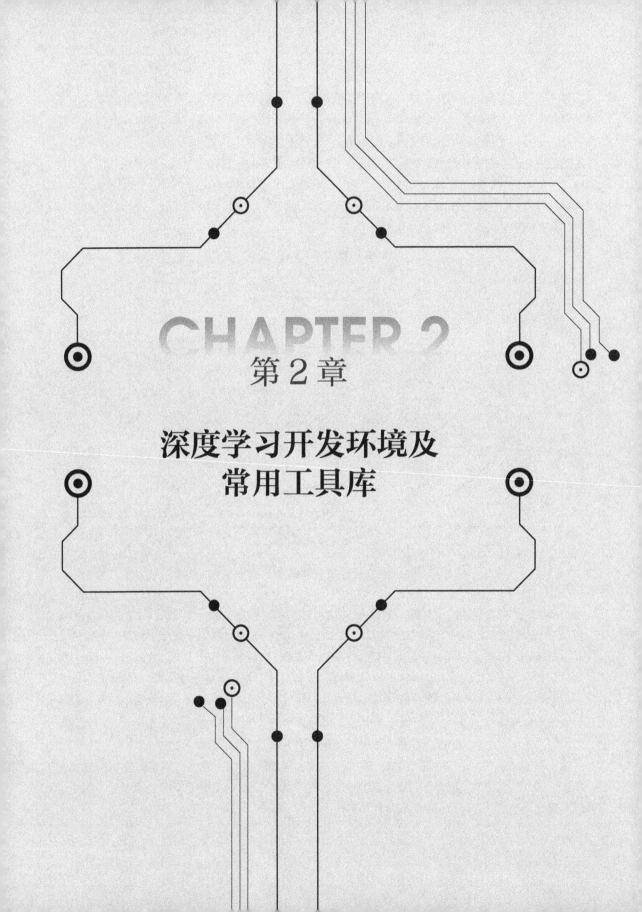

CHAPTER 2
第 2 章

深度学习开发环境及常用工具库

第 2 章 深度学习开发环境及常用工具库

深度学习对于硬件、软件均有一定要求,本章将重点介绍深度学习开发必备的软件环境和常用软件库的使用。因为深度学习是计算密集型任务,所以对开发使用的硬件会有较高的要求。读者最好能配备一台装备了 NVIDIA 显卡的计算机,使用显卡进行训练的速度是 CPU 的 15 倍左右,这意味着使用显卡只需要训练一天的深度神经网络在使用 CPU 的情况下需要两周,这样的速度差异是让人难以接受的。当然,本书所有的代码和实例,仅使用 CPU 也都是可以运行的。

2.1 硬件和操作系统

搭建开发环境的第一步就是准备计算机硬件和操作系统,之后的软件和开发工具库的安装都和这两者密切相关。最常见的搭配是 NVIDIA 显卡和 Ubuntu 操作系统,本节会一一介绍这些和显卡、操作系统有关的概念。

2.1.1 显卡

深度神经网络的运算需要大量的乘法和加法,这些简单的运算可以利用显卡极大地提高运算速度。显卡最初是为了渲染图形而设计的,当开发者需要渲染二维或三维图形时,就可以通过调用 OpenGL 等图形库的接口来使用显卡的计算能力进行渲染。显卡之所以能加速运算,是因为它能对运算进行并行化,除了渲染图形,显卡也可以用于通用的大规模并行计算。NVIDIA 公司为此开发了 CUDA 应用程序接口,让开发者可以使用 NVIDIA 显卡进行并行计算。由于大多数深度神经网络的训练框架都是基于 CUDA 构建的,开发者因此不得不使用 NVIDIA 显卡来加速运算,这也造成了对 NVIDIA 显卡的依赖。

深度学习模型需要使用各种复杂的算子(Operator),模型本身还会有复杂的网络结构,对模型的运算进行并行化调度是一个很复杂的任务。用户接触到的 PyTorch 代码看起来非常简洁易读,但要合理地调用显卡的硬件资源对 PyTorch 搭建的神经网络模型进行并行化,则需要一整套并行计算的基础设施来支持。下面列举了显卡计算资源调用从底层硬件到顶层应用的整个过程,如图 2-1 所示。

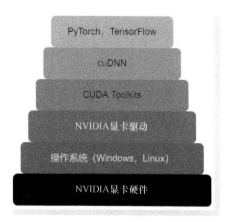

● 图 2-1 GPU 资源调用系统层级

1)操作系统直接通过硬件开放的接口操作显卡。

2)显卡厂商通过调用操作系统的接口编写显卡驱动程序。

3)CUDA 工具箱通过显卡驱动完成特定的科学计算任务。

4)cuDNN 通过调用 CUDA 来完成特定的与深度学习相关的任务。

5)PyTorch 通过调用 cuDNN 提供给用户一套非常友好的接口。

一般而言，显卡驱动的更新会带来新的功能，可以发挥显卡更多的潜力，而 CUDA 会根据这些新的改进来开发最新的驱动程序。为了获得最全面的功能支持，CUDA 通常需要特定版本的显卡驱动，因此更新的显卡驱动不会影响 CUDA 的使用。

同一个 cuDNN 版本可以兼容不同版本的 CUDA，而某个版本的 PyTorch 可能会依赖于较旧的 cuDNN 和 CUDA 版本，各个工具库的版本管理和开发环境配置一直是令人头疼的问题。幸运的是，已经有一整套解决方案可以应对这些问题，后文将详细讲解。

▶▶ 2.1.2 操作系统

深度学习最常用的操作系统是 Ubuntu。Ubuntu 是基于 Debian 开发的一个 Linux 发行版。简单来说，Debian 在 Linux 的基础上增加了软件管理功能，并坚持所有代码的证书都是开源免费的。Ubuntu 基于 Debian 的软件管理系统，丰富了应用软件和硬件驱动，让用户可以直接使用，不需要进行复杂的配置。相比而言，使用 Linux 和 Debian 等系统，用户有时候需要亲自编译硬件驱动程序，从主板、声卡到显卡的一系列驱动都要手动安装。而 Ubuntu 使这一切变得更加自动化，无需用户操心。由于长期致力于开发用户友好的操作系统，Ubuntu 变得越来越流行，其适配的软件也越来越多。笔者长期使用 Ubuntu 操作系统，使用体验和 Windows 并无根本区别，甚至有过之而无不及。

因为很多深度学习的软件和工具包都是基于 Ubuntu 开发的，开发者遇到问题时也更容易在网络社区找到答案。因此，深度学习围绕着 Ubuntu 形成了一个完整的生态系统。为了避免不必要的麻烦，直接使用 Ubuntu 无疑是效率最高的选择。因此，读者最好能为自己的计算机安装一个 Ubuntu 系统，无论是 20.04 版还是 22.04 版都可以。如果由于各种原因无法安装，也可以直接使用 Windows 10 的 Ubuntu 子系统。虽然效率相比原装系统稍低，但已能满足开发需求。

Ubuntu 最为便利的莫过于其包管理系统。所谓包管理系统，就是一个软件和库的集散地，类似于应用商店，但范围更广泛。包管理系统通过软件源连接网上的软件仓库，用户只需要指定具体的软件名就能为自己的系统安装软件了。例如，用户需要安装 Python3 这个软件，只需要在 Ubuntu 的命令行执行以下命令即可：

```
sudo apt-get install python3
```

命令中的 sudo 指的是使用管理员权限，大部分软件都会在操作系统的底层文件夹写入文件，因而需要管理员权限。使用管理员权限运行的软件 apt-get 是包管理器，install Python3 则是包管理器需要执行的命令，意思是安装最新版的 Python3。其他软件均可依此命令安装。安装工具库也可以通过这个命令操作，但应在工具库名称的前面加上 lib，代表这是一个库（library）。如果是用于 C++开发的库，可能用户还需要相应的头文件（Header），需要在库的名字后面加上"-dev"。例如，安装 Eigen3 这个库进行开发，只需在命令行中执行以下命令即可：

```
sudo apt-get install libeigen3-dev
```

在 Ubuntu 上进行开发经常要通过命令行进行操作，常用的 Ubuntu 命令见表 2-1，读者可查找使用。

第 2 章
深度学习开发环境及常用工具库

表 2-1 常用 Ubuntu 命令

命 令	用 途	示 例
poweroff	关机	poweroff
reboot	重启计算机	re
cd	进入目录。波浪线 "~" 代表当前用户的 home 目录，点 "." 代表当前目录，两点 ".." 代表上一级目录	cd ~
ls	列举所有文件和文件夹。使用 "-lrt" 修饰，代表输出详细信息并按时间顺序排列；使用 "-a" 修饰，则代表列举隐藏文件夹。以 "." 作为第一个字符的文件夹就是隐藏文件夹	ls -lrt
rm	删除文件。使用 "-r" 选项删除文件夹，使用 "-rf" 选项删除文件和文件夹，用 "*" 号进行文件名匹配。示例为删除当前文件夹中的所有文件	rm -rf *.jpg
mkdir	创建文件夹	mkdir foo
pwd	输出当前目录的绝对路径	pwd
df	输出所有硬盘分区和已使用空间的大小	df
top	查看正在运行的进程的具体情况	top
ps	查看当前的活跃进程	ps
kill	终止某个进程，使用进程的 PID 来标识某个进程。进程的 PID 可以使用 top 或 ps 命令查看。有时进程无法被终止，则需要使用 "-s 9" 选项强制终止	kill 1933
pkill	终止某个程序，使用程序名作为标识	pkill python

Ubuntu 操作系统还有很多小知识，就不进一步展开了，相信读者会在使用的过程中慢慢学会这些知识和技巧。

2.2 Python 开发环境管理

针对深度学习领域而言，Python 是目前最常用的编程语言。主流的卷积神经网络训练框架都采用 Python 作为基础开发语言。对于那些对 Python 不太熟悉的读者，建议先学习 Python 官方教程中文版，这是一门容易上手且非常友好的编程语言。本节将深入探讨 Python 开发环境的管理。

▶▶ 2.2.1 Anaconda 虚拟环境的管理

与其他编程语言一样，Python 也面临着烦琐的版本依赖问题。对于深度学习而言，不同版本的 Python、各种 Python 包（如 PyTorch）、不同版本的 cuda、显卡驱动及操作系统版本的不同组合，都会在项目中形成错综复杂的排列组合。如果开发者需要同时开发多个项目，就需要不断在各个版本组合之间切换。这时，Anaconda 就能发挥作用，帮助解决这些问题。

Anaconda 是一个 Python 的虚拟环境（Virtual Environment）管理器。用户可以通过指定 Python 的版本创建虚拟环境，在激活某个虚拟环境后安装的任何 Python 包都不会影响其他的虚拟环境，用户

· 47

可以通过一条简单的指令瞬间切换到任何虚拟环境。日常工作中同时管理 10 个左右的 Anaconda 虚拟环境是很常见的。

1. 安装和认识 Anaconda

Anaconda 除了提供 Python 虚拟环境管理器，还预装了很多常用的 Python 包，导致其安装包体积超过 500MB，在中国大陆通过官方网站下载速度可能很慢，读者可以从清华大学开源镜像站下载安装包。安装包是一个扩展名为.sh 的 Linux 脚本文件，直接在命令行中执行这个脚本文件即可完成安装。如果当前用户名是 user，那么 Anaconda 会自动安装在/home/user/anaconda3 这个文件夹中。安装结束后可以选择初始化 Anaconda 环境，安装文件便会在脚本文件/home/user/.bashrc 中插入初始化 Anaconda 环境的命令。bashrc 脚本文件是 Ubuntu 的命令行启动脚本，每一次用户打开一个命令行都会自动执行这个文件，也就自动执行了初始化 Anaconda 环境的命令。如果读者在自己的命令行中看到命令行前端有（base）字样，说明 Anaconda 已经准备好，可以使用了。

Anaconda 安装文件夹中存放了 Anaconda 虚拟环境所需要的各种库和 Python 包。一开始没有虚拟环境的时候只有 Anaconda 的预装环境，也就是 base 环境。之后新建的所有虚拟环境都会被完整地保存于/home/user/anaconda3/envs 文件夹中，各个虚拟环境所独有的库和 Python 包都会单独保存。若某个虚拟环境的名字叫 MyEnv，建立的新环境就会出现/home/user/anaconda3/envs/MyEnv 文件夹，整个虚拟环境的文件都在这个文件夹里面。用户直接删除 MyEnv 文件夹，便相当于删除了这个虚拟环境。

用户可以为 Anaconda 虚拟环境指定 Python 版本、Python 包的版本，甚至普通工具库的版本。例如，可以创建一个 Python3.7、Cuda11、PyTorch 1.8 的虚拟环境，这个虚拟环境将完全独立地拥有自己的一套版本组合。因为 Anaconda 的虚拟环境对最基本的工具库都进行了管理，用户甚至可以基于 Anaconda 的虚拟环境对开发用到的 C++库进行版本管理。但这不属于本书的讨论范畴。

2. 管理 Anaconda 虚拟环境

Anaconda 的虚拟环境管理器是一个称为 conda 的应用程序，这个程序可以用来管理虚拟环境，也可以用来安装 Python 包。例如，使用下面的命令可以新建一个名为 MyEnv 的虚拟环境。

```
conda create -n MyEnv
```

其中，"-n" 选项可以理解为 name 的缩写，用来为新建立的虚拟环境命名。因为没有对虚拟环境进行更详细的限制，系统会复制一个和 base 一样的虚拟环境。如果要指定 Python 的版本，则需要添加 Python 版本的选项。

```
conda create -n MyEnv python=3.8
```

上面的命令将新建一个安装有 Python 3.8 的虚拟环境。除了 Python，还可以指定其他包的版本，例如：

```
conda create -n MyEnv python=3.8 numpy=1.8
```

显然，以上命令会新建一个安装了 Python 3.8 和 NumPy 1.8 的虚拟环境。Anaconda 甚至还可以通过环境配置文件新建复杂的虚拟环境，但是为了尽量使用 Python 兼容的做法，一般都会使用 Python 包管理器 pip 支持的 requirements.txt 文件来完成这个任务，因此在这里不进一步展开。

新建好了一个虚拟环境后，就可以激活它了。使用 conda 的 activate 选项可以激活某个环境：

```
conda activate MyEnv
```

上面的命令执行成功后，命令行前端会出现（MyEnv）的前缀，这意味着当前命令行已经处于 MyEnv 这个虚拟环境之中了。此时进入 Python 命令行，就能发现当前环境的 Python 版本正是 Python 3.8。

因为虚拟环境会安装其独有的所有库，占据的内存会很大，尽早删除不需要的虚拟空间是一个很好的习惯。只需要执行下面的命令就能删除 MyEnv 这个虚拟环境。

```
conda env remove -n MyEnv
```

这条命令做的事情其实就是删除 /home/user/anaconda3/envs/MyEnv 这个文件夹。值得注意的是，Anaconda 为了节省用户建立新环境的时间，对各个虚拟环境使用的包进行了缓存。这也意味着仅删除虚拟环境并不能保证释放所有空间，于是经常会发生 Anaconda 的空间占用无限膨胀的情况，所以每过一段时间都需要执行以下命令释放缓存空间。

```
conda clean --all
```

整个 Anaconda 的空间占用往往高达一百甚至几百 GB，而每一次缓存清理都有可能释放几十 GB 的空间。

▶▶ 2.2.2　Python 的包管理器 pip

前文提到了 Ubuntu 的包管理器 apt，其实 Python 也有自己包管理器——pip。激活 Anaconda 虚拟环境后，这个环境就拥有了一个属于自己的 pip，在激活的环境中使用 pip 安装 Python 包将仅在此环境中有效。安装命令也很简单，使用以下命令就可以安装 NumPy。

```
pip install numpy
```

pip 应用程序会从默认的仓库地址下载并安装能适配当前 Python 的最高版本。如果需安装指定版本，则需要加上版本选项：

```
pip install numpy==1.20
```

除了通过默认的网络仓库下载安装，pip 也可以通过本地文件夹安装。准备好安装的 Python 包一般会包含一个 setup.py 安装脚本，进入包含了 setup.py 的文件夹后，执行以下命令即可安装该包。

```
pip install .
```

除此之外，也可以直接使用 Python 运行 setup.py 进行安装。

```
python setup.py install
```

在深度学习的生态系统里，有很多类似于 Detectron2、mmdetection 的框架（Framework），需要从本地文件夹安装的方法安装。有时用户如果需要对源代码进行改动，也可以自行修改代码然后从本地文件夹重新安装。

在安装本地项目之前，必须先安装项目所需的依赖包。很多 Python 项目都非常庞大，往往需要多达十几个 Python 包，手动安装一个个库未免太过烦琐，这个时候就需要使用 requirements.txt 文件了。下面是一个 requirements.txt 文件的样本。

```
numpy
mmtrack
onnx==1.7.0
onnxruntime>=1.8.0
http://download.pytorch.org/whl/cpu/torch-0.4.0-cp35-cp35m-linux_x86_64.whl
```

可以看出来，除了列举所需要的库，还能指定版本，甚至还能直接从指定的网络链接下载安装。准备好 requirements.txt 文件之后，可以通过下面这条简单的命令将所有的依赖包一次性装好。

```
pip install -r requirements.txt
```

这样不但操作十分便利，项目所依赖的 Python 包也一目了然。为了方便用户查找自己需要的包，Python 提供了 https://pypi.org/ 包搜索网站，凡是能在该网站上搜索到的包，都可以通过 pip 安装。

卸载命令也很简单，使用如下命令即可卸载 numpy 包。

```
pip uninstall numpy
```

show 选项可以打印出某个包的详细信息。

```
pip show numpy
```

这条命令经常在检查版本是否兼容的时候使用。

2.3 常用的 Python 包

本节介绍的内容是深度学习常用的 Python 包，尤其是 NumPy 和 OpenCV 这两个包。NumPy 主要用于科学计算和矩阵表达，OpenCV 则专注于图像处理。

▶▶ 2.3.1 NumPy——Python 科学计算库

NumPy 是一款专为科学计算而生的 Python 包，其最大的优势在于擅长矩阵运算。所谓"擅长"，其一是指 NumPy 运算速度快，其二是指其接口直观易懂，方便用户快速上手。在此之前，科学计算一般使用商业软件 MATLAB，其集成了科学计算和可视化功能，语法规则也早已为开发者所熟悉。然而，由于 MATLAB 是收费软件，且价格昂贵，对个人用户非常不友好。随着 TensorFlow 的发布，深度学习生态系统开始基于 Python 建立起来，NumPy 这个科学运算包也变得越来越流行。如今，通过使用 BLAS 等基于 SIMD 指令集的高速向量运算库，NumPy 的速度已经超过了 MATLAB。作为 MATLAB 的替代品，NumPy 使用了和 MATLAB 高度类似的语法，大大降低了用户的学习成本。因此，越来越多的科学计算工作者选择使用 NumPy 进行矩阵运算，以提高计算和工作效率。NumPy 的安装也非常简单，用户只需使用 pip 安装即可。加载 NumPy 包的时候，一般使用如下约定俗成的方法。

```
import numpy as np
```

在下文的代码块中,都默认使用这一加载方法。

1. NumPy 的数据表达

NumPy 中最基本的数据类型是 NumPy 数组（NumPy Array），只有 NumPy 数组才支持各种科学运算操作，并获得底层硬件的运算提速，因此运算的输入、输出都将以这一数据结构表达。一些和 NumPy 数组有关的常用函数见表 2-2。

表 2-2 常用的 NumPy 函数

语 句	用 途
data = np.array([1.2, 2.4, 3.5, 4.7])	将一个一维 Python 数组转换为一个一维 NumPy 数组
data = np.zeros((3, 4, 5))	新建一个形状为 3×4×5 的全零数组，类型为 float64
data = np.ones((3, 4, 5), dtype="int32")	新建一个形状为 3×4×5 的全一数组，类型为指定的 int32
data = np.eye(3)	新建一个 3×3 的单位矩阵
data.astype("int")	将数组 data 的数据类型转换为 int
print(data.shape)	打印数组 data 的形状
print(data.dtype)	打印数组 data 的数据类型

对于普通的 RGB 图像，其维度排列一般为高、宽、颜色通道。例如，一幅 1920×1080 分辨率 RGB 图像的 NumPy 数组形状是（1080, 1920, 3），这个三维数组的形态可以用图 2-2 帮助理解。

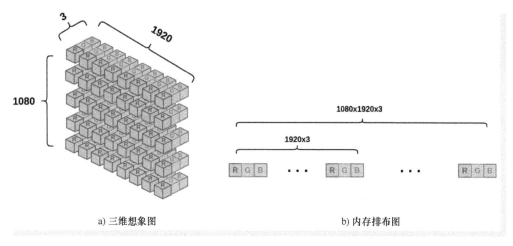

● 图 2-2 RGB 图像存储结构图

图 2-2a 所示为这一三维数组的想象图，图 2-2b 所示是数组在内存中的存储方式。值得注意的是，NumPy 数组最低的维度在最右侧，彩色图像的最后一个维度为 3，所以图像信息以 RGB 的顺序排布，然后是第一行的 1920 个像素，最后一个维度则代表着共有 1080 行。

如果数组的形状是（3，1080，1920），其排布会是图2-3所示的样子。

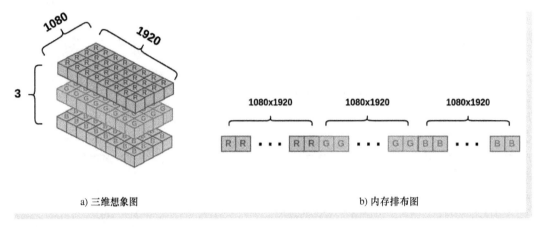

a) 三维想象图　　　　　　　　　　b) 内存排布图

● 图2-3　维度（3，1080，1920）的数组存储结构图

以上排布常见于PyTorch的输入图像，对卷积操作更为友好。

NumPy数组还支持切片（Slicing）操作，也就是冒号运算符。冒号运算符的逻辑和Python对数组的操作是一致的，假设data这个NumPy数组的形状为（1080，1920，3），存储了一张RGB图片，切片操作的一些基本的用法见表2-3。

表2-3　常用的NumPy切片操作

示　　例	输出数组的形状	用　　途
data[:, :, 1]	(1080,1920)	输出第三个维度的第二个通道，从0开始计数，故为绿色通道
data[:540, :, :]	(540,1920,3)	输出第一个维度的前540个通道，也就是图片的上半部分，不包括序号为540的行
data[-540:, :, :]	(540,1920,3)	输出第一个维度的后540个通道，也就是图片的下半部分，包括序号为540的行
data[20:50, :, :]	(30,1920,3)	输出第一个维度的20~50行
data[:, :, ::-1]	(1080,1920,3)	将最后一个维度反转顺序，RGB变成BGR

2. NumPy的矩阵运算与广播

NumPy对矩阵运算的底层优化是其速度快的关键所在。最简单的运算是加法运算，两个形状相同的矩阵直接相加等于对应元素相加，这是很自然的。但NumPy还支持一种所谓广播（Broadcast）机制，能将不同形状的矩阵相加。其运算逻辑是从最低维开始匹配并相加，然后将加法扩散到更高的维度。用语言描述可能较难理解，下面列举几个示例。

最简单的莫过于矩阵和数字相加，广播机制就是将该数字加到矩阵的每一个元素上。

```
A = np.zeros((3, 3))
b = 1.0
```

```
print(A+b)
''' 打印结果为:
[[1. 1. 1.]
 [1. 1. 1.]
 [1. 1. 1.]]
'''
```

其次就是矩阵和矩阵相加,规则是从最低维开始匹配。

```
A = np.zeros((2, 2, 3))          # A 是一个形状为 2×2×3 的三维零矩阵
b = np.array([1.0, 2.0, 3.0])    # b 是一个长度为 3 的一维向量,由 Python 数组转换而来
print(A+b)

''' 打印结果为一个 2×2×3 的三维矩阵:
[[[1. 2. 3.]
  [1. 2. 3.]]

 [[1. 2. 3.]
  [1. 2. 3.]]]
'''
```

代码中 **A** 矩阵的最低维通道数为 3,与之相加的矩阵 **b** 最低维通道数也为 3,于是 **A** 的最低维度便得以和 **b** 直接相加,而这一低维的运算会在 **A** 的另外两个更高维度上重复进行。

值得注意的是,NumPy 广播是将低维的运算广播到高维,因此,只要低维的运算是有效的,就能广播到更高维度。下面的代码示例展示了如果对两个最低维度通道数不相等的矩阵相加,广播的运作机制如下。

```
A = np.ones((2, 1))     # A 是一个形状为 2×1 的二维全一矩阵
b = np.ones((2))        # b 是一个长度为 2 的一维全一向量
print(A+b)

''' 打印结果为一个 2×2 的二维矩阵:
[[2. 2.]
 [2. 2.]]
'''
```

读者可能会觉得很奇怪,怎么一个 2×1 的矩阵和一个长度为 2 的向量相加会变成一个 2×2 的矩阵呢?

这是因为 NumPy 首先会尝试对两个数组的最低维度进行运算,**A** 矩阵的最低维度只有一个通道,等于只有一个数字,而 **b** 的最低维度是一个长度为 2 的向量,两者相加会触发广播操作,便得到一个长度为 2 的向量。而这一运算会向 **A** 矩阵的更高维度继续广播,等于将 **A** 矩阵的两个最低维度的数字变成了两个向量,所以会产生 2×2 的矩阵。

虽然 NumPy 的广播机制可以如此灵活,但作为一名合格的程序员,应该尽量避免写让人难以理解的代码。尤其是这种 2×1 的矩阵和向量相乘产生 2×2 矩阵的代码,可读性很差。读者既要对广播机制有所了解,又要在实践中保持克制。

除了加法，NumPy 也支持逐元素乘法（Element-Wise Multiplication），也就是将矩阵对应的元素相乘，其逻辑和加法是一样的，在此不赘述，使用星号"*"运算符。

```
#A 是一个形状为 2×2 的矩阵,从 Python 数组转换而来

A = np.array([[1.0, 2.0],
    [3.0, 4.0]])
print(A * A)

''' 打印结果为一个形状为 2×2 的二维矩阵：
[[ 1.  4.]
 [ 9. 16.]]
'''
```

顾名思义，逐元素乘法，就是将对应的元素相乘。所以如果 A 元素自己和自己逐元素相乘，相当于求每一个元素的平方数。逐元素相乘也支持广播机制，且逻辑和加法一模一样。也就是说，将形状为 2×1 的矩阵和一个长度为 2 的向量逐元素相乘，也会得到一个 2×2 的矩阵。

矩阵乘法也是 NumPy 的强项，使用@ 运算符可以对两个二维矩阵进行矩阵乘法运算。矩阵乘法只发生在两个二维矩阵之间，服从"行乘列"的计算规则。

```
A = np.ones((2, 2))  # A 是一个 2×2 的全一矩阵
B = np.ones((2, 3))  # B 是一个 2×3 的全一矩阵
print(A@B)

''' 打印结果为一个 2×3 的矩阵,每一个元素均由 A 的行乘以 B 的列得到
[[2. 2. 2.]
 [2. 2. 2.]]
'''
```

矩阵乘法也支持广播，逻辑和加法的广播逻辑类似但又不完全一样。因为加法要求两个矩阵形状相同，而矩阵乘法则要求左侧矩阵的列数等于右侧矩阵的行数。但从最低维开始匹配的逻辑是一致的，可以用下面的代码块加以说明。

```
A = np.ones((2, 1, 2))        # A 是一个 3×1×2 的全一矩阵
B = np.ones((2, 3))           # B 是一个 2×3 的全一矩阵
print(A@B)

''' 打印结果为一个 2×1×3 的矩阵,每一个元素均由 A 的行乘以 B 的列得到
[[[2. 2. 2.]]

 [[2. 2. 2.]]]
'''
```

A 矩阵是一个 2×1×2 的三维矩阵，可以看成一个包含了两个 1×2 的二维矩阵的数组。所以广播的逻辑就是这两个 1×2 的矩阵分别同 2×3 的矩阵 ***B*** 相乘，于是产生了两个 1×3 的矩阵，也就是一个 2×1×3 的三维矩阵。

3. Numpy 的矩阵操作

矩阵运算除了矩阵的加减乘除，还包括很多类似掩膜（Masking）的操作，都因为良好的优化而

第 2 章
深度学习开发环境及常用工具库

得到加速。矩阵掩膜能将矩阵中的某些元素过滤出来进行单独处理，在图像处理时尤其有用。矩阵的掩膜是一个和矩阵形状一样大小的布尔（Boolean）矩阵，NumPy 可以使用这个掩膜对矩阵进行选择性操作。下面的代码块展示了如何产生一个掩膜。

```
A = np.array([[1.0, 2.0],
              [3.0, 4.0]])
# mask 是 A 的掩膜
mask = A>2
print(mask)
''' 打印结果为一个和 A 相同大小的布尔矩阵,True 所在的元素表示 A 矩阵中的对应元素>2
[[False False]
 [ True  True]]
'''
# 如果要进行更为复杂的逻辑运算,则应使用与运算符"&":
A = np.array([[1.0, 2.0],
              [3.0, 4.0]])

# mask 是 A 的掩膜
mask = (A>2) & (A<4)
print(mask)
''' 打印结果为一个和 A 相同大小的布尔矩阵,True 所在的元素表示 A 矩阵中的对应元素>2 且<4
[[False False]
 [ True False]]
'''
```

同理，"或"运算符"|"和"非"运算符"~"都可以用来对掩膜进行逻辑运算。获得了符合指定条件的掩膜后，就可以用来对矩阵进行选择性操作了。

```
# 将 A 矩阵中掩膜为 True 的元素赋值为 0.0
A[mask]= 0.0
print(A)
''' 打印结果显示,仅有掩膜中元素为 True 的位置变成了 0.0
[[1.0 2.0]
 [0.0 3.0]]
'''
```

在实际工作中，常常直接使用更为易读的方式实现上面的功能，如：

```
# 将 A 矩阵中>2 的元素赋值为 0.0

A[A>2]=0.0
```

除了掩膜操作，NumPy 数组还支持很多常见的统计运算，常用的 NumPy 统计运算函数见表 2-4。

表 2-4 常用的 NumPy 统计运算函数

示　　例	用　　途
np.mean（A）	求 A 数组中所有元素的平均值
np.median（A）	求 A 数组中所有元素的中值

(续)

示例	用途
np.sum（A）	求 A 数组中所有元素的和
np.std（A）	求 A 数组中所有元素的标准差
np.max（A）	求 A 数组中所有元素的最大值
np.min（A）	求 A 数组中所有元素的最小值

还有其他许多函数可供调用，表 2-4 中仅列举出最常用的几个。比较特别的是这些运算还可以沿某一个轴（Axis）展开。所谓某一个轴，其实就是某一个维度，正如前文所说，高维数组的一个维度可以看作由高维数组组成的一维数组。例如，一个形状为（3，4，5）的三维数组，第二维长度为 4，可以看成一个包含了 4 个 3×5 二维数组的一维数组。使用 NumPy 函数的 axis 选项可以沿指定维度进行运算。

```
A = np.ones((3, 4, 5))
B = np.mean(A, axis=1)
print(B.shape)# 打印结果为(3,5)
```

axis=1 代表着沿 A 的第二个维度求平均值。如果将 A 的第二个维度看成一个包含了 4 个 3×5 二维数组的一维数组，沿这个维度求平均值意味着求这 4 个二维数组的平均值，所以会输出一个 3×5 的二维数组。这种沿某一个轴展开的运算规则对中位数、求和等函数都是适用的。

4. NumPy 的数据存取

NumPy 的一个重要功能是数据存取，使用 save 和 load 函数即可方便地存取数组甚至普通的 Python 对象（object）。使用下面代码块展示的方式可以存取 NumPy 数组。

```
# 新建一个数组
A = np.ones((3,4,5))

# 将数组保存到 A.npy 文件
np.save("A.npy", A)

# 读取 A.npy 文件中的数组
# A 和 A_loaded 的值是一样的
A_loaded = np.load("A.npy")
```

显然，NumPy 数组存取是很方便的。要存取普通的 Python 对象就需要使用 NumPy 的序列化（Serialization）包 Pickle，下面的代码块展示了如何存取普通的 Python 对象。

```
class K: # 定义一个 Python 类
    def __init__(self):
        self.a = 1.0
        self.b = [2, 4, 5]
        self.c = {"item": 1.0}
# 实例化一个 Python 对象 B
```

```
B = K()

# 使用 Pickle 序列化包将对象 B 保存到 B.npy 文件里
np.save("B.npy", B, allow_pickle=True)

# 使用 Pickle 序列化包加载 B.npy 文件里的对象
B_loaded = np.load("B.npy", allow_pickle=True)

# 使用 item() 函数将 Python 对象恢复出来并打印其中的成员变量 c
print(B_loaded.item().c)
''' 打印结果为：
{'item': 1.0}
'''
```

显然，程序成功地将保存在 B.npy 文件里的 Python 对象加载了进来。npy 是 NumPy 文件的官方扩展名，其格式是公开的，也就是说开发人员可以使用任何语言按照格式读取 npy 文件，基本上大部分语言都有开源的库能用来加载和保存 npy 文件。

▶▶ 2.3.2 OpenCV——Python 图像处理库

计算机视觉是一种需要处理大量图像数据的技术，因此使用图像处理库是不可或缺的。目前，最常用的图像处理库是 OpenCV。OpenCV 最初是一个开源的 C++ 图像处理和传统计算机视觉库。随着贡献者越来越多，功能越来越完备，OpenCV 已经成为传统计算机视觉的标准库。在开源社区的努力下，OpenCV 适配了一整套 Python 接口，使得用户可以在 Python 开发环境下使用丰富而高效的 OpenCV 库。

OpenCV 的底层实现使用了 SIMD 技术进行加速，因此无论需要实现什么样的功能，用户都应尽量使用 OpenCV 函数而不是自己写代码实现。这不仅可以提高代码的效率，还可以使程序的速度提高几倍甚至几十倍。因此，使用 OpenCV 可以大大提高计算机视觉的处理效率和速度，在开发计算机视觉应用程序时，建议使用 OpenCV 库。

首先要安装 OpenCV 的 Python 包。从 C++ 源代码编译 OpenCV 一直是很多人的噩梦，但如果只是想在 Python 开发环境中使用 OpenCV，那体验就好多了。活跃的开源社区早已编译好了 OpenCV 的 Python 包，并上传到了官方的包管理仓库，用户只需要在命令行执行以下命令就可以安装。

```
pip install opencv-python
```

安装成功后，如果可以在 Python 命令行中执行 "import cv2" 语句，就说明可以在当前 Pyhon 环境中使用 OpenCV 了，"cv2" 便是 OpenCV 的 Python 包。

1. OpenCV 的数据存取和表达

OpenCV 主要用于处理图像数据，因此其主要数据类型是二维矩阵。例如，单通道的二维灰度图、三个通道的二维 BGR 图像和四个通道带透明度的 BGRA 图像。这些图像数据都以 NumPy 数组的形式存在，这是 OpenCV 最主要的数据交换格式，如一幅 1920×1080 的彩色图像会被存储为 1080×1920×3

的 NumPy 数组。值得注意的是，最右侧也是最低维的三个通道代表的是彩色图片的三个色彩通道，但在 OpenCV 里三个色彩通道的顺序不是常见的 RGB，而是 BGR。这是因为 OpenCV 在 2000 年创建的时候，业界更流行使用 BGR 格式，后来因为色彩通道的顺序牵涉到的代码太多，已经难以跟随流行趋势再做改变，因此保留 BGR 格式至今。

OpenCV 数据存取和数据操作常用函数其实并不多，见表 2-5。在执行表格里的示例语句之前，默认为已经执行过 "import cv2" 语句，text.jpg 为一个 640×480 分辨率的彩色图片。

表 2-5　常用的 OpenCV 数据存取函数

示　　例	用　　途
img = cv2.imread("test.jpg")	读取 test.jpg 文件，image 是一个 640×480×3 的 NumPy 数组
img = cv2.imread("test.jpg", cv2.IMREAD_GRAYSCALE)	无论 test.jpg 是否为彩色图片，都返回 640×480 的灰度图
cv2.imwrite("test.png", img)	将 img 保存为 test.png 无损图片文件
cv2.imwrite("test.jpg", img, (cv2.IMWRITE_JPEG_QUALITY, 75))	将 img 保存为压缩质量 75 的 .jpg 图片
gray_img = cv2.cvtColor(img, cv2.COLOR_BGR2GRAY)	将三通道的 BGR 图像 img 转换为 640×480 的灰度图

使用 imread 和 imwrite 函数时，OpenCV 会根据文件的扩展名自动选择适合的编码和解码算法，因此使用非常便利。表 2-5 中最后一行的 cvtColor 函数用于在不同的色彩格式之间进行转换，如灰度、BGR、RGB、HSV、YUV 等色彩格式都在支持之列。cvtColor 支持的格式转换选项多达 143 种，基本能够覆盖所有需求。

OpenCV 还可以进行视频文件的读写，但代码会稍微复杂一些。下面的示例代码展示了 OpenCV 读取视频文件的方法。

```
import cv2

# 建立视频文件读取对象
cap = cv2.VideoCapture('test.mp4')

# 读取视频直至最后一帧
while(cap.isOpened()):
    # 读取下一帧图像,ret 是返回值,frame 是读取的图像,也是一个 NumPy 数组
    ret, frame = cap.read()
    if ret == True:
        # 将这一帧图像转换为灰度图或者进行任何其他处理
        cv2.cvtColor(frame, cv2.COLOR_BGR2GRAY)
    else:
        # 读取失败,跳出循环,可能是视频损坏
        break
# 读取结束,关闭视频文件
cap.relseas()
```

第 2 章
深度学习开发环境及常用工具库

OpenCV 还可以读取摄像头的图像，如果是最简单的通用 USB 摄像头，只需要改动视频读取示例代码中的一行即可。

```
cap = cv2.VideoCapture(0) # 建立摄像头读取对象,连接第一个摄像头
```

视频读取对象的传入参数如果是整数编号，就代表视频读取的源是编号所代表的摄像头。显然，用户可以连接很多个摄像头，使用多个视频读取对象同时读取摄像头图像。

将图像存入视频文件也不难，需要使用 OpenCV 的 VideoWriter 类，下面的示例代码展示了如何将图片写入一个 mp4 文件。

```
import cv2
# 读取样例图片
img = cv2.imread("test.jpg")
# 定义帧率:10 帧/s
fps = 10
out = cv2.VideoWriter('video.mp4', cv2.VideoWriter_fourcc('m','p','4','v'), fps, (640, 480))
for i in range(100):
    # 将图片写入视频文件
    out.write(img)
out.release() # 写入结束,关闭视频文件
```

示例代码使用了 mp4v 编码，仅适用于输出 mp4 格式的视频文件。如果需要存储为其他格式的文件，则需要使用相应的编码格式，在这里就不一一展示了。

2. OpenCV 的绘图功能

OpenCV 还可以在图像上绘图，经常用来观察模型的输出。下面的示例代码演示了一些基本的绘图功能。

```
# 新建一个全白的 BGR 图像,高 480 像素,宽 640 像素
image = 255+np.zeros((480, 640, 3), dtype="uint8")
# 在图像上画一条蓝色的竖线
image = cv2.line(image,
                pt1=(100, 0),              # 起始点为 x=100, y=0
                pt2=(100, 479),            # 终止点为 x=100, y=479
                color=(255, 0, 0),         # 线条的颜色,BGR 格式,此为蓝色
                thickness=2)               # 线条的粗细,此为两个像素
# 在图像上画一条红色的横线
image = cv2.line(image,
                pt1=(0, 50),
                pt2=(639, 50),
                color=(255, 0, 0),
                thickness=2)
# 在图像上(100, 50)所在的位置上写"OpenCV"
image = cv2.putText(image, 'OpenCV',
                   org=(100, 50),          # 文字的原点,位于文字的左下角
                   fontFace=cv2.FONT_HERSHEY_SIMPLEX,   # 文字的字体
                   fontScale=1,            # 文字的大小
```

· 59

```
                      color=(0, 255, 0),  # 文字的颜色,此为绿色
                      thickness=2)        # 文字的粗细,此为两个像素
# 在图像(320, 240)所在的位置上画一个方框
image = cv2.rectangle(image,
                      pt1=(320, 240),     # 方框的左上角坐标 x=320,y=240
                      pt2=(420, 290),     # 方框右下角的坐标
                      color=(0, 255, 0),  # 方框的颜色,此为绿色
                      thickness=2)        # 方框的粗细,此为两个像素

# 将图像保存到 draw.png 文件中
cv2.imwrite("draw.png", image)
```

上面的代码会生成 draw.png 图像文件,如图 2-4 所示。图中除了竖线、横线、OpenCV 的文字和矩形框,均不是由代码生成的。值得注意的是图像和各个图像元素的坐标系,其中图像本身以左上角为原点,文字则以左下角为原点,而方框的绘制是通过定义左上角和右下角的坐标来确定位置的。

因为使用 OpenCV 绘图的时候是按照 (x,y) 的顺序,因此第一个值是 x,代表横向;第二个值是 y,代表竖向,这一规则和 NumPy 是相反的。这是因为 NumPy 的维度是从最右侧开始计数的。两个库的坐标顺序不一样,经常产生混乱,请读者注意。

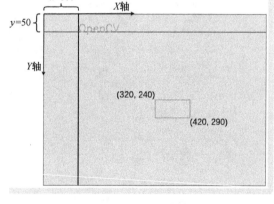

● 图 2-4　OpenCV 绘制图形示意

除了示例代码中演示的功能,OpenCV 还支持很多其他的绘图功能,如圆、椭圆、多边形、填色等,在这里就不一一列举了。

3. OpenCV 的用户交互界面

虽然是一个图像处理库,但 OpenCV 也还是实现了一套用户交互界面,其方便的接口在预研阶段能大大提高开发效率。下面的示例代码演示了从视频中读取图像并显示的功能。

```
import cv2

# 建立视频文件读取对象
cap = cv2.VideoCapture('test.mp4')

# 读取视频直至最后一帧
while(cap.isOpened()):
    # 读取下一帧图像,ret 是返回值,frame 是读取的图像,也是一个 NumPy 数组
    ret, frame = cap.read()
    if ret == True:
        # 显示当前帧,image window 是窗口名
        cv2.imshow("image window", frame)
        # 等待 5ms 键盘输入,若无键盘输入则返回-1
```

```
        key = cv2.waitKey(5)
    else:
        # 读取失败,跳出循环,可能是视频损坏
        break
cv2.destroyAllWindows()        # 关闭所有显示窗口
cap.relseas()                  # 读取结束,关闭视频文件
```

代码中的视频读取部分和前文中的视频读取示例代码基本一致,除了 imshow、waitKey 和 destroyAllWindows 函数。imshow 会弹出一个窗口并显示当前的图像,出于后台显示逻辑考虑,为了看到显示的图像,用户必须在 imshow 后面加上 waitKey 语句。如果不为 waitKey 函数提供等待时间,则会永久等待键盘输入,也就是说图像会冻结。用户如果单击键盘按键,键值也会被这个函数捕捉到,因此这个函数经常被开发人员用来实现暂停、快进、保存当前帧等功能,在进行预研开发的时候非常有用,开发人员可以随时保存有问题的图像。

除了简单的图像显示,OpenCV 还支持按钮控件(Button)和滚动条控件(Trackbar)、鼠标事件、图片缩放等功能。本书只介绍最基本的功能,更复杂的用户交互功能请读者参考 OpenCV 官网教程进行深入学习。

4. OpenCV 的图像处理和计算机视觉算法

其实如果仅仅用于读写图像,也有很多 Python 包可以选择,如 Pillow,但 OpenCV 的强项还是传统的图像处理和计算机视觉算法。即便是以深度学习为主的视觉感知算法,在进行预处理(Pre Processing)和后处理(Post Processing)的过程中也经常要用到传统的计算机视觉算法,和三维计算机视觉相关的领域更是离不开 OpenCV。为了让读者朋友们对 OpenCV 包括的算法有一个全景式的认识,表 2-6 列举了一些重要模块的功能,表中空白格代表和上一格相同。因为算法和功能太多,本节不再列举示例代码,具体的示例代码可以查询相关模块的文档。

表 2-6 OpenCV 重要函数一览

相关模块的头文件	相关函数或类	用途
opencv2/imgproc.hpp	图像滤波器	包括中值滤波、高斯滤波,以及腐蚀和膨胀等形态学处理
	cv::resize	图像缩放
	cv::remap	根据图像像素点之间的对应关系将一幅图映射到另一幅图
	cv::warp 系列函数	对图像进行仿射变换、投影变换和极坐标变换
	cv::calcHist	计算图像直方图
	cv::approxPolyDP	对二维点进行多项式曲线拟合
	cv::connectedComponents	标记和分析图像中的连通区域(Connected Components)
	cv::contourArea	计算一段二维点轮廓围成的面积
	cv::convexHull	计算一个二维点集的凸包
	cv::findContours	提取一个二值图像中的轮廓线
	cv::fitEllipse	对一个二维点集拟合一个椭圆

(续)

相关模块的头文件	相关函数或类	用　　途
	cv::intersectConvexConvex	计算两个凸多边形的交点
	cv::Canny	用 Canny 算法进行边缘检测
	cv::cornerHarris	用 Harris 算法检测角点
	cv::goodFeaturesToTrack	用 Good Feature To Track 算法检测角点
	cv::HoughCircles	使用 Hough transform 算法检测图像中的圆
	cv::HoughLines	使用 Hough transform 算法检测图像中的直线
opencv2/video/tracking.hpp	cv::DenseOpticalFlow	稠密光流法，包括 DIS 光流法、Farneback 光流法等常用算法
	cv::SparseOpticalFlow	稀疏光流法，包括 RLOF 光流法和 LK 光流法两种
	cv::Tracker	目标跟踪算法，包括 KCF 算法等 5 种目标跟踪算法
	cv::KalmanFilter	卡尔曼滤波器
opencv2/calib3d.hpp	cv::calibrateCamera	用于相机内参及外参的校准
	cv::findEssentialMat	用于计算两帧图像之间的本质矩阵（Essential Matrix）
	cv::findFundamentalMat	用于计算两帧图像之间的基础矩阵（Fundamental Matrix）
	cv::findHomography	用于计算两帧图像之间的单应性矩阵（Homography）
	cv::recoverPose	用于计算两帧图像之间的相机运动矩阵
	cv::solvePnP	根据像素和三维点的对应关系计算相机运动矩阵
	cv::stereoCalibrate	用于双目相机校准
	cv::triangulatePoints	使用三角化（Triangulation）算法重建三维点坐标
	cv::undistort	对图像进行去畸变矫正
	其他	三维视觉相关函数，如三维点投影、相机校准棋盘格识别
opencv2/features2d.hpp	cv::Feature2D	图像二维特征点提取，包括 ORB、SIFT 等 21 个特征提取算法
	cv::DescriptorMatcher	包括两种图像特征点匹配算法
opencv2/photo.hpp	cv::fastNlMeansDenoising	Non-local Means 图像去噪算法
	图像 HDR 系列函数	用于融合多张图像生成 HDR 图像
opencv2/stitching.hpp	全景图像系列函数	用于拼接多张图像生成全景图

OpenCV 历经 20 年的积累，其算法模块不断膨胀，要全部列举是不可能的。而且随着技术的进步，很多算法都慢慢被淘汰了，例如，物体检测、人脸识别方面的算法都被深度学习替代了，表格中列举的是较常用的基础算法。

2.4　GPU 加速的深度学习和科学计算库 PyTorch

深度学习的软件框架已经经历了多年的发展和进化，不同的框架在不同的时间段内都曾流行一时。早期的深度学习框架 Caffe 和 Theano 见证了深度学习的辉煌时期，它们的出现为深度学习的发展奠定了坚实的基础。而后，TensorFlow 的出现迅速占领了市场，成了深度学习领域的标准框架。然而，随着时间的推移，人们对于深度学习框架的需求也在不断变化，使用起来更加方便和易用的框架逐渐受到了人们的青睐。PyTorch 的出现正好满足了这一需求，它采用了方便易用的接口和动态计算图的设计，拥有着极高的灵活性和可扩展性，同时也具有极佳的运行效率。凭借这些优点，PyTorch 很快就赶超了 TensorFlow 并风靡至今。不仅如此，许多新兴的深度学习框架也在向 PyTorch 看齐，以期提供更为便利的开发环境和更加友好的接口设计。例如，MXNet、华为的 MindSpore、OneFlow 等，它们都仿照 PyTorch 设计接口，为用户提供了更为友好的开发环境。甚至特斯拉内部使用的框架也不例外，它直接原封不动地沿用了 PyTorch 的接口。这充分说明了 PyTorch 的接口设计已经得到了业界的广泛认可和肯定，无论是学习者还是开发者都可以轻松上手，无需花费太多的时间和精力。因此，如果读者想在深度学习领域有所发展，那么学会 PyTorch 无疑是最佳的选择之一。

顾名思义，PyTorch 是 Python 语言的 Torch，Torch 的 C++ 版本称为 LibTorch，算是 Torch 系列的基础库。除了 PyTorch，Torch 的接口还可以由 Go 语言、C 语言和 JavaScript 语言调用，产生了 GoTorch、Torch.Net 和 Torch.js，还有其他很多语言也分别开发了 Torch 的接口。因为深度学习的开发主流还是基于 Python，PyTorch 便成了最常用的库了。

本节将详细介绍 PyTorch 的主要功能，本书的示例代码也是基于 PyTorch 构建的。使用之前，须执行以下命令安装 PyTorch。

```
pip3 install torch torchvision
```

如果需要安装兼容特定 CUDA 版本的 PyTorch 或者仅支持 CPU 的 PyTorch，流程也不难，读者可以直接去 PyTorch 官网按照自己的环境生成安装命令。例如，支持 CUDA11.7 的 PyTorch 可以用以下命令安装。

```
pip3 install torch torchvision --index-url https://download.pytorch.org/whl/cu117
```

安装完成，进入 Python 环境后，使用以下语句即可加载 PyTorch。

```
import torch
```

▶▶ 2.4.1 GPU 加速的科学计算功能

PyTorch 的基础功能可以看作是使用 GPU 加速的 NumPy 库，其实如果只是进行小规模矩阵的乘法，GPU 的优势并不是很明显。当开发者需要使用 GPU 进行运算时，首先需要将内存中的数据复制到 GPU 的显存中，然后基于显存中的数据进行计算，最后将计算结果存回显存中，再将结果从显存复制到内存中。这两次数据交换之间的过程非常耗时，可能会导致 GPU 的优势被浪费掉，尤其是在进行小规模矩阵乘法时。

然而，当涉及大规模数据时，GPU 的优势就会显现出来。因为 GPU 能够实现并行计算，可以同时处理多个数据，从而加快计算速度。卷积神经网络是 GPU 的绝佳应用场景，因为它在计算过程中不需要将中间结果从显存中复制到内存中，而且卷积操作本质上是一种简单的、重复的相乘相加运算,非常适合进行并行化处理。因此,使用 GPU 加速后的卷积神经网络运算,速度可达 CPU 的几十倍。

PyTorch 的 GPU 加速功能可以大大提升深度学习模型的训练速度和运算效率,特别是在处理大规模数据时,其优势更加明显。对于卷积神经网络这种特定的应用场景而言,GPU 的优势会得到充分的发挥。

1. PyTorch 的数据表达

和 NumPy 数组类似,PyTorch 也有自己的数据结构存储数据,这就是 PyTorch 的张量(Tensor)。张量其实就是一个多维数组,为了方便开发者上手,PyTorch 沿用了 NumPy 数组的接口,和 NumPy 数组类似的操作见表 2-7。对比上文中介绍的 NumPy 数组部分,很容易看出来两者并无二致。

表 2-7 PyTorch 的张量

语 句	用 途
data = torch.tensor([1.2, 2.4, 3.5, 4.7])	将一个一维 Python 数组转换为一个一维张量
data = torch.zeros((3, 4, 5))	新建一个形状为 3×4×5 的全零张量,类型为 float32
data = np.ones((3, 4, 5), dtype = torch.int)	新建一个形状为 3×4×5 的全一张量,类型为指定的 int32
data = np.eye(3)	新建一个 3×3 的单位张量,类型为默认的 float32
data.int()	将数组 data 的数据类型转换为 int32
print(data.shape)	打印数组 data 的形状
print(data.dtype)	打印数组 data 的数据类型

除了这些基本的操作,PyTorch 张量的切片、掩膜、矩阵乘法、逐元素相乘以及求平均值、中值的数学运算接口等,都和 NumPy 一模一样,在这里就不赘述了,读者直接按照 NumPy 的使用方法使用即可。

2. PyTorch 的设备管理

PyTorch 的一大亮点是可以利用 GPU 加速运算,因此涉及调用不同设备的问题。PyTorch 的设备管理逻辑是一切运算都发生在张量所处的设备上,张量如果位于 CPU 控制的内存上就使用 CPU 进行运算,张量如果位于 GPU 控制的显存上就使用 GPU 完成运算。PyTorch 张量还可以和 NumPy 数组之间互相切换,不同数据之间的切换可以用图 2-5 所示概括。

图 2-5 展示了一个数据块 3 种不同的存在形式:内存中的 NumPy 数组、内存中的 PyTorch 张量和显存中的 PyTorch 张量。相互之间可以按照图中 A、B、C 和 D 标识的 4 种方式

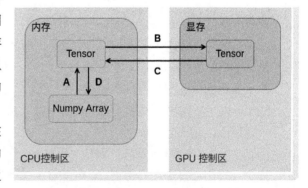

图 2-5 PyTorch 在不同设备之间交换 Tensor

第 2 章
深度学习开发环境及常用工具库

转换。

每一个张量都有一个 device 成员变量，这个 device 变量标识了该张量所处的设备。PyTorch 的 GPU 运算是通过 CUDA 实现的，所以只有支持 CUDA 的设备能被兼容。就当前硬件市场而言，仅有英伟达的显卡在支持之列。CPU 和 GPU 的 device 变量可以通过下面的示例代码构建。

```python
# 构建 CPU 的 device 变量
cpu_device = torch.device("cpu")

# 构建第一个 GPU 的 device 变量
gpu_device = torch.device("cuda:0")

# 构建第二个 GPU 的 device 变量
gpu_device = torch.device("cuda:1")

# 检测 GPU 设备是否可用,可用的话构建 GPU 的 device 变量,否则构建 CPU 的 device 变量
device = torch.device("cuda:0" if torch.cuda.is_available() else "cpu")
```

从示例代码中可以看出，PyTorch 可以方便灵活地为各种设备定义 device 变量。如果一台机器安装了数张 GPU，则用数字来标识相应的 GPU 设备。对 device 变量，甚至可以直接用设备的字符串标识，用户可以很方便地指定新建张量所在的设备。

```python
# 生成一个 640 行 480 列,位于 CPU 设备上的随机张量
data = torch.rand([480, 640], device=cpu_device)

# 生成一个 640 行 480 列,位于 CPU 设备上的随机张量
data = torch.rand([480, 640], device="cpu")

# 生成一个 640 行 480 列,位于指定 GPU 设备上的随机张量
data = torch.rand([480, 640], device=gpu_device)

# 生成一个 640 行 480 列,位于第一个 GPU 设备上的随机张量
data = torch.rand([480, 640], device="cuda:0")

# 下面的示例代码实现的是图 2-5 中所示的通路 A,将一个随机 NumPy 数组转换为 PyTorch 张量:
numpy_data = np.random.rand(480, 640)
# 复制 NumPy 数组内的数据块并新建一个 PyTorch 张量
tensor = torch.tensor(numpy_data)

# 基于 NumPy 数组的现有数据块新建一个 PyTorch 张量
tensor = torch.as_tensor(numpy_data)
```

as_tensor 函数会基于 NumPy 数组的内存数据块新建一个 PyTorch 张量，因为不涉及数据块的复制，速度会更快。数据块越大速度差别越明显，如果是浮点数的高清晰度彩色图像数据，使用 as_tensor 函数的速度会快好几倍。但这样做的弊端是 NumPy 数组和 PyTorch 张量会共享同一个内存数据块，改变任何一个变量里的数据就等于改变了另一个变量里的数据。下面的示例代码可以展示两种转换方式之间的区别。

· 65

```python
# 建立一个 NumPy 数组, 仅有一个元素 1.0
numpy_data = np.array([1.0])

# 用复制的方式转换为 PyTorch 张量
tensor = torch.tensor(numpy_data)

# 将 PyTorch 张量里的元素改为 2.0
tensor[0] = 2.0
print(numpy_data)
''' 打印原 NumPy 数组内的元素值, 仍为 1.0
[1.]
'''
# 用共享数据块的方式转换为 PyTorch 张量
tensor = torch.as_tensor(numpy_data)

# 将 PyTorch 张量里的元素改为 2.0
tensor[0] = 2.0
print(numpy_data)
''' 打印原 NumPy 数组内的元素值, 变为 2.0
[2.]
'''
```

所以, 在具体工作环境中, 要合理选择转换方式, 尽量避免复制, 这样可以节省大量的时间。

图 2-5 中所示的通路 B 和 C 是让张量在 CPU 控制的内存和 GPU 控制的显存之间互相转换, 代码相对简单。

```python
# 新建一个随机张量, 默认位于 CPU 内存空间
data_cpu = torch.rand([480, 640])

# 将张量复制到第一个 GPU 的显存空间
data_gpu = data_cpu.to("cuda:0")

# 将张量复制到 GPU 的显存空间, 默认为第一个 GPU
data_gpu = data_cpu.cuda()

# 将张量复制到指定的 device 变量
data_gpu = data_cpu.to(gpu_device)

# 将张量复制到 GPU 的显存空间
data_gpu = data_cpu.to("cpu")

# 将张量复制到 CPU 的显存空间
data_cpu = data_gpu.cpu()

# 将张量复制到指定的 device 变量
data_gpu = data_cpu.to(cpu_device)
```

无论是从 CPU 复制到 GPU，还是反过来，都有三种方式可供使用，读者可以选取适合自己需求的函数。在日常工作中，经常会在一开始定义当前程序工作设备的 device 变量，然后将所有的张量和模型都复制到这个 device 变量指定的设备，能很方便地保持一致。

图 2-5 中所示的通路 D 是将 CPU 内存空间内的张量转换为 NumPy 数组。值得注意的是只有位于 CPU 内存空间的张量才可以转换为 NumPy 数组，只需调用张量的 numpy( ) 函数即可完成转换，而且这一转换默认是使用共享内存的方式，因此速度很快。如果希望对内存块进行复制，开发者必须使用 NumPy 数组的 copy( ) 函数，具体使用方式可以参考如下示例代码。

```python
# 新建一个随机张量,默认位于CPU内存空间
data_cpu = torch.rand([480, 640])

# 将张量转换为NumPy数组,张量和转换后的NumPy数组共享内存
data_numpy = data_cpu.numpy()

# 使用NumPy数组的copy()函数将数据复制出来
data_numpy = data_numpy.copy()
```

如果读者的机器上安装了 GPU，可以使用以下代码对比使用 CPU 和 GPU 进行运算的速度差异。

```python
import time
import torch
# 定义当前执行运算的设备:第一个GPU
device = torch.device("cuda:0")
# 生成一个480×640的随机张量A
A = torch.rand([480, 640], device=device)
# 记录运算开始时间的时间戳,以纳秒为单位
start_time = time.monotonic_ns()
for i in range(1000):
    # 生成一个640×3的随机张量B
    B = torch.rand([640, 3], device=device)
    # 执行矩阵乘法
    C = A@B

# 记录运算结束时间的时间戳,以纳秒为单位
end_time = time.monotonic_ns()

# 计算运算耗时,以纳秒为单位
print(end_time-start_time)
```

示例代码执行了 1000 遍矩阵乘法，为了避免缓存带来的偏差，每次都使用新生成的随机张量。第一次使用 GPU 时可能会耗时较长，这是因为 PyTorch 需要一些初始化的时间。将 device 变量的设备换成 "cpu"，然后再执行一遍以上代码，就能测算使用 CPU 的时候耗时多少了。虽然代码测算的时间和不同型号的 GPU 和 CPU 有关，但读者应不难发现 GPU 执行这样的矩阵乘法耗时为 CPU 的一半左右。

2.4.2 PyTorch 的自动求导功能

除了 GPU 加速，PyTorch 还有一个重要的特性，那就是自动求导。在机器学习和深度学习中，优化算法对损失函数进行最优化是必不可少的。而最简单的最优化方法之一就是梯度下降法，它只需要对损失函数模型参数的偏导数进行求解。如果损失函数的构造过程已知，那么偏导数的求解并不难。PyTorch 提供了自动求解损失函数对模型参数偏导数的功能，因此开发者只需要按照公式构造损失函数就可以了，优化过程中需要的偏导数会自动求解。这样一来，PyTorch 就可以用于训练模型了。

PyTorch 的自动求导功能是基于动态计算图实现的，动态计算图的特点是可以随着程序运行而动态地构建计算图。这种机制的好处是可以灵活地处理各种复杂的计算图，同时还能够节省内存。与静态计算图相比，动态计算图的优势在于可以更好地支持复杂的模型和动态的输入数据。

1. 计算图和反向传播算法

在讲解示例代码之前，有必要先了解计算图的概念。所谓计算图是指将一系列的运算按照运算优先级以图的形式表现出来。以公式（2-1）为例：

$$y = x \cdot w + b \tag{2-1}$$

假设这是一个常见的线性回归问题，式中未知的待训练参数为 w 和 b，x 为输入数据，y 为输出值，其计算图如图 2-6 所示。

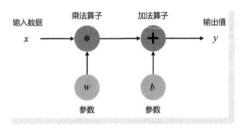

● 图 2-6 一个简单的计算图

图中输入数据和参数通过各种算子连接起来，最后得到输出值就构成了一个计算图。PyTorch 可以动态构建计算图，所谓动态计算图，就是每一行构建计算图的代码（如加减乘除运算）会被马上执行，计算图一边构建一边执行，就像普通的 Python 加减乘除运算一样。而在 Tensorflow 1.X 版本中，用户构建计算图的时候运算并不会马上发生，要调用专门的执行函数才能让计算图所代表的运算得到执行，这就是所谓的静态计算图。

计算图还可以相互连接。假设式（2-1）中的每个输入数据 x 都有一个与之相对的真实值 y^*，而待解决的问题是通过数据集中的数据对 $<x, y^*>$ 来估计两个未知参数的值。既然这是一个线性回归问题，不妨使用最常用的均方误差公式构造损失函数：

$$L = (y - y^*)^2 \tag{2-2}$$

上述损失函数显然也可以构造一个计算图，这个计算图可以直接连接在图 2-6 所示计算图的后面，如图 2-7 所示。

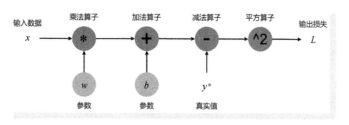

● 图 2-7　一个计算损失函数的完整计算图

很明显，前半部分计算图没变，输出值直接作为输入连入了损失函数的计算图，两个计算图形成了一整个大的计算图。其实反过来思考，这个大的计算图也可以认为是由很多个小计算图组成的，每一个小计算图都只包括一个算子。

每一个小计算图都有自己的输入和输出。因为算子都是 PyTorch 定义好的，输出值要对算子的输入值求偏导就很简单了，这就是 PyTorch 自动求导功能的原理。自动求导是对计算图中算子的输入、输出分别求偏导，如图 2-8 所示。

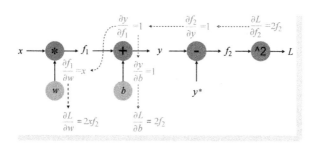

● 图 2-8　损失沿计算图反向传播示意图

在自动求导计算出每一个算子产生的偏导后，便能通过链式法求得损失函数对每一个待优化参数的偏导，这就形成了一个后向传播（Backpropagation）的过程。图 2-9 中实线代表前向传导（Forward Pass），就是在给定输入值后，沿计算图传导最后算出输出值。虚线代表反向传播，将损失函数产生的梯度沿着每一个算子的偏微分反向传播到每一个待优化的参数。

图 2-9 所示为前向和后向传播的具体计算过程。假设当前的输入值对应的真实值以及两个待训练参数均已知，通过实线代表的前向传导过程可以计算出最后的均方损失为 20.25。然后根据自动求导的结果将损失产生的梯度反向传播到两个待训练参数，就得到了最终的损失函数对两个待训练参数的偏导值。有了这两个偏导值，可以很容易地使用梯度下降算法来更新参数。

为了对上述计算结果进行验证，将式（2-1）代入式（2-2）可得整个计算图的公式：

$$L = (x \cdot w + b - y^*)^2 \tag{2-3}$$

也不难得出损失函数对两个未知参数的偏导：

$$\frac{\partial L}{\partial w} = 2 \cdot (x \cdot w + b - y^*) \cdot x \tag{2-4}$$

$$\frac{\partial L}{\partial b} = 2 \cdot (x \cdot w + b - y^*) \cdot 1 \tag{2-5}$$

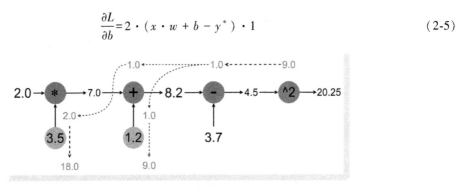

● 图 2-9 损失值沿计算图反向传播的具体计算过程

显然，计算图中的反向传播链正反映了式（2-4）的内容。推而广之，任何复杂的计算过程，只要其计算图是使用 PyTorch 支持的算子搭建的，都能成为梯度传导的通道。这也就意味着 PyTorch 不仅可以用于进行深度学习，还可以用于解决各种通用的优化问题。

2. 使用 PyTorch 搭建计算图并自动求导

正如前文所述，计算图中参与计算的变量一种是数据（也就是图中的输入值 x 和真实值 y^*），另一种便是待训练参数 w 和 b。为了更新这两个参数，最终需要获得损失函数对于这两个参数的梯度值。下面的示例代码展示了如何构建一个计算图。

```
import torch
# 定义输入值 x
x = torch.tensor(2.0)

# 定义真实值 y*,以 y_ 作为变量名
y_ = torch.tensor(3.7)

# 定义参数 w,因为这是需要获得梯度的参数,须将 requires_grad 选项设置为 True
w = torch.tensor(3.5, requires_grad=True)

# 定义参数 b,定义方法和 w 类似
b = torch.tensor(1.2, requires_grad=True)
# 构建线性函数的计算图,乘号*和加号+都是 PyTorch 支持的算子
y = x*w+b

# 构建均方误差的计算图,两个乘号是 PyTorch 支持的幂次算子,此为二次幂
L = (y-y_)**2

# 打印计算出来损失值
print(L)
''' 打印出来的损失值与上文计算结果相符
tensor(20.2500, grad_fn=<PowBackward0>)
'''
```

因为是动态计算图,前向计算结果可以马上打印出来,但到此为止还不能得到梯度。这是因为反向传播算法需要从计算图尾端的损失值开始向参数传导梯度,用户必须指定最终的损失值系统才能知道应该从哪个值开始回传梯度,否则系统只会认为计算图尚未构建完毕。具体代码如下所示。

```
# 从 L 开始向整个计算图回传梯度
L.backward()

# 打印参数 w 的梯度
print(w.grad)
''' 打印出来的梯度值与上文计算结果相符
tensor(18.)
'''
# 打印参数 b 的梯度
print(b.grad)
''' 打印出来的梯度值与上文计算结果相符
tensor(9.)
'''
```

在调用 backward 函数后,梯度才开始反向传播到各个参数,从打印的结果来看,自动求导计算出来的梯度和理论值相符。值得注意的是,梯度是会累加的,也就是说 backward 函数执行一次之后 w 和 b 的梯度为 18 和 9,如果再执行一次,梯度就会变成 36 和 18。

2.4.3 PyTorch 的优化器

在 2.4.2 节中介绍了如何构造计算图和利用反向传播算法计算梯度,而反向传播算法的主要目的是使用梯度下降算法对模型参数进行优化。可以通过将梯度乘以学习率(Learning Rate)来更新参数,但是当参数数量很多时,这种方法显然很不方便。不过,PyTorch 提供的优化器类解决了这一问题,它将优化更新的任务封装在一个类中,让用户可以方便地调用各种优化器来更新待优化的参数。

除此之外,PyTorch 还为优化器提供了方便扩展的接口,这使得学术圈内最新发表的优化器往往会基于 PyTorch 优化器的接口实现并开源。这意味着,大多数情况下,用户只需要改动一行代码就能使用最新发布的优化器了。

为了演示优化器的用法,优化的目标仍然是 2.4.2 节用到的线性回归问题。若线性函数的方程用式(2-6)表示:

$$y = 3x + 4 \tag{2-6}$$

则线性函数的 w 参数真实值为 3,b 参数真实值为 4。真实工作中的线性回归问题,首先会获得大量数据点,然后根据数据点去估计线性函数的两个未知参数。为了对真实工作中的数据进行模拟,不妨使用下面的数据生成代码随机生成 100 个数据点并混入 10% 的噪声。

```
import torch

# 随机生成 100 个 x
x = torch.rand((100,1))
```

```
# 生成相当于原数据 10% 的噪声信号
noise = 0.1*torch.rand((100,1))

# 计算相应的 y* 并混入噪声信号
y_ = 3*x+4+noise
```

有了这 100 个数据点,就可以进行线性回归来估计两个参数的值,最终经过优化估计出来的值应该接近 3 和 4。这 100 个数据点的分布如图 2-10 所示。

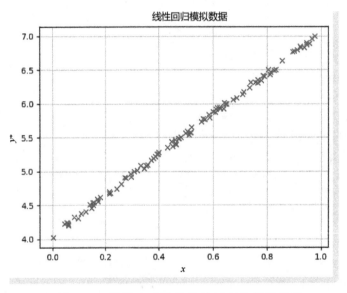

● 图 2-10　随机生成用于线性回归的模拟数据

相信读者已经可以看出来待回归的直线了。下面的示例代码演示了如何使用 PyTorch 的优化器最小化损失函数来估计这个线性函数的参数值。

```
# 加载 PyToch 的优化器包
import torch.optim as optim

# 随机初始化待训练参数 w
w = torch.rand((1), requires_grad=True)

# 随机初始化待训练参数 b
b = torch.rand((1), requires_grad=True)

# 定义 Adam 优化器,待训练参数为 w,b 加入 params 列表,学习率 lr 定为 0.01
optimizer = optim.Adam(params=[w, b], lr=0.01)

# 优化更新迭代 1000 步
```

```
for i in range(1000):
    # 将计算图中积累的梯度清零
    optimizer.zero_grad()

    # 根据线性函数构建前向计算图
    y = w * x + b
    # 构建均方损失函数计算图,使用所有数据点损失的均值
    loss = torch.mean((y-y_)**2)

    # 将损失函数产生的梯度反向传播
    loss.backward()

    # 基于反向传播到各参数梯度使用优化器更新参数
    optimizer.step()

print(w)
''' 打印经过 1000 步迭代之后参数 w 的估计情况
tensor([3.0039], requires_grad=True)
'''
print(b)
''' 打印经过 1000 步迭代之后参数 b 的估计情况
tensor([4.0463], requires_grad=True)
'''
```

代码的逻辑可以参考注释,定义优化器时将需要优化的参数加入参数列表,优化器只会更新加入列表的参数。优化器在每一轮迭代开始之前需要调用 zero_grad 清除积累的梯度,调用损失值的 backward 函数之后,各参数又会获得梯度,然后再调用优化器的 step 函数对参数进行更新。PyTorch 提供了包括 SGD 和 Adam 在内的十几种优化器,由最新发表的论文开源的优化器更是不计其数,使用这些优化器只需要修改优化器定义那一行就可以了,其他代码不受影响。

一开始随机初始化待训练参数 w 和 b 之后,均方误差应该较大,经过 1000 步的优化之后得到的参数为 3.0039 和 4.0463,已经非常接近已知的真实值 3 和 4 了。因为数据中混入了噪声,最终的优化结果不可能完美得等于真实值。

▶▶ 2.4.4 PyTorch 的数据加载

到此为止,PyTorch 似乎只是一个通用的科学计算和最优化工具库,这也是 PyTorch 的核心功能。而 PyTorch 之所以成为最流行的深度学习框架,还因为开发团队针对深度学习的需求,有针对性地提供了很多辅助性的工具。众所周知,深度学习对数据的依赖很强,PyTorch 也有专门的数据加载工具供用户使用。其主要的两个软件包是 DataSet 和 DataLoader。DataSet 用于定义如何从硬盘或云端读取和解析数据,DataLoader 用于定义如何组织数据并加载到程序中使用。例如,随机挑选数据和将数据组织成数据批次就是由 DataLoader 负责的。一般来说,绝大部分开发时间都用于对具体的数据实现 DataSet 类。

1. 样例数据

为了方便读者练习和试验，笔者准备了一个小规模数据集。数据集针对的是图片分类任务，一半的图片是汽车图片，另一半图片则是非汽车的背景图片，经过训练的模型应该能分辨输入图片是否为汽车。所有的图片都是 128×128 大小的 RGB 图片，分为 4 个文件夹，其包含的图片见表 2-8。每个文件夹中的图片文件名都进行了六位零填充，如第 1200 张图片的文件名为"001200.jpg"。

表 2-8 样例数据集文件夹结构

文件夹名	文件夹内容
car	汽车图片，用于训练集
car_val	汽车图片，用于验证集
background	非汽车背景图片，用于训练集
background_val	非汽车背景图片，用于验证集

2. 为数据集定义 DataSet

DataSet 其实只是一个接口类，用户必须针对具体数据实现一个自己的 DataSet。接口的定义非常简单，用户只需要继承接口类，然后实现两个函数，这个 DataSet 的子类就可以用了。一个接口函数用于获得整个数据集的样本个数，另一个用于获得某一个样本的数据和标签。下面的示例代码就是这个类的实现。

```
import os
from os.path import join
from torch.utils.data.dataset import Dataset

# 必须继承自 PyTorch 的 DataSet 类
class myDataset(Dataset):
    # 初始化函数,可以自行定义传入参数,此处为汽车和非汽车图片的文件夹路径
    def __init__(self, car_dir:str, bk_dir:str):
        super(myDataset, self).__init__()
        # 列举两个文件夹中的所有图片文件,并为其标签赋值
        car_files = [{"file": join(car_dir, file), "is_car": 1} for file in os.listdir(car_dir)]
        bk_files = [{"file": join(bk_dir, file), "is_car": 0} for file in os.listdir(bk_dir)]

        # 将汽车和非汽车数据合并到一个数组中
        self.data_samples = car_files + bk_files

    # 必须实现的 __getitem__ 函数,返回第 index 个样本的数据和标签
    def __getitem__(self, index):
        # 使用 OpenCV 读取第 index 个样本的图片
        image=cv2.imread(self.data_samples[index]["file"])

        # 返回样本的图片数据和标签,数据结构可随意自行定义
        return {"image": image, "is_car": self.data_samples[index]["is_car"]}
```

```python
def __len__(self):
    # 返回数据集的样本数目
    return len(self.data_samples)
```

代码按照 DataSet 接口的要求实现了一个 myDataset 类，有了这两个函数，就可以为 DataLoader 所用了。应该说 DataSet 的接口要求是很灵活的，返回数据样本的函数可以是任何数据结构，这也就意味着用户可以在返回的数据结构中加入任何想要的信息，有时甚至会附上某个样本数据的文件路径，对具体的数据进行定位。

3. 使用 DataLoader 加载数据集

有了 DataSet 后，就可以使用 DataLoader 加载数据集了。也许读者会认为加载数据没什么大不了的，实则其中大有文章。因为很多时候深度学习训练的速度并不是受限于 GPU 的处理速度，而是受限于 CPU 往 GPU 搬运数据的速度。在训练的时候，为了加快数据搬运的速度，可以开启多个线程一起工作，可以在上一个批次还在训练的时候就开始搬运数据等，这些都是 DataLoader 支持的功能。下面的示例代码展示了 DataLoader 的使用方法。

```python
# 实例化一个 Dataset 对象
dataset = myDataset(car_dir="./data/car_images", bk_dir="./data/bk_images")

# 实例化一个 DataLoader 对象
dataloader = DataLoader(dataset,
                        batch_size=64,          # 一个批次内的样本数量
                        shuffle=True,           # 随机选取样本
                        num_workers=4,          # 数据搬运线程数
                        drop_last=True)         # 丢弃最后一个不足 64 个样本的批次

# 按照 dataloader 定义的方式加载整个数据集的数据
for batch in dataloader:
    # 打印当前批次的内容
    print(batch)
    ''' 打印内容
    {'image': tensor(张量数据略), dtype=torch.uint8), 'is_car': tensor(张量数据略)}
    '''

    print(batch["image"])
    ''' 打印图片输入张量的维度
    torch.Size([32, 128, 128, 3])
    '''

    print(batch["is_car"])
    ''' 打印标签张量的维度
    torch.Size([32])
    '''
```

其中，batch_size 和 shuffle 很好理解，前者表示每一个批次包括多少个样本，后者表示是否随机挑选样本。按照随机梯度下降的定义，训练时应随机挑选样本。尤其是很多数据集可能包括了视频，数据样本具有时间连续性，如果没有设置随机选项，对模型的精度会有很大影响；num_workers 选项是指数据搬运线程的个数。多线程并行能大大提高从 CPU 到 GPU 的数据搬运速度，但这也对 CPU 和内存提出了较高的要求。如果 CPU 或者内存不够好，反而会因为额外的线程调度开销导致更低的效率，极端的情况甚至会让程序崩溃。因此对于不同的机器和程序需要单独试验找出最适合的线程数来达到最佳效果；drop_last 选项用来保证每一个批次都包括同样多的样本。如果样本的总数无法被每一个批次的样本数整除，最后一个批次中的样本数就会和其他批次不同。绝大部分情况下对训练没有影响，因为模型可以接受变化的样本数；DataLoader 会不重复地随机挑选样本直到覆盖整个数据集，这被称为一个 Epoch。此外，虽然 DataSet 的取样本函数可以返回任意数据结构，DataLoader 在调用的时候会自动将返回的数据转换为 PyTorch 张量并保持原有数据结构，所以使用 DataLoader 遍历数据集时，用户获得的数据已经是 PyTorch 张量了。

▶▶ 2.4.5 用 PyTorch 搭建神经网络

PyTorch 提供了一整套用于搭建神经网络的模块化框架，用户搭建神经网络模型的方法就像搭积木一样，把各种模块组合在一起。这些模块有的是卷积层，激活层之类的网络层，有的是各种损失函数，也有 LSTM 这样复杂的网络结构。

1. 搭建一个最简单的模型

用于搭建模型的模块都位于 torch.nn 包里，一般使用以下约定俗成的方法加载。

```
import torch.nn as nn
```

nn 其实就是 Neural Network 的缩写，nn 包里面可以找到各种用于搭建神经网络的模块，如 nn.Conv2d 就是一个二维卷积层模块。自定义网络模型和自定义 DataSet 类似，模型应继承 nn.Module 类并实现一个接口函数。下面的示例代码展示了如何搭建一个只有一个卷积层的神经网络模型。

```
import torch.nn as nn

# 自定义网络模型必须继承自 nn.Module 类
class Net(nn.Module):
    def __init__(self):
        super(Net, self).__init__()
        # 新建一个二维卷积层
        self.conv1 = nn.Conv2d(in_channels=3,      # 卷积层的输入通道数
                               out_channels=16,    # 卷积层的输出通道数
                               kernel_size=3,      # 卷积核的尺寸
                               padding=1)          # 定义 padding 的大小

    # 用户实现的接口函数,模型的前向传播函数
    def forward(self, x):
```

```
# 调用卷积层进行前向运算
x = self.conv1(x)
return x
```

用户自定义的模型应继承 nn.Module 接口类,并实现 forward 函数。定义好网络模型之后,就可以使用这个模型了。下面的示例代码展示了如何使用该模型。

```
# 加载 PyTorch 的优化器包
import torch.optim as optim

# 实例化模型
model = Net()

# 定义 Adam 优化器,将整个模型的待训练参数加入 params 列表,学习率 lr 定为 0.01
optimizer = optim.Adam(params=model.parameters(), lr=0.01)

# 随机生成一个批次作为一个张量输入模型进行前向运算
output = model(torch.rand((8, 3, 480, 640)))
```

虽然代码不多,但这三行代码展示了 Module 类的三个重要功能。

1)随机初始化。实例化模型的时候,PyTorch 会为模型所有的参数进行随机初始化。即便是初始化,也有不同的初始化方法,会对训练的稳定性有影响。因此 PyTorch 会选用最常用、最有效的初始化方法,至本书成书为止,选用的是 Kaiming 初始化方法。

2)待训练参数收集。模型的每一个模块都有自己的待训练参数,只需要将子模块加入到成员变量中,其待训练参数也会一同被收集进来。模型中的 conv1 就是一个子模块,只要这个子模块成了 self 的一员,其参数就会成为模型参数的一部分,最后调用 parameters() 函数就可以收集这个模型的所有参数了。将这些参数加入优化器的 params 列表,就能在训练中被这个优化器优化。

3)函数式调用,代码显得更简洁易懂。模型虽然是一个类,但可以将其看成一个函数直接调用,接受输入数据,返回输出数据。真正被调用的函数正是用户实现的 forward 函数,虽然示例代码中的 forward 函数只接受一个输入,其实输入的数目和类型并不受限制,将模型当成函数调用和直接调用 forward 函数是等价的。

2. 常用模块介绍

构建神经网络需要的网络层多种多样,基本都是 nn 下属的模块,但有一部分特殊的网络层也会出现在 nn.functional 之下。从名字就能看出来,这些网络层是函数式(functional)的,也就是说这些网络层没有需要训练的参数,如 ReLU 层、最大池化(Max Pooling)层等。这些网络层其实就是一个简单的函数,于是 PyTorch 额外将这些函数式的网络层作为简单的函数实现了一遍,并把这些函数一起放在 nn.functional 包里。这些函数式网络层也有基于 nn.Module 实现的,也就是说对于一个 ReLU 激活层,用户可以选择按照模块化的方式实例化 nn.ReLU 模块,也可以直接调用 nn.functional.relu 函数。使用 nn.functional 时,一般会按以下方式定义 F 为其代名。

```
import nn.functional as F
```

本节仅介绍模块化的网络层,更符合 PyTorch 的编程习惯。如无必要,读者也应尽量避免使用 nn.functional 里的函数式模块。

各种网络层的细节已经在第 1 章详细介绍过了,最复杂也是最常用的模块当属二维卷积模块,有必要使用单独的示例代码展示其用法。

```
import torch.nn as nn
# 实例化一个二维卷积模块
conv = nn.Conv2d(in_channels = 3,        # 输入通道数
                 out_channels = 32,       # 输出通道数
                 kernel_size = 3,         # 卷积核尺寸
                 stride=2,                # 卷积步长,默认值为 1
                 padding=1,               # 填充宽度,默认不填充
                 dilation=2,              # 空洞率,默认值为 1
                 bias=False)              # 是否带偏置项,默认带偏置

# 随机生成一个批次作为一个张量输入卷积层进行前向运算
output = conv(torch.rand((8, 3, 480, 640)))
```

二维卷积层对输入张量的维度有严格的要求,输入张量应为四维张量,常被称为 NCHW 排布。四个维度分别代表批次大小(Batch size)、通道数(Channels)、高(Height)和宽(Width)。根据前文 OpenCV 的介绍,使用 OpenCV 读取的图像文件为一个三维矩阵,称为 HWC 排布。使用 DataLoader 加载后,一个批次的张量将呈现为 NHWC 排布。也就是说,如果是 640×480 大小的彩色图片,加载一个 8 张图片的批次将得到一个 8×480×640×3 的张量。显然这个张量不符合卷积层的输入要求,因此,需要按照以下示例代码调用 permute 函数重新组织张量的 4 个维度。

```
import torch
# 生成一个 6×480×640×3 的随机张量
old = torch.rand((8, 480, 640, 3))

# 重新组织张量,new 张量的四个维度分别对应 old 张量的第 1,4,2,3 维
new = x.permute((0, 3, 1, 2))

print(new.shape)
''' 打印 new 张量的维度
torch.Size([8, 3, 480, 640])
'''
```

经过重新组织后的张量,就可以作为二维卷积层的输入使用了。为了方便读者比对查找,本节仍然按照第 1 章的顺序将 PyTorch 中对应的模块列举于表 2-9 中,假设输入张量维度均为 8×3×480×640。

第 2 章 深度学习开发环境及常用工具库

表 2-9 PyTorch 常用网络层

示例代码	用途详解
nn.ConvTranspose2d	同 Conv2d，不赘述
nn.Sigmoid	Sigmoid 激活
nn.Tanh	Tanh 激活
nn.ReLU（inplace = True）	ReLU 激活，当 inplace 设置为 True，将直接修改输入张量，更节省空间，默认为 False
nn.LeakyReLU（negative_slope = 0.02）	Leaky ReLU 激活层，可以自定义负数侧的斜度，默认值为 0.01。支持 inplace 操作
nn.CELU（alpha = 1.0）	CELU 激活，可以自定义 alpha 值，默认为 1.0，支持 inplace 操作
nn.Mish	Mish 激活，支持 inplace 操作
nn.GELU	GELU 激活，不支持 inplace 操作
nn.BatchNorm2d（num_features = 3）	批归一化，需指定输入特征图的通道数，也就是 3
nn.LayerNorm（[3, 480, 640]）	层归一化，需指定输入特征图的维度，也就是 3×480×640
nn.InstanceNorm2d（num_features = 3）	实例归一化，需指定输入特征图通道数，也就是 3
nn.GroupNorm（num_groups = 3, num_channels = 3）	组归一化，需指定分为几组和输入特征图的通道数
nn.Upsample（scale_factor = 2）	上/下采样，使用 scale_factor 参数控制缩放比率。示例为两倍上采样
nn.MaxPool2d（kernel_size = 3, stride = 2, padding = 1）	最大池化层，用法和卷积层同，示例的最大池化可将特征图缩小一半
nn.AdaptiveAvgPool2d（[1, 1]）	自适应平均池化，将每一张特征图压缩为 1×1 大小，也即其平均值
nn.Dropout（p = 0.5, inplace = True）	Dropout 层，Dropout 比率 0.5，直接修改输入张量。Dropout 层在 eval 模式下不起效果
nn.Linear（in_features = 128, out_features = 256, bias = True）	全连接层，输入张量维度为 8×128，输出维度 8×256

以上为常用的网络层，还有更多的模块可以使用，在这里就不一一列举了。除了用于构建神经网络模型的网络层，损失函数也作为 nn 模块存在。用于回归问题的常用损失函数，见表 2-10。

表 2-10 PyTorch 常用损失函数

示例代码	用途详解
nn.L1Loss( )	L1 损失，输出为所有元素 L1 损失的平均值
nn.SmoothL1Loss( )	平滑的 L1 损失
nn.MSELoss( )	均方误差损失，亦即 L2 损失

用于回归问题的损失的输入接受两个张量：一个是真实值，一个是回归值，两个输入张量维度相同。

用于分类问题的损失是交叉熵损失，其使用较为复杂。模型的输出一般是独热编码（One-Hot Encoding），也就是说每一个类别都会输出一个概率值，而真实值往往只有类别的序号。PyTorch 的交叉熵损失已经考虑到了这个问题，能接受不同编码的输入张量。具体的用法见如下示例代码。

```
import torch
import torch.nn as nn

# 构建交叉熵损失模块
loss = nn.CrossEntropyLoss()

# 生成独热编码的随机输出，一批次 4 个样本，每个样本输出 5 个类别的概率值
output = torch.randn(4, 5)

# 生成序号编码的随机真实值，一批次 4 个样本，类别序号 0~4
ground_truth = torch.randint(low = 0,              # 类别序号从 0 开始
                             high = 5,             # 类别序号不超过 5
                             size=(4,))            # 生成 4 个随机序号

# 计算损失值
loss_value = loss(output, ground_truth)
```

本节仅涉及最常用的几个损失函数，对于 SSIM 损失之类的特殊损失函数，开发者还需要安装额外的 pip 包。

▶▶ 2.4.6 常用的辅助工具

经过本节的学习，读者应已能使用 PyTorch 的工具链加载数据集，搭建神经网络并训练模型。除了 PyTorch，还有一些辅助工具也是不可或缺的。一个是用来记录训练过程的 Tensorboard，一个是用来进行数据增广的 Albumentations。

1. Tensorboard

Tensorboard 原本是 TensorFlow 的一部分，用来监控训练过程中的各种数据。例如，每一轮甚至每一个批次训练之后的损失值、精确度甚至图像等。一次训练可能会持续好几天，开发人员当然希望随时监控训练的情况，观察损失的发展趋势。Tensorboard 允许用户通过调用函数直接在 Python 代码中向记录文件夹中写入数据，同时可以在控制台运行 Tensorboard 后台服务，并通过浏览器实时监控这些数据，用户甚至可以通过互联网远程访问运行在服务器上的 Tensorboard 后台服务。

因为 Tensorboard 很受欢迎，开发人员便把它从 TensorFlow 中独立了出来。用户可以直接通过 pip install tensorboard 安装，也可以直接从 PyTorch 导入并直接向 Tensorboard 记录文件夹写入数据。下面的示例代码演示了如何向 Tensorboard 记录文件夹中写入数据。

```
import torch
import torchvision.models as models
from torch.utils.tensorboard import SummaryWriter

# 新建一个 Tensorboard 记录文件夹
writer = SummaryWriter(log_dir="log")
```

```python
# 生成一张 640×480 的 RGB 图片
image = torch.zeros(3, 480, 640)

# 将红色通道设置为全 1
image[0, :, :] = 1.0

# 将这张图片写入 Tensorboard 记录文件夹, 图片通道次序为 Channel,Height,Width
writer.add_image('my_image_HWC', image, global_step=0, dataformats='CHW')

# 将 100 个随机生成的损失值写入 Tensorboard 记录文件夹
for iter in range(100):
    loss = torch.randn(1)
    writer.add_scalar('Loss/train', loss, iter)
```

代码会在当前文件夹新建一个 log 文件夹,此后需要记录的内容都会以 Tensorboard 的格式写入这个文件夹中。

如果要监控记录的数据,只需要在当前文件夹打开命令行并输入以下命令:

```
tensorboard --logdir=log --port=1234
```

然后在浏览器中访问 http://localhost:1234/ ,就能看到 Tensorboard 的监控沙盘了。值得注意的是,如无必要应尽量避免记录图像数据,因为图像数据量很大,容易挤占硬盘空间。

2. Albumentations

Albumentations 是一个功能非常齐备的数据增广库。除了常用的随机对比度、随机亮度等数据增广算法之外,Albumentations 还支持相机噪声、雨雾模拟等更高级的数据增广算法。这些算法都收集自成熟的开源代码,免去了开发者许多麻烦。在运行示例代码之前,读者需运行 pip install -U albumentations 进行安装。下面的代码展示了如何用 Albumentations 对一幅样例图片进行随机数据增广。

```python
import albumentations as A
import numpy as np
import cv2
# 构建随机数据增广流程
transform = A.Compose([
    A.RandomBrightnessContrast(p=0.5),
    A.ISONoise(p=0.8),
    A.RandomSnow(p=0.2)])

# 读入样例图片并改变色彩通道顺序为 RGB
image = cv2.imread("sample.jpg")[...,::-1]

# 对样例图片进行随机扩增
transformed = transform(image=image)

# 获得扩增后的图片
transformed_image = transformed["image"]
```

代码中构建的数据增广流程代表着先按50%的概率对图片进行随机亮度对比度调整，然后按80%的概率添加随机相机噪声，最后按20%的概率模拟下雪场景。每一个Albumentations的数据增广模块都能指定使用这个模块的概率 p，例如，样例代码中添加ISO相机噪声的概率为0.8，意味着还有20%的概率会跳过这一个数据增广模块。

Albumentations中的数据增广算法非常丰富，对不同类型的真实值都有针对性的处理，在此就不再展开了，读者可以通过官网获得更全面的信息。

▶▶ 2.4.7 搭建一个神经网络并进行训练

前文已经分别介绍了训练一个神经网络模型需要的各种PyTorch功能模块，最后只需要将这些模块组合起来就能形成一个神经网络的训练闭环。下面的代码展示了一个基于样例数据集的最简单训练代码。

```python
from torch.utils.tensorboard import SummaryWriter
import albumentations as A
import cv2
import numpy as np
import os
from os.path import join
from torch.utils.data.dataset import Dataset
from torch.utils.data import DataLoader
import torch
import torch.nn as nn
from torch import optim

class MyModel(nn.Module):
    def __init__(self):
        super(MyModel, self).__init__()
        # 定义模型的各个网络层
        self.relu = nn.ReLU()
        self.max_pool = nn.MaxPool2d(kernel_size=3, stride=2, padding=1)
        self.conv1 = nn.Conv2d(in_channels=3, out_channels=32, kernel_size=3, padding=1)
        self.bn1 = nn.BatchNorm2d(32)
        self.conv2 = nn.Conv2d(in_channels=32, out_channels=64, kernel_size=3, padding=1)
        self.bn2 = nn.BatchNorm2d(64)
        self.conv3 = nn.Conv2d(in_channels=64, out_channels=128, kernel_size=3, padding=1)
        self.bn3 = nn.BatchNorm2d(128)

        self.ave_pool = nn.AdaptiveAvgPool2d([1, 1])
        self.fc = nn.Linear(in_features=128, out_features=2)
        self.output = nn.Softmax()

    def forward(self, x):
        # 对于输入图片x进行前向运算,x的维度为32×3×64×64
        x = self.max_pool(self.relu(self.bn1(self.conv1(x))))
        # x 维度现为 32×32×32×32
```

```python
        x = self.max_pool(self.relu(self.bn2(self.conv2(x))))
        # x 维度现为 32×64×16×16
        x = self.max_pool(self.relu(self.bn3(self.conv3(x))))
        # x 维度现为 32×128×8×8
        x = self.ave_pool(x).squeeze()
        # x 维度现为 32×128
        x = self.fc(x)
        # x 维度现为 32×2
        x = self.output(x)
        return x

# 定义数据集类
class MyDataset(Dataset):
    def __init__(self, car_dir:str, bk_dir:str, is_train: bool):
        super(MyDataset, self).__init__()
        # 列举汽车图片文件夹和非汽车背景图文件夹内所有文件的路径,并打上标签
        car_files = [{"file": join(car_dir, file), "is_car": 1} for file in os.listdir(car_dir)]
        bk_files = [{"file": join(bk_dir, file), "is_car": 0} for file in os.listdir(bk_dir)]
        # 合并两个文件夹
        self.data_samples = car_files + bk_files
        # 使用 Albumentations 定义数据增广流程
        self.transform = A.Compose([A.RandomBrightnessContrast(p=0.5),
                                    A.ISONoise(p=0.5),
                                    A.RandomSnow(p=0.2)])
        self.is_train = is_train

    def __getitem__(self, index):
        if self.is_train:
            # 如果是用于训练的数据集,进行随机数据增广
            image = cv2.imread(self.data_samples[index]["file"])
            transformed = self.transform(image=image)
            # 将图像数据归一化到 0 和 1 之间
            image = transformed["image"].astype(float) / 255.0
        else:
            # 如果是用于验证的数据集,直接使用原始数据
            image = cv2.imread(self.data_samples[index]["file"]).astype(float) / 255.0
        # 读取这幅图片的标签
        label = self.data_samples[index]["is_car"]
        return {"image": image, "is_car": label}

# 定义训练集的 DataSet 和 DataLoader 实例
dataset = MyDataset(car_dir="car_classification/car",
                    bk_dir="/car_classification/background")
dataloader = DataLoader(dataset, batch_size=32, shuffle=True,
                        num_workers=12, drop_last=True)
```

```python
# 定义模型的实例
model = Model()
# 获得当前最佳设备
device = torch.device("cuda:0" if torch.cuda.is_available() else "cpu")

# 将模型复制到当前设备
model.to(device)
# 定义TensorBoard记录器
logger = SummaryWriter("log")

# 定义优化器
optimizer = optim.Adam(model.parameters(), lr=0.05)

# 定义交叉熵损失函数
celoss = nn.CrossEntropyLoss()
best_loss = -np.inf
global_iter = 0
for epoch in range(200):
    # 将模型设置为训练模式
    model.train()
    # 将PyTorch设置为计算梯度的模式
    torch.set_grad_enabled(True)
    for batch in dataloader:
        # 每一次迭代开始前,将梯度清零
        optimizer.zero_grad()
        # 将数据转换到模型能接受的格式
        image = data["image"].permute((0, 3, 1, 2)).float().to(device)
        label = data["is_car"].long().to(device)
        # 进行前向运算
        out = model(image)
        # 计算交叉熵损失
        loss = celoss(out, label)
        # 将损失值加入TensorBoard
        logger.add_scalar("loss", loss.item(), global_iter)
        # 如果损失值比之前的最小值更小,保存模型
        if best_loss<loss.item():
            torch.save(model, "best_model.pth")
        # 从损失值开始后向传播梯度
        loss.backward()
        # 使用优化器优化模型
        optimizer.step()
        global_iter += 1
```

上述代码是一个最简单的深度学习训练闭环,包括了使用PyTorch定义卷积神经网络模型、加载数据集、随机数据增广、训练模型到监控训练过程中的损失值变化趋势等各个步骤。读者可以下载样例数

第 2 章
深度学习开发环境及常用工具库

据集后在自己的计算机上运行上述代码，如果没有 GPU 的话使用 CPU 也是可以的，样例数据和示例模型都很小，CPU 也可以胜任。训练启动后，TensorBoard 的记录器会自动生成一个 log 文件夹，里面就是记录下来的数据，在命令行里用 TensorBoard 加载这个文件夹后就可以在浏览器里看到记录沙盘了。

这一小段示例代码并不完整，比如代码中没有涉及验证集，也没有涉及分类精度的计算。读者可以自己动手实现模型的验证和分类精度的计算。一般而言，每将训练集遍历一次就应计算一次验证集分类精度。

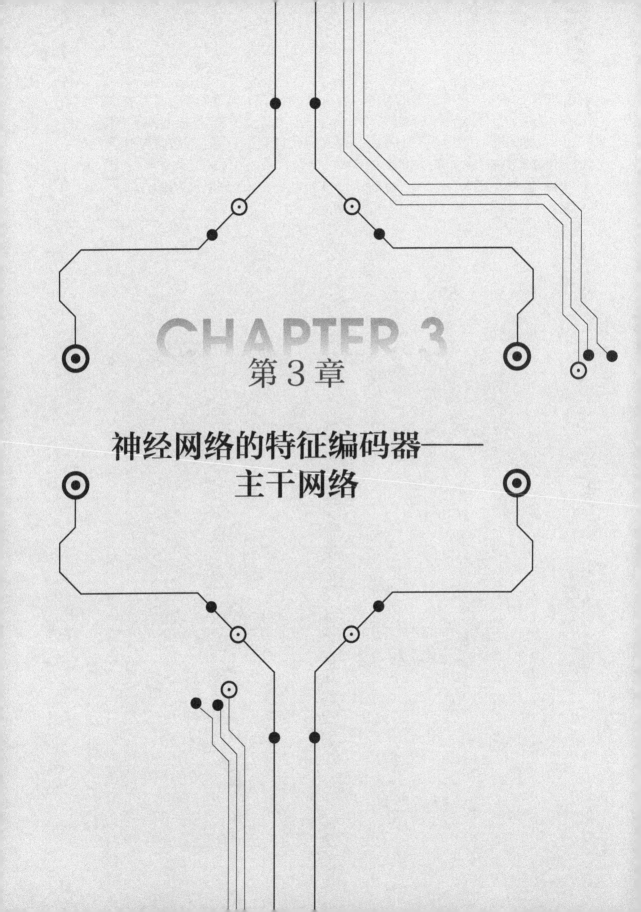

第 3 章

神经网络的特征编码器——主干网络

第 3 章
神经网络的特征编码器——主干网络

前两章介绍了卷积神经网络的基础理论和实践知识，使读者对卷积神经网络有了初步的了解。在这两章中，介绍了卷积神经网络的搭建和训练方法，并探讨了相关的理论，为读者打下了坚实的基础。然而，这两章介绍的网络结构还比较简单，基本都是所谓"一路卷积到底"的网络结构。为了更深入地了解卷积神经网络，还需要探究更加复杂的网络结构。

自从 2012 年 AlexNet 打破 ImageNet 图像识别精度纪录以来，对卷积神经网络的研究开始爆发。此后，越来越多的网络结构被发明出来，研究人员热衷于发明各种各样的网络结构，甚至设计算法自动寻找神经网络结构（Neural Network Search，NAS）。然而，成千上万的网络结构最终只有少数几种经受住了工程实践的检验。因此，在设计网络结构的过程中，研究人员总结出了许多通用的规律。

本章将介绍一些经典的神经网络结构和设计思想。这些经典的神经网络可能会随着时间的推移而被更好的结构所代替，但设计思想是不会过时的。了解这些规律对于读者在实践中设计和优化神经网络非常有帮助。因此，希望读者通过本章的学习，能够更好地理解神经网络的设计原理，并能够灵活地应用这些知识。

3.1 什么是神经网络的主干网络

虽然神经网络的结构千变万化，但其基本的组成逻辑是一致的。无论是理解某个网络结构还是根据需要设计网络结构，都是基于这一逻辑进行的，而各种神经网络都具有的一部分就是"主干网络"（Backbone）。

3.1.1 神经网络的元结构

神经网络总是会通过多个网络层对输入图像进行抽象，生成特征图，然后基于这些特征图完成各种特定的任务，这个建构逻辑也符合神经网络的运作原理。因而各种网络结构都可以用这个逻辑描述。图 3-1 所示为 4 种常见的网络结构。

从图中可以看出来，神经网络由多个子网络构成，每个子网络都有其设计逻辑并用一种特定的方式连接起来。这种子网络的选择和相互之间的连接方式就是所谓的元架构（Meta Architecture）。即便确定了一个神经网络的元架构，其层数和每一层特征图的数目仍然需要额外设计。这些神经网络的结构参数对计算量和精确度影响巨大，需要确定最优结构参数，因此一般不会自行设计，而是直接沿用论文中记录的最佳参数，这些结构参数都是论文作者经过大量试验得到的。只有在少数必需的情况下，才会基于经典的结构对参数进行微调。各种子网络的设计思路分别列举于下。

1. 编码器

在神经网络中，编码器（Encoder）的主要作用是对输入的图片进行编码，也就是将图片转换为一系列特征图。这个过程可以被理解为对输入的理解和抽象的过程。在这个过程中，神经网络会将输入图片的尺寸逐渐减小，得到一系列分辨率从高到低的特征图。高分辨率的特征图通常包含了大量角点和边缘线等细节特征，通道数较少；而低分辨率的特征图则包含了更多的高层语义特征，通道数更多。因此，高分辨率的特征图可以被称为"细节特征图"，而低分辨率的特征图则可以被称为"语义特征图"。

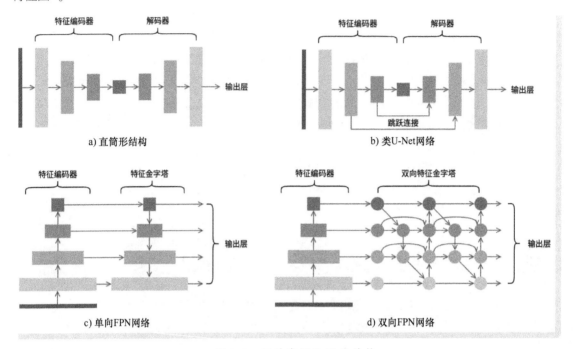

● 图3-1 四种常用的网络结构

编码器的设计思路是将输入特征图进行信息浓缩，从而加深神经网络对图片的理解。通过多次分辨率的减半，神经网络可以逐渐将输入的图片转化为一系列抽象的特征图。在训练过程中，编码器的设计可以通过合理的调整来达到更好的效果，从而提高神经网络对输入图片的理解和抽象能力。

2. 解码器

对于图像分类任务来说，只需要一个编码器，将图像编码为高级语义特征图，然后直接将分辨率最低的语义特征图经过输出层输出为分类概率即可。但如果是语义分割、图像补全等任务，输出结果需要与原图一样大小的二维数据，这时就需要解码器（Decoder）了。解码器的作用是基于语义特征图重建出与原图一样大小的输出。

很容易发现，若使用图3-1中所示的直筒形结构，虽然输出的结果和输入的分辨率相同，但这是从最低分辨率的语义特征图解码而来的。经过4次分辨率减半，语义特征图中的一个像素相当于原图中16×16大小图像块的抽象。可以想象，最终要从语义特征图的一个像素重建出那么多的信息，必然会缺失细节。因此，和SegNet类似的直筒形结构对细节的恢复不是很擅长。

其实在特征提取的过程中，模型已经提取出了细节特征图，只需要把这些特征图利用起来就可以了。这正是图3-1中所示U-Net网络的设计思路。U-Net是一个经典的语义分割模型，设计者使用跳跃连接把细节特征图连接到解码器的后端来补充细节，得到了轮廓更为清晰、细节更丰富的输出[8]。

原始版本的 U-Net 使用的是级联连接，但也有很多类 U-Net 的网络结构使用相加运算实现跳跃连接，同样取得了良好的效果。

从梯度回传的角度考虑，跳跃连接为梯度的回传建立了捷径，让梯度更容易地传到接近输入的网络层，缓解了梯度消失的问题，从而大大降低了训练的难度。因此，跳跃连接在解决细节缺失和梯度回传问题上，具有重要的作用。

3. 特征金字塔

仔细观察图 3-1 中所示的特征金字塔网络（Feature Pyramid Network，FPN）会发现，虽然 FPN 看起来和 U-Net 大为不同，其实只是绘图排版方向不同。只需将 U-Net 沿中轴向下对折，就得到了一个 FPN 模型。区别仅在于特征金字塔网络每一级分辨率的特征图都会被连接到一个输出层来产生多层输出。每一层的输出都可以直接按照分辨率的倍数恢复到最高分辨率并当作正常的输出使用，也可以作为辅助输出（Auxiliary Output）来构造辅助损失（Auxiliary Loss）。辅助输出就是 FPN 的低分辨率输出，这些输出不作为最终的输出数据使用，仅用于产生损失并回传梯度，这样可以让模型的各个层级更早地接近原始数据信息，可以加快训练速度[9]。

双向特征金字塔（Bidirectional FPN，BiFPN）和单向特征金字塔结构类似，但增加了横向的深度，并于横向和竖向同时加入了跳跃连接，增强了不同层级之间的信息沟通，让梯度传播更容易[10]。尽管双向特征金字塔网络深度和复杂度都较单向特征金字塔为大，但得益于丰富的跳跃连接，双向特征金字塔训练难度仍然不大。

▶▶ 3.1.2 神经网络的主干网络及有监督预训练

通常情况下，神经网络的主干网络是指其编码器部分。在图 3-1 中，编码器被简化为仅代表 4 个分辨率的特征图，但这仅代表编码器的 4 个阶段（Stage），每一个阶段还包括了很多层（Layer）。通常情况下，主干网络的计算量是整个模型中最大的一部分。即使是最轻量级的 ResNet 也有 18 层，而最深的 ResNet 则达到 152 层。由此可见，主干网络非常重要，因为它承担了神经网络最重要的工作：特征提取。主干网络提取的特征是神经网络对输入图像进行感知的结果。这些结果包括对轮廓线等细节信息的感知结果，以及对物体分类等语义信息的感知结果。这些感知结果是进一步完成相关任务的基础，因此主干网络的质量直接决定了最终输出结果的质量。例如，如果轮廓线细节特征缺失，输出结果的轮廓线也会模糊或缺失。同样地，如果语义信息感知错误，将人行道误认为马路，输出的语义分割结果也会出错。

类似于人类，一个神经网络模型如果经过大规模的训练，获得了很好的感知能力，能够提取高质量的特征图，那么让其去学习新的内容就会变得更加容易。不妨将这个训练好的主干网络用于各种感知任务，如语义分割和物体识别等任务，这就是主干网络预训练的灵感来源。因此，主干网络预训练是一种非常有效的神经网络训练方法，它可以提高模型的泛化能力和学习效率，从而在各种应用场景中具有更好的表现。著名的 ChatGPT 就利用了大规模数据预训练的技术。

最常见的做法是先使用 ImageNet 数据集对主干网络进行训练，预训练任务是图像分类。ImageNet

数据集包含了一百多万张来自各种相机的图片,一共有 1000 个类别,如此全面的覆盖甚至超出了很多人类的经验范围,因而用 ImageNet 数据集对主干网络进行训练能给模型积累足够的知识,使之具备极高的感知能力。训练好之后可根据需求移去最后输出 1000 个类别的输出层,直接输出特征图,这些特征图可以作为特征金字塔或解码器的输入。具体流程如图 3-2 所示。

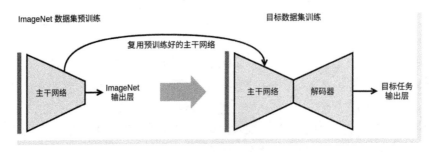

● 图 3-2　主干网络的预训练示意图

得益于预训练中习得的经验知识,相较于使用随机初始化的主干网络,模型在目标数据集上的收敛速度会变得更快。著名的研究者何恺明曾对预训练的作用进行过细致的试验,他发现预训练虽然对模型的收敛速度有很大的帮助,但经过足够长时间的训练后,无预训练的模型精度仍然能达到相同的高度[11]。也就是说,使用预训练主干网络的主要好处是提高训练速度。从何恺明论文的附图中可以清楚地看出来这一点(见图 3-3)。

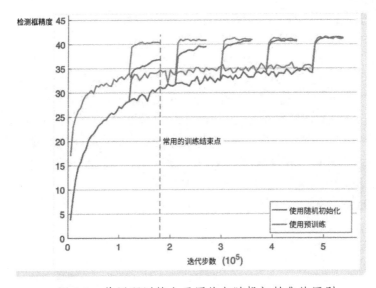

● 图 3-3　使用预训练主干网络与随机初始化的区别

图 3-3 中的灰线是使用预训练主干网络的训练曲线,显然,灰色训练曲线的收敛速度远远大于使用随机初始化的深色曲线。这对快速迭代模型是大有好处的,因此预训练仍然有其存在的价值。此

外，何恺明这篇 2018 年发表的论文讨论的是有监督的预训练，而近几年发展出来的大规模自监督预训练，除了能提高收敛速度，还能提高精度。

▶▶ 3.1.3 主干网络的自监督预训练

在 3.1.2 节中提到了有监督的主干网络预训练，而学术界最常用的训练任务则是 ImageNet 图像识别任务。然而，对于无人驾驶视觉感知任务而言，ImageNet 图像识别任务并不是一个合适的预训练任务。首先，根据 ImageNet 主页展示的许可证，ImageNet 不能用于商业用途；其次，ImageNet 包含的图像信息非常繁杂，它包括了 1000 个类别，而自动驾驶的图片信息多为道路行驶环境，无论是感知内容还是分辨率都和 ImageNet 大相径庭。因此，为了更好地适应无人驾驶视觉感知任务的需求，研究者们开始将目光投向自监督学习。

与有监督预训练需要大量的标注信息不同，自监督学习不需要人工标注数据，也能对主干网络进行预训练。如此一来，数据集中的标签错误和标签缺失问题就都不存在了，模型的健壮性更强。最重要的是，自监督学习只需要输入图像就可以，这就为大规模数据集打开了大门。ChatGPT 的成功，一是因为大模型，二是因为大规模数据集预训练。其训练策略就是收集互联网上的大量优质数据对模型进行预训练，然后使用人类训练师进行微调。对于卷积神经网络而言也是一样的道理，完全可以使用十倍、百倍于 ImageNet 的数据量对模型进行预训练，然后在具体的视觉任务上进行微调。近年的研究表明，这样的训练策略能大大提高模型精度。

常用的预训练任务一共分两大类：一类是使用前置任务（Pretext Task）；另一类是当前流行的对比学习（Contrastive Learning）。

1. 前置任务自监督训练

前置任务是指不针对目标任务，而是通过比目标任务更简单的任务来训练神经网络的特征提取能力。在前置任务中，模型需要使用无标签的数据，自主地学习从原始数据中提取有用的特征。这些特征表示在下游任务中可能非常有用，因为它们已经被训练得能够描述数据中的基本特征，如形状、颜色、纹理、语义等。

常见的前置任务包括图像旋转角度预测、图像着色、图像重建等。这些任务都可以通过对原始数据进行预处理在线生成训练数据，不需要对任务进行人工标注。下面列举一些常用的前置任务。

（1）图像旋转角度预测

将原始图像旋转一个角度后输入到神经网络中，令其输出图像的旋转角度，使用回归损失进行训练。在这个任务中，模型需要学习识别图像中的关键特征来判断朝向。

（2）图像着色

图像着色任务很容易理解，将原始彩色图像变为灰度图后输入到神经网络中，令其输出彩色图像。这个任务很简单，但问题是输入图像是单通道灰度图，而正常运行中的输入图像为三通道彩图，通道数不同不能直接挪用预训练后的主干网络。一个很自然的解决方案是仍然输入三通道图像，不过每一个通道都是灰度图。

(3) 图像重建

图像重建任务着重于对图像上下文（Context）的理解，任务是在输入图像中随机选择一块区域涂抹为纯白色，令神经网络补全被涂抹掉的部分，重建出原始图像。也就是说，神经网络要通过上下文的信息"脑补"出缺失的部分，而对图像上下文的理解是神经网络一个很关键的能力。

前置任务各有其侧重点，越是和目标任务接近的前置任务，预训练的作用就越大。

2. 对比学习自监督训练

对比学习（Contrastive Learning，CL）是近年来备受研究人员关注的一个热门话题。研究人员发现，通过使用 ImageNet 数据集对神经网络进行 400 甚至 800 个 Epoch 的超长时间对比学习训练，其表现能大大超过 ImageNet 图像识别任务的有监督预训练。对于神经网络而言，其任务是将一幅图像投射到高维特征空间。而对比学习则是基于一个机器学习理论中的理想化愿景：一个好的模型将相同类别的图像投射到特征空间（Feature Space）后，距离应该相近，将不同类别的图像投射到特征空间后，距离应该相隔很远。

对比学习的基本原理是通过比较不同对象之间的差异来获取知识和理解。在对比学习中，通常要比较两个或多个对象，然后分析它们之间的相似之处和不同之处。这些相似之处和不同之处可以帮助人们更好地理解和应用所学的知识。对于每个对象，通常会提取其表征向量，用于描述该对象的特征。然后，通过比较这些表征向量之间的差异来确定它们之间的相似度或距离。这个相似度或距离可以作为对比学习的量化指标，用于评估不同对象之间的相似和差异。

在对比学习中，通常会使用正样本对和负样本对进行比较。正样本对是指两个语义相同的对象，而负样本对则是指两个语义不同的对象。通过比较正样本对和负样本对，可以训练一个分类器，用于区分新的对象是属于正类还是负类。对比学习的原理如图 3-4 所示。

假设神经网络的函数表示为 f，猫的图片为 X_1，对其进行数据增广后产生新图片 X_2。另有一猫咪图片 $\hat{X}_2$ 以及猫头鹰图片 $\hat{X}_1$。若神经网络具备良好的特征提取能力，则应将 X_1 和 X_2 投射到距离相近的位置，同时将 $\hat{X}_1$ 和 $\hat{X}_2$ 投射到远离 X_1 的位置。因为原始图片和被增广后的图片语义是一致的，而其他图片的语义则不一致。

在对比学习中，若以 X_1 为基准，X_2 则称为 X_1 的正样本（Positive Sample），$\hat{X}_1$ 和 $\hat{X}_2$ 均为负样本（Negative Sample）。X_1 和 X_2 组成正样本对（Positive Pair），X_1 和任意一个负样本则组成一个负样本对（Negative Pair）。对比学习的目的，就是让正样本对在特征空间中的距离靠近，让负样本对在特征空间中的距离拉远。

为了达到拉近正样本对，拉开负样本对的目的，有很多种对比学习训练方法，比较有名的对比学习算法有 SimCLR、MoCo、DenseCL、BYOL、DINO 等。其中 MoCo 用到的 InfoNCE 损失函数比较容易理解[12]：

$$L = -\log \frac{\exp\left[f(X_1) \cdot \dfrac{f(X_2)}{\tau}\right]}{\sum_{i=0}^{N} \exp\left[f(X_1) \cdot \dfrac{f(\hat{X}_i)}{\tau}\right]} \qquad (3\text{-}1)$$

第 3 章
神经网络的特征编码器——主干网络

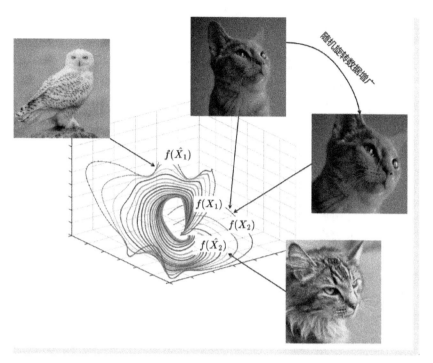

● 图 3-4 对比学习原理示意图

式（3-1）中正样本对仅有一对，为 X_1 和 X_2；负样本有 N 对，分别是 X_1 和 $\hat{X}_i$；τ 用来控制拉近与拉开的力度，常被称为温度，这是一个需要调试的超参数。

对比学习对图像增广强度、学习率、正负样本数量比例、温度参数等超参数非常敏感，如何让对比学习的训练过程更加健壮是这个领域最受关注的方向。随着近几年来该领域研究者们的不断努力，对比学习的稳定性也越来越强，越来越具有实用性。笔者加载了 DenseCL 团队释出的 ResNet50 预训练权重后，在本书示例数据集上进行微调，发现其在目标识别任务上的表现确实远远优于 ImageNet 图像识别任务的有监督预训练权重，感兴趣的读者可以阅读 3.3.3 小节[13]。

3.2 流行的主干网络

主干网络是神经网络模型中最关键的部分，相关的研究很多，经过长时间的实践，有几个主干网络成为最流行的选择。使用流行的主干网络最大的好处便是其健壮性，这些网络经过不同任务、不同数据集的多方面检验，已经被证明是广泛有效的，选择这些网络基本不会出问题。此外就是用户能够轻易地获得预训练好的模型，大大加快了迭代速度。如果是一个自行设计的模型或是一个小众模型，要获得一个良好的预训练模型并不容易，毕竟 ImageNet 是一个庞大的数据集。

本节由浅入深主要介绍一些流行的主干网络结构，尤其是针对轻量级网络进行专门的介绍。

3.2.1 简单直白的主干网络——类 VGG 网络

VGG 系列网络是牛津大学视觉几何组（Visual Geometry Group）发明的网络结构，其组名首字母缩写为 VGG，故称其为 VGG 网络[14]。虽然 VGG 早在 2014 年就发明了，在深度学习领域可称为"上古模型"，但直至今日，VGG 仍然有现实意义。首先，其"使用小卷积核，加大深度的同时降低分辨率并加大宽度"的设计思想已经成为标准，即便是自行设计网络结构也应遵循这一规律；其次，VGG 是一个一路卷积到底的无分支直筒型结构，相比带分支的网络结构对显存的要求减半，而且是很多特殊网络加速器的参考结构，能够获得最大程度的硬件加速。尤其是 2021 年"让类 VGG 网络再次伟大"一文的发表，更是让类 VGG 网络变得真正实用。除此之外，VGG 网络在超分辨率，生成对抗网络等特殊任务中有优于其他网络结构的表现。

VGG 系列模型最常用的是 VGG16，其网络结构如图 3-5 所示。最大池化层能将特征图缩小一半，黑色为卷积层和激活层。读者们会发现如果不算输出的全连接层，整个 VGG 网络只用了最大池化、卷积和 ReLU 激活这三种网络层，非常简单。直筒型的结构意味着每一个网络层的输入和输出都唯一，于是整个 VGG 网络所需的最大缓存空间就是最大的特征张量所需要的空间，图中为 224×224×64。但若是结构中带有跳跃连接，那就意味着某一个中间特征张量是由两个输入特征张量相加或级联而成，两个输入张量因此将占用双倍的缓存。

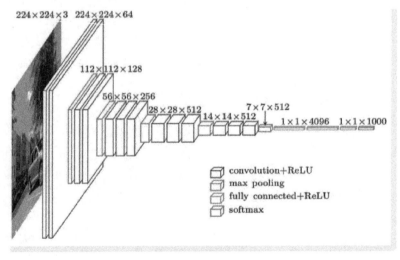

● 图 3-5 VGG 网络结构图

VGG 网络带来的神经网络设计规律主要是确定了网络层输出特征图通道数（也就是网络的宽度）、分辨率和网络深度的变化关系。

1. 逐步降低特征图分辨率

随着深度的增加降低特征图分辨率是决定神经网络抽象能力和感受野（Receptive Field）大小的关键。通过使用最大池化层，特征图的尺寸成倍缩小，从 224×224 的输入分辨率，通过 5 个最大池化层依次缩小至 7×7 大小的特征图。一方面这是由于对语义信息的提取，高级语义信息更加稀疏，更具有概括力，因此分辨率会更低。另一方面也能增加卷积核的感受野，通过 4 个池化层之后，一个 3×3 卷积核的感受野相当于输入图片中 48×48 那么大的区域。感受野的增加意味着一个卷积核能摄入更多的环境信息，对精度的提升大有好处，尤其是对高清晰度的输入图片最为关键。同时卷积核感受野的增加也意味着同等情况下可以选用更小的卷积核来达到同样的效果，这就大大降低了计算量。

既然目的只是降低分辨率，那么方法就不局限于最大池化层了。通过降采样层或者将卷积层的步长（Stride）设置为 2，都可以达到降低分辨率的效果。如果是自行设计网络结构，可以根据硬件和软件平台的特点灵活选择。

2. 逐步增加特征图通道数

随着深度逐步增加特征图通道数也是设计主干网络的常用手段，常见的做法是成倍增加，如图 3-5 中使用的 64、128、256、512 就是常用的组合。如果希望更轻量级的网络，则可以改为 32、64、128、256，甚至根据需要降低为 16、32、64、128 或更低都是可以的。成倍增加通道数并没有理论支撑，只是一条基于经验的规律，为设计主干网络提供一个基本的指导。每一层特征图的通道数被称作神经网络的超参数（Hyper Parameters），要确定最佳的超参数组合，甚至可以使用神经网络自动搜索之类的方法，但往往会发现对最后的精度提升收效有限，在经过模型压缩之后可能区别更小。这是因为神经网络是过参数化的（Over-Parameterized），特征图的通道数早已大于实际需要，所以多几个通道少几个通道不会有本质的影响。

3. 让 VGG 再次伟大

VGG 曾经是卷积神经网络的标准结构，如今不如以前流行，是因为 3.2.2 节介绍的 ResNet 发现跳跃连接能大幅提高神经网络的精度和收敛速度，不具备残差连接的 VGG 网络因而落伍了。但残差连接带来的更高缓存要求又对硬件不友好，残差连接和低缓存要求成了"鱼与熊掌"的关系。幸运的是 2021 年的论文"让类 VGG 网络再次伟大"设计出了 RepVGG 网络，让鱼与熊掌得以兼顾[15]。论文首先设计了一个带有残差连接的神经网络，获得了比当前最佳主干网络更高的精度，然后将残差连接融入卷积层，获得一个等价的类 VGG 直筒型网络，于是就获得了一个比最好的主干网络还要好的类 VGG 网络。对于很多缓存有限的特殊硬件而言，这是一个好消息，意味着开发者可以同时获得残差连接和直筒型网络的优点。

具体的做法如图 3-6 所示。其中图 3-6a 所示为 ResNet 的结构，图 3-6b 所示为训练时的 RepVGG 网络，图 3-6c 所示为融合之后的 RepVGG 网络结构。融合之后的网络结构和融合之前是等价的，图 3-6d 所示展示了更详细的融合过程，1×1 卷积和恒等跳跃连接都转化为等价的 3×3 卷积之后进行融合。

虽然看起来 1×1 卷积和恒等连接变为等价的 3×3 卷积之后计算量都大大增加，但很多神经网络加速硬件仅针对 3×3 卷积加速，所以从硬件角度看，3×3 卷积的计算速度和 1×1 卷积相等。而转变为 3×3 卷积并融合为一个卷积层后，原本跳跃连接需要的缓存空间就不需要了，从而节省了缓存。

RepVGG 训练后网络层的融合会带来了额外的麻烦，而其精度表现相比常用的网络结构并无质的飞跃，因此需要根据具体项目使用的硬件来决定是否采用 RepVGG 网络。如果并无缓存瓶颈，硬件也未专门针对 3×3 卷积进行加速，那就没有使用 RepVGG 的必要了。

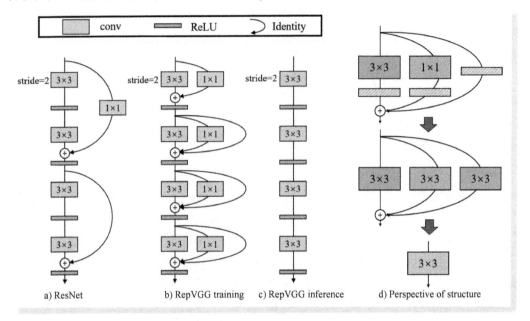

● 图 3-6 RepVGG 原理图

3.2.2 最流行的主干网络——ResNet 系列网络

最流行同时也是应用最广泛的主干网络是 ResNet 系列网络，在进行各项试验时，ResNet 是不可或缺的基线模型。ResNet 全名为 Residual Neural Network，即残差神经网络[16]。残差神经网络的大框架仍然沿用 VGG 的设计思想，亦即逐步增加特征图通道数和缩小分辨率，其最重要的发现是残差连接（Residual Connection）。残差连接能大大加快训练速度、降低训练难度、提高精度，已经成为之后各种网络模型的设计标准。

ResNet 的作者不但提出了残差连接，还经过反复试验提出了几个表现优异的网络结构，分别是 ResNet18、ResNet34、ResNet50、ResNet101 和 ResNet152，编号代表着网络的层数，亦即深度。这一系列网络覆盖了从轻量级的 18 层到重量级的 152 层，为开发者提供了极大的便利。ResNet 把网络的深度推到了新的高度，152 个卷积层的深度在以前是不可想象的，其模型的表现力当然也大大增加。

残差连接是 ResNet 的关键，一种残差连接是恒等跳跃连接，另一种是投影跳跃连接。使用这两种连接可以构成恒等残差模块和投影残差模块，其结构如图 3-7 所示。

1. 恒等跳跃连接

恒等跳跃连接（Identity Shortcut）实现非常简单，直接使用一个跳跃连接跳过两个网络层，使用相加的方式进行特征图融合即可。如图 3-7a 所示，一个 32 通道的特征图通过跳跃连接和两层之后的输出特征图相加，输出也是一个 32 通道的特征图，且分辨率仍为 224×224，这一组子网络被称为一

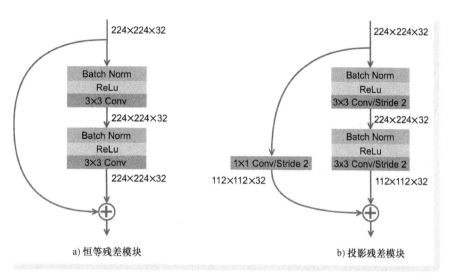

● 图 3-7 ResNet 的两种残差模块

个残差模块（Residual Block）。之所以称之为残差模块，是因为这个模块内两层神经网络的任务就是学习输入特征图和输出特征图之间的差值，一般称之为残差（Residual），而 ResNet 论文的标题就叫"深度残差学习（Deep Residual Learning）"。

2. 使用 1×1 卷积实现投影跳跃连接

如果整个 ResNet 都是恒等连接的话，那特征图的通道数和分辨率就只能一直保持不变了。根据 VGG 的设计思路，特征图的通道数应该随着深度的增加而增加，分辨率也应降低数次。为了尽量接近恒等的跳跃连接，同时又改变特征图通道数或分辨率，ResNet 使用 1×1 卷积来达到这一目的。如图 3-7b 所示，恒等跳跃连接被一个 1×1 卷积层取而代之，使用步长为 2 的 1×1 卷积层作为跳板，这个残差模块就能输出分辨率降低一半的特征图了。

1×1 卷积的计算量相比 3×3 卷积小很多。名为卷积层，但卷积核尺寸仅为 1×1，其实就是一个数字，功能已经退化为对输入特征图进行简单的线性组合。图 3-8 所示为一个通道数为 4 的特征图是如何通过两个 1×1×4 的卷积核变换为两个通道的。如前文所述，二维卷积核尺寸为 1×1，若输入为 4 通道特征图，则整个卷积核的维度为 1×1×4，最右边的维度一般对应了输入的通道数。

4 通道特征图通过两个线性组合得到 2 通道特征图，如果将两个卷积核合并起来，这个卷积层的卷积核维度便为 2×1×1×4。因为线性组合也可以理解为线性空间的投影，所以使用 1×1 卷积层构建的跳跃连接被称之为投

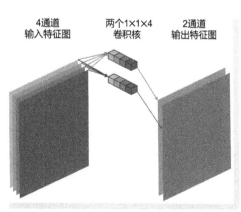

● 图 3-8 1×1 卷积示意图

影跳跃连接（Projection Shortcut）。1×1卷积只对输入通道进行简单的线性组合就得到了输出通道，是最接近恒等关系的卷积层，使用很小的计算量就能改变特征图的通道数目和分辨率，用途十分广泛。

将恒等跳跃连接和投影跳跃连接结合起来，就能构建一个完整的卷积神经网络了。图3-9所示为ResNet18的网络结构，图中恒等残差模块为图3-7a所示结构，投影残差模块是图3-7b所示结构。投影模块中的1×1卷积层步长均设置为2以降低分辨率，这就省掉了最大池化层。图中的数字为输出特征图的分辨率，最终整个ResNet18将输入图像的分辨率降低为之前的1/16。

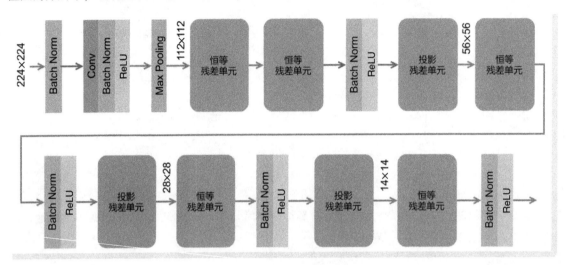

● 图3-9 ResNet18网络结构

3. 为什么ResNet如此有效？

ResNet系列网络几乎一经发布便成为标准，至本书完稿日止，ResNet的论文已经成为深度学习领域引用量最大的论文，引用量超过十万。甚至研究ResNet为什么效果这么好的论文都出现了很多。应该说无论从实践还是理论角度，ResNet都已经得到了充分的证明。ResNet的原理有很多种切入角度，原文中对其的解释可以简单地总结为"保持恒等关系，学习残差"。这个原理不难理解，恒等关系是比较难学习的，所以不如把这个艰难的任务直接用一个恒等跳跃连接解决了，转而学习"残差"，模型的任务就会简单很多。这个原理也适用于一般的模型设计，尽量让模型学习的任务简单，接近输出结果。

论文作者后来又专门发表了一篇论文"残差网络中的恒等影射"探究ResNet的原理，提出ResNet的跳跃连接让梯度的流动更为顺畅[17]。仔细察看图3-9，读者可以发现，从输出往回追溯，跳跃连接可以毫无阻碍地将梯度一路回传到靠近输入的第一个卷积层，中间只有恒等跳跃连接、投影跳跃连接、批归一化层和ReLU激活函数。只有卷积层会阻碍梯度的流动，投影跳跃连接因为只是1×1卷积，对其阻碍相对较小，所以回传的梯度能顺利地经过各个跳跃连接，直接被投送到各个残差模块和第一个卷积层，顺畅的梯度回传能最大限度地利用模型的表达能力。值得注意的是，ResNet并不是针对梯度消失和梯度爆炸问题而设计的，批归一化的使用大大改善了这两个问题，即便没有跳跃连接，借助批归一化，训练深达百层的模型也成了可能。有论文认为使用跳跃连接之后的模型的真正好处是让各层梯度的相关性变高了，所谓力要往一处使，如果各网络梯度的相关性高，收敛速度当然也会更快。

也有研究人员认为 ResNet 本质上来说是一个集成模型（Ensemble Model）[18]。如果按图 3-10 所示的方式把 ResNet 中的 3 个残差模块以并联的方式展开，很容易发现 ResNet 的输出其实是由若干个子模型相加而成的，每一个子模型各有深浅，连接方式也稍有不同。使用集成模型相比单一模型健壮性和精度都更高。

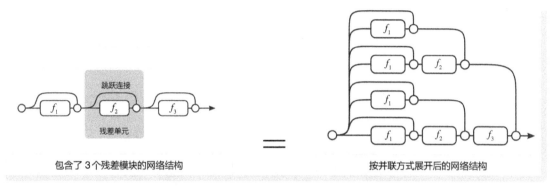

● 图 3-10　ResNet 展开为并联结构示意图

3.2.3　速度更快的轻量级主干网络——MobileNet 系列

ResNet18 已经是很小的网络结构了，但即便如此，对很多硬件和任务而言仍然太慢了。尤其是 ResNet18 里连续的 3×3 卷积层计算量非常大。自动驾驶系统需要在极短的时间内对环境做出反应，并且自动驾驶系统同时需要运行多个卷积神经网络模型，光本书涉及的最常用的模型就有 4 种，每一种模型还可能用于多个任务。一个完整的自动驾驶系统至少需要同时运行 10 个以上的模型，特斯拉的技术报告甚至声称特斯拉上同时运行有 48 个神经网络模型。而当前的硬件条件远远不能达到让开发者随心所欲选择神经网络模型的程度。除此之外，日常使用的手机、智能电视甚至智能手表等设备都需要运行神经网络模型，这些设备的算力更低，因此对轻量级主干网络的研究就变得重要了起来。事实上，ResNet50 对于工程实践而言已经算是大模型了。

谷歌发表的 MobileNet 系列是轻量级网络的先行者[19]，最大的贡献是发明了深度可分离卷积（Depthwise Separable Convolution）。普通卷积和深度可分离卷积的对比图如图 3-11 所示。图 3-11a 所示为一个普通卷积，输入特征图有 3 个通道，输出特征图也是 3 个通道，卷积核尺寸为 3×3。假设输入特征图分辨率为 $W×H$，则这个卷积层需要进行 $3×W×H×3×3×3$ 次乘积累加运算（Multiply Accumulate, MAC）。图 3-11b 所示为深度可分离卷积的计算方式，特征图的每一个通道都使用一个独立的 3×3 卷积核，之后再经过一个 1×1 卷积进行线性融合得到输出特征图。经简单计算可知，图中的深度可分离卷积所需的乘积累加运算量为 $W×H×3×3×4$ 次，连普通卷积的一半都不到。

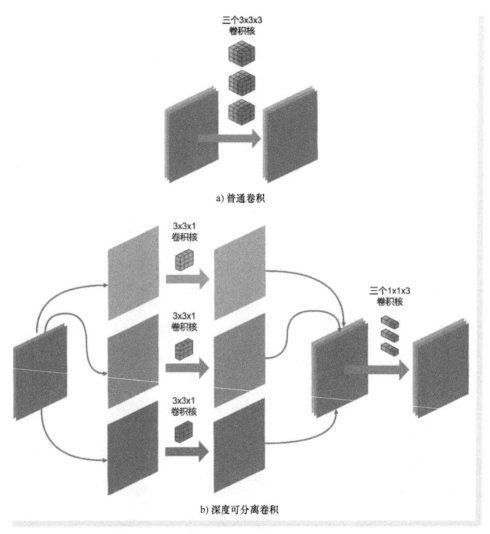

• 图 3-11　普通卷积和深度可分离卷积的对比图

MobileNet 系列至今一共发表了 3 个版本，每一个版本都吸收了一些最新的轻量化网络设计技巧。最新的 MobileNet V3 使用了神经网络搜索技术寻找最佳网络结构，在这里就不一一列举各个版本的详细构架了，感兴趣的读者可以自行阅读相关论文。无论哪一个 MobileNet 的版本，其轻量化的核心都是深度可分离卷积层。深度可分离卷积被 MnasNet、GhostNet 等轻量级网络使用，也是这些网络的关键组成部分。在这些轻量级的网络结构里，普通的卷积层已经不复存在，都被 1×1 卷积和深度可分离卷积代替了。

深度可分离卷积虽然速度快，但会导致精度降低。因为使用深度可分离卷积的时候每一个通道都是单独卷积的，这就弱化了不同通道之间的信息沟通，从而导致精度下降。

此外，MobileNet 所使用的深度可分离卷积虽然看起来计算量大为减少，但在 GPU 和一些特殊的神经网络加速硬件上并没有得到良好的优化，有的硬件不支持深度可分离卷积加速，有的硬件支持但实际运行速度反而不如普通卷积快。而用于自动驾驶的神经网络往往都是运行在各种特殊硬件上的，所以选用主干网络的时候一定要确认是否对深度可分离卷积有良好的支持。

3.2.4 自由缩放的主干网络——RegNet 系列

从 ResNet 开始，主干网络的研究者们越来越倾向于一次性发布从小到大的若干个模型[20]。谷歌发布的 EfficientNet 系列主干网络开始全面挖掘模型缩放的规律，并一次性发布了 8 个模型。如果开发者想要进一步缩小模型，可以考虑缩减深度、缩减特征图的通道数（宽度）或者缩减特征图分辨率。EfficientNet 的研究人员发现缩减或放大网络规模时应该平衡这 3 个超参数，并基于这一发现提出了 8 个版本的 EfficientNet 模型。RegNet 则在此基础上更进一步，通过大量的试验确定了多个超参数之间的数量关系。这也就意味着开发者可以通过这些超参数之间的数量关系直接生成合理的网络结构，当然也能生成轻量级的网络结构。值得一提的是，RegNet 也是特斯拉自动驾驶系统的主干网络。

1. RegNet 的元结构

RegNet 的网络结构如图 3-12 所示。输入图像经过一个步长为 2 的卷积层后分辨率减半，然后就输入到了网络的 Body 部分。整个网络的 Body 部分由 4 个 Stage 组成，每一个 Stage 又会包括若干个 Block，每个 Block 都是一个残差模块。

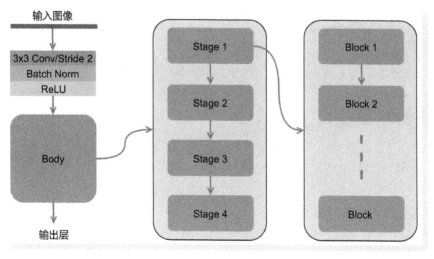

● 图 3-12　RegNet 网络结构

2. 瓶颈残差模块

RegNet 的残差模块和 ResNet18 稍有不同，使用的是控制计算量更灵活的瓶颈残差模块（Bottleneck Residual Block）。瓶颈残差模块多用于 >50 层的 ResNet，也分恒等连接和投影连接两个版本，详细结构如图 3-13 所示。

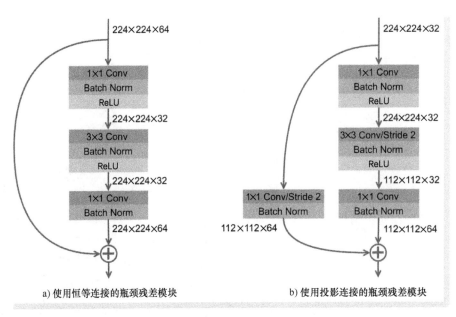

● 图 3-13 RegNet 使用的两种残差模块

从图 3-13a 中可以发现，残差模块的特征图输入之后和输出之前均要经过一个 1×1 卷积层，这两个 1×1 卷积层负责进行通道数的压缩和扩张，中间夹着一个计算量更大的 3×3 卷积层，这是为了降低这个卷积层的运算量。输入的 64 通道特征图被压缩成了 32 通道，进行卷积后又被扩张成了 64 通道，这样输入、输出的通道数就一致了，而中间参与卷积操作的特征图却只有 32 个。中间卷积层的通道数少，像个瓶颈一样，因此这种残差模块被称为瓶颈残差模块。中间卷积层的通道数和整个模块的输入通道数比值被称为瓶颈率（Bottleneck Ratio），显然，瓶颈率越小，瓶颈越细，计算量就越小。

需要降低分辨率或增加通道数可以使用图 3-13b 所示的残差模块。例如，图中的投影跳跃连接使用了步长为 2 的 1×1 卷积，在分辨率降低的同时还让输出通道数翻倍。整个 RegNet 都是由这两种残差模块组成的，设计高度模块化。

3. 使用分组卷积降低计算量

细心的读者一定发现了，是不是可以直接把中间的 3×3 卷积用深度可分离卷积代替呢？当然是可以的。但 RegNet 为了能更灵活地调整网络结构，使用了分组卷积（Grouped Convolution）。深度可分离卷积其实可以认为是分组卷积的一种极端情况，分组卷积其实就是把输入特征图分成若干组分别求卷积，也可以降低计算量，其细节如图 3-14 所示。

分组卷积降低计算量的原理和深度可分离卷积一样，都是把特征图分开来独立计算卷积。普通的卷积作用于 6 通道特征图，乘积累加计算量为 $W×H×6×3×3×6$。如果如图 3-14 所示分成两组，计算量就降低为 $2×W×H×3×3×3×3$，也就是说计算量变为普通卷积的一半。但分组卷积因为每一组中不同组之间信息沟通受影响，因而会导致精度下降。分组卷积还有一个好处是用户可以通过分组数灵活控制

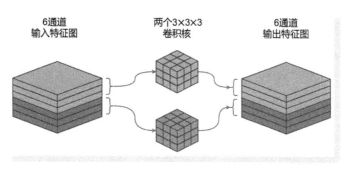

● 图 3-14　分组卷积示意图

计算量，分组数越多，计算量就越小。

4. 使用通道注意力模块提高性能

通道注意力模块来自 SENet（Squeeze-and-Excitation Networks）[21]，所以也被称为 SE 模块（SE Block）。通道注意力模块的输入和输出特征图维度相同，注意力模块的作用是通过学习一个 MLP 子网络来获得一个注意力掩膜，这个注意力掩膜和输入特征图各个通道相乘，等于是为不同的通道赋予了不同的注意力。详细结构如图 3-15 所示。

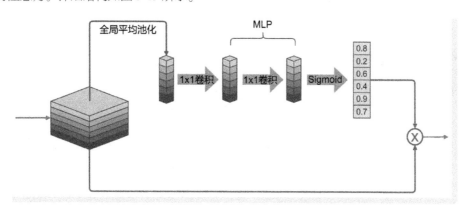

● 图 3-15　通道注意力模块

SE 模块一般直接插入一个残差模块，紧随于一个 3×3 卷积层之后，具体位置如图 3-16 所示。

根据试验，无论何种网络结构，加入 SE 模块总能对精度有所提高。SE 模块的计算量极小，但其分支结构会带来额外的缓存压力，因此，若缓存足够大，可以考虑将 SE 模块作为必选项。

5. RegNet 的生成逻辑

在确定了所有的这些细节之后，就可以构建 RegNet 了。要确定一个网络的具体结构，其实还有很多变化的余地。具体而言，构建 RegNet 遵循以下规则。

- 一共 4 个 Stage。
- 每个 Stage 的第一个模块都是投影残差模块，其作用是将输入特征图的分辨率降低一半。

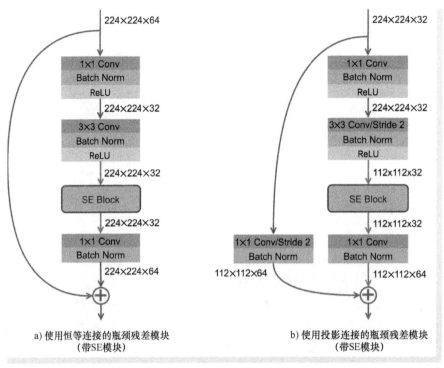

- 图 3-16 带通道注意力的两种残差模块

- 每个 Stage 从第二个模块开始都是恒等残差模块。

显然,即便有以上三个规则存在,RegNet 的元结构就算是确定了,但仍然还存在海量的可能性。各个 Stage 包含的残差模块个数、每一个残差模块的通道数、瓶颈处卷积层的通道数、每个瓶颈处卷积层的分组数目等超参数都需要确定。逐个尝试是不可能完成的任务,于是 RegNet 的研究者通过采样试验,总结出来了一些普遍的规律。根据这些规律,超参数选择的可能性就大大缩减了,而且按照规律生成的 RegNet 也更加合理,这些经验规律为:

- 整个网络包括 20 个左右残差模块为最佳。
- 瓶颈率为 1.0 最佳,也就是在残差模块的瓶颈处不缩减通道数。
- 按照特定比率随深度增加通道数。
- 第三个 Stage 内的 Block 最多,第四个 Stage 内 Block 应较少。

基于这些规律并配合论文中的公式,便可以生成各种量级的 RegNet 了,因公式较为复杂,笔者就不在本书中详述了。RegNet 的作者列举了不同重量级的 14 个模型,开发人员可以很方便地根据自己的需求选择合适大小的模型,如果还达不到要求,则可以根据 RegNet 的生成逻辑自己生成网络模型。

3.3 使用 TorchVision 模型库提供的主干网络

本章介绍的主干网络都是比较常用的模型,这些模型有的层数很多,细节复杂,开发人员自行搭建模型很容易出错。PyTorch 为了让开发过程更加方便，提供了很多常用模型的 PyTorch 代码，这些模型代码都位于 TorchVision 这个 Python 库中，而且 PyTorch 还提供了这些模型在 ImageNet 数据集上的预训练模型，更是加快了模型迭代的速度。

本节将基于 2.4.6 小节的代码讲解如何使用 TorchVision 中的模型以及如何加载预训练模型。

▶▶ 3.3.1 构建和加载模型

不同的 TorchVision 版本提供的模型各不相同，越新的版本提供的模型就越多。例如，RegNet 是 0.11 版的 TorchVision 才加入的，而最新的 0.12 版甚至囊括了打败 ViT（Vision Transformer）的 ConvNeXt 模型。所有的主干网络模型都被设计为 1000 个类别的 ImageNet 分类器，且配备了可供下载的预训练模型。因此，构建这些网络的方法也是大同小异。

1. 构建随机初始化的模型

下面的代码块演示了如何用 TorchVision 提供的函数构建 VGG11、ResNet18 和 RegNet 的 X-400MF 版本。

```python
# 加载各主干网络的构建函数
from torchvision.models.vgg import vgg11
from torchvision.models.regnet import regnet_x_400mf
from torchvision.models.resnet import resnet18
import torch

# 若机器上有 GPU，则优先使用 GPU
device = torch.device("cuda:0" if torch.cuda.is_available() else "cpu")

# 构建随机初始化的主干网络
vgg_model = vgg11(pretrained=False, num_classes=2).to(device)
resnet_model = resnet18(pretrained=False, num_classes=2).to(device)
regnet_model = regnet_x_400mf(pretrained=False, num_classes=2).to(device)
```

代码中各个主干网络构建函数都会接受一个 num_class 的参数，这是用来确定最后一层分类输出的类别数。本书使用汽车分类数据集作为样例数据集，一共有两个类别，因此 num_class 设置为 2。构建好模型后，就可以用这些模型代替第 2 章代码中自己搭建的模型进行训练了。除了模型搭建部分，其他代码均无需改动，读者可以自行改动代码进行试验。

2. 加载预训练模型

除了构建随机初始化的模型，TorchVision 还提供了 ImageNet 预训练模型，但这些模型的输出类别数都是 1000 个，这是 ImageNet 数据集的类别数。因此，如果要使用预训练模型来解决二分类问题，还需要对加载好的预训练模型进行改动。下面的代码展示了如何加载输出类别为 1000 的预训练模型并将其改为二分类模型。

```python
# 加载各主干网络的构建函数
from torchvision.models.vgg import vgg11
```

```
from torchvision.models.regnet import regnet_x_400mf
from torchvision.models.resnet import resnet18
import torch

# 若机器上有 GPU,则优先使用 GPU
device = torch.device("cuda:0" if torch.cuda.is_available() else "cpu")

# 下载预训练好的三种主干网络模型
vgg_model = vgg11(pretrained=True)
resnet_model = resnet18(pretrained=True)
regnet_model = regnet_x_400mf(pretrained=True)

# 将 VGG 网络输出层改为二分类输出
vgg_model.classifier[6] = nn.Linear(4096, 2)
vgg_model.to(device)

# 将 ResNet 网络输出层改为二分类输出
resnet_model.fc = nn.Linear(512, 2)
resnet_model.to(device)

# 将 RegNet 网络输出层改为二分类输出
regnet_model.fc = nn.Linear(400, 2)
regnet_model.to(device)
```

此处不能既指定下载预训练模型又指定 num_class 为 2,因为预训练模型的类别数均为 1000,因此需要先下载一个类别数 1000 的预训练模型再将输出类别数改为 2。从代码中很容易看出来,修改模型的思路是一致的,就是把输出层的全连接层替换掉,将输出类别改为 2。但因为各个模型的构建代码稍有不同,各模型最后一层的输入特征长度也不同,因此对各个模型的替换代码会稍有区别。

例如,VGG11 最后一层是其 classifier 数组中的第 7 层,输入特征长度为 4096;ResNet18 最后一层名为 fc,输入特征长度为 512;RegNet 最后一层也叫 fc,但其输入特征长度为 400。每一个模型的构建细节都会有所区别,用户若需对这些模型进行改动,就要进入 TorchVision 的模型构建代码查看其构建逻辑。

▶▶ 3.3.2 修改主干网络获取多尺度特征图

主干网络的预训练使用的是 ImageNet 的图像分类任务。在自动驾驶的工程实践中,并不需要使用主干网络对图像进行分类,需要的是主干网络的特征提取功能。回顾 3.1.1 节神经网络元结构的内容,特征金字塔需要获得主干网络输出的多个尺度的特征图,而 TorchVision 的主干网络模型并不提供这些特征图的输出,因此,在使用这些主干网络模型时,用户需要对这些模型进行重新组织来输出各个尺度的特征图。

以 ResNet18 为例,用户可以通过为 TorchVision 的模型加"壳"(Wrapper)的方式改造原模型来获得各个尺度的特征图。

第 3 章
神经网络的特征编码器——主干网络

```python
from torchvision.models.resnet import resnet18
from collections import OrderedDict
import torch.nn as nn
class ResNet18(nn.Module):
    def __init__(self):
        super(ResNet18, self).__init__()
        # 从 TorchVision 加载 ResNet18 预训练模型
        self.resnet = resnet18(pretrained=True)

    def forward(self, x):
        # 新建一个 OrderedDict 来保存输出特征图
        features = OrderedDict()
        x = self.resnet.conv1(x)
        x = self.resnet.bn1(x)
        x = self.resnet.relu(x)
        x = self.resnet.maxpool(x)
        # 第 3 号特征图长宽为原图 1/2，64 个通道
        features['3'] = x
        x = self.resnet.layer1(x)
        x = self.resnet.layer2(x)
        # 第 2 号特征图长宽为原图 1/4，128 个通道
        features['2'] = x
        x = self.resnet.layer3(x)
        # 第 1 号特征图长宽为原图 1/8，256 个通道
        features['1'] = x
        x = self.resnet.layer4(x)
        # 第 0 号特征图长宽为原图 1/16，512 个通道
        features['0'] = x
        # 返回四个尺度的特征图
        return features
```

代码中的 ResNet18 在其初始化函数中加载了 TorchVision 的预训练 ResNet18 模型，并在其 forward 函数中使用预训练模型中的网络层进行前向计算。代码的逻辑是将 TorchVision 模型的前向传播函数重写一遍，并将各个尺度的特征图保存在一个 OrderedDict 数据结构中返回。如此一来便能复用预训练模型中复杂的网络层构建逻辑，还能使用 TorchVision 提供的预训练权重，可谓一举两得。

读者们一定很好奇，为什么要将特征图保存在一个 OrderedDict 中？如果仅仅是要返回这 4 个特征图，其实可以使用任何数据结构，但为了便于在后面的章节中利用 TorchVision 提供的 FPN 模型，选择了使用 OrderedDict 数据结构，并用 0、1、2、3 进行编号，这是 TorchVision 的 FPN 模型对输入的要求。

▶ 3.3.3　不同主干网络和预训练模型的训练对比

前文列举了各种主干网络的结构和特性，为了让读者对不同主干网络的特性有直观的印象，笔者选择了 Resnet18 和 RegnetX400mf 进行对比。预训练权重则直接从 TorchVision 的权重库下载，预训练权重是用 ImageNet 的图像分类任务训练的。

1. 随机初始化和有监督预训练权重初始化

本章 3.1.2 小节介绍了使用预训练权重初始化主干网络的训练方法。笔者用 ResNet18 作为主干网络进行了两次试验，一次使用随机初始化权重，一次加载 TorchVision 提供的预训练权重。两次训练使用一样的超参数，各训练 100 个 Epoch，每个 Epoch 结束后记录模型在目标检测验证集上的 mAP（Mean Average Precision），最终绘制出来的学习曲线如图 3-17 所示。

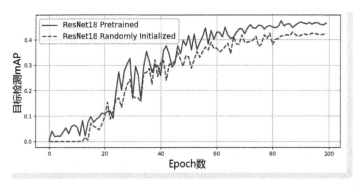

● 图 3-17　使用随机初始化和有监督预训练权重初始化的 ResNet18 训练曲线对比图

图 3-17 中的实线为加载预训练权重的学习曲线，虚线为随机初始化的学习曲线。显然，使用预训练权重的模型不但学得更快，而且学得更好。这个结果也是意料之中的，ImageNet 一共有超过一百万张图片，而笔者使用的数据集仅有几千张图片。使用 ImageNet 进行预训练后，模型具备了很多"知识"，这些知识以权重的形式迁移到了本例的目标检测任务中，使模型获得更高的精度。

2. DenseCL 对比学习预训练权重初始化

笔者也加载了对比学习预训练的权重进行试验，图 3-18 所示为三种主干网络在训练中的表现：

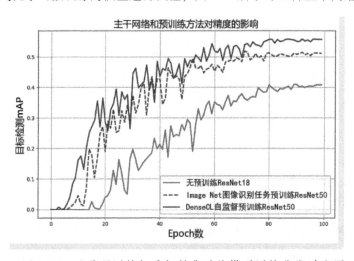

● 图 3-18　三种预训练权重初始化后的模型训练曲线对比图

随机初始化的 ResNet18、ImageNet 有监督预训练的 ResNet50 和使用对比学习框架 DenseCL 自监督对比学习预训练的 ResNet50。其中经过 ImageNet 有监督预训练的 ResNet50 权重是直接从 TorchVision 下载的，而经过 DenseCL 自监督预训练的权重是从 DenseCL 的官方 Github 仓库下载的，三者的表现如图 3-18 所示。

显然，两个 ResNet50 主干网络的表现都远胜于 ResNet18，二者之间目标识别的 mAP 差距超过 10 个百分点。同时也可以发现，经过自监督对比学习预训练后的 ResNet50 要强于有监督预训练，两者的差距接近 5 个百分点，这个差距也是极大的。这个试验展示了对比学习自监督预训练的巨大潜力。

3. ResNet 和 RegNet

深度神经网络经历十年的发展，诞生了无数主干网络，那这些主干网络之间区别有多大呢？笔者选择了经典的 ResNet18 和最近比较流行的 RegNet 进行对比，为了尽量与 ResNet18 计算量匹配，使用了 RegNetX400mf 这个变种，两者都加载预训练权重进行初始化。

图 3-19 所示为两者学习曲线的对比。这两个主干网络看起来似乎区别不大，其实 ResNet18 还是略胜一筹：一是因为使用 ResNet18 的模型最终精度更高；二是因为 ResNet18 的模型推理速度比 RegNetX400mf 快很多。在使用 TensorRT 的推理环境下，ResNet18 的 FP32 精度模型每帧推理速度为 3ms，而 RegNetX400mf 的推理速度为 5ms。

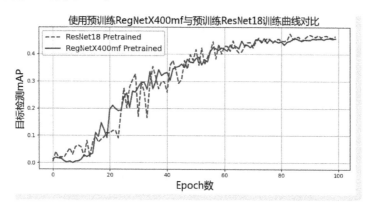

● 图 3-19　预训练 RegNetX400mf 与预训练 ResNet18 训练曲线对比

这个结果是出乎意料的，解释也可以有很多种。但通过试验，至少可以得出一个结论，那就是没有哪个主干网络是绝对优于另一个的。主干网络的搜索也是基于某个数据集，当使用者将主干网络用于自己的数据集，其表现和论文中的表现很可能会有相当大的差异。例如，在本例中"古老"的 ResNet18 就打败了热门的 RegNet。

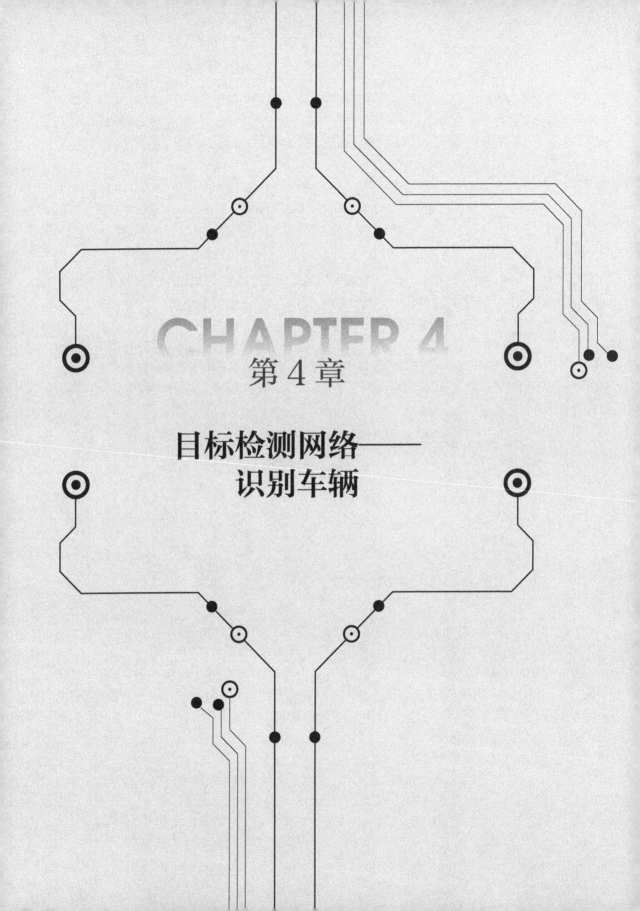

第 4 章

目标检测网络——识别车辆

第 4 章 目标检测网络——识别车辆

从本章开始,笔者会深入讲解自动驾驶系统的各个子任务,第一个任务便是目标检测(Object Detection)。这是一个古老的问题,任务很简单,就是在给定的图片中用方框标记出感兴趣的物体,图 4-1 所示是一个车辆检测模型输出的可视化图像。

这个问题看起来很简单,但实际上目标检测比语义分割更加复杂。语义分割需要分辨每一个像素,而目标检测只需要识别一个边界框来框住目标。虽然目标检测的任务难度相对于语义分割要低,但是构建模型的难度要高得多。神经网络的输出是密集的、逐像素的,而目标检测任务是稀疏的,因为一幅图可能只有几个检测框。构建目标检测神经网络的所有努力,都在于如何让致密的神经网络输出稀疏的检测目标,时至今日,目标检测网络已经相当成熟。

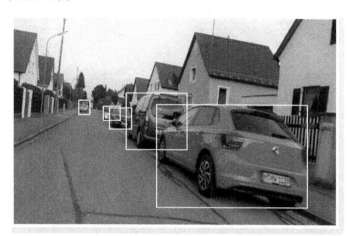

● 图 4-1 目标检测任务示意图

本章首先会介绍目标检测的基本概念,这些概念是目标检测的基础,无论是最先进的模型还是最经典的模型,都离不开这些基本的概念,它们是深入了解目标检测的关键。在此之后,本章将介绍三个最为经典的目标检测模型,绝大部分最先进的模型,都基于这 3 个模型改进而来。虽然这些模型已经存在了相当长的时间,但它们仍然是目标检测领域的重要里程碑。因此,本章会深入讲解这些模型,同时介绍它们的优缺点。

4.1 目标检测基本概念

目标检测模型很多,但大抵可以归类于几个理论框架之内,而这些理论框架又有一些相同的技术细节,这些技术细节往往是理解目标检测算法的关键。为了避免重复,同时也是为了让读者把握目标检测全貌,本节会先讲解这些目标检测的基本概念。

▶▶ 4.1.1 Anchor

2019 年前,目标检测模型都需要使用 Anchor(锚框),后来才发明了 Anchor-Free(无锚框)的目标检测算法。因为基于锚框的算法更容易训练,更容易达到高的精度,所以仍然没有被淘汰。

1. 滑窗法

锚框的思想来自于目标检测的经典算法——滑窗法(Sliding Window),即用一个固定尺寸的窗口滑过整幅图片,每经过一个位置,便计算窗口包含待检测目标的置信度,从而检测到哪个窗口包含了目标物。如图 4-2 所示，图中每个检测框右下角标识的是框中包括了汽车的置信度。

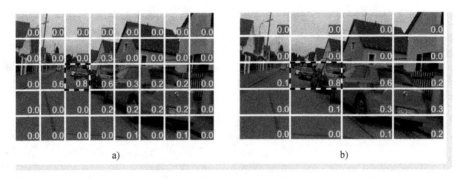

● 图 4-2 传统滑窗法目标检测示意图

滑窗法等于将一个目标检测问题转化为图像识别问题，对窗口覆盖的每一个局部进行图像识别，如图 4-2a 中高亮的窗口包含汽车的置信度为 0.8。显然，小窗口无法覆盖大的目标，也就无法检测到大目标。图 4-2b 中的窗口较大，得以覆盖更大的检测目标，但对小目标的检测能力却偏弱了。所以，不同大小的窗口负责不同尺寸的检测目标。

按照滑窗法的思路，只需要按照目标尺寸小心地选择尺寸合适的窗口，重复以上过程，就能基本覆盖所有尺寸的目标了。滑窗法中使用的特定尺寸的窗口，便是锚框。

2. 锚框的生成

锚框，就是用来"捕捉"检测对象的放大镜。显然，锚框的数量越多越好，且包括各种大小和长宽比，才能保证捕捉到大小不一的目标。但每多出一个锚框，就意味着对整个图像的一次扫描和识别，计算量巨大。所以锚框的选择是很讲究的，最终的追求是用最少的锚框达到最好的效果，这也意味着要对数据集内待检测对象的尺寸和长宽比进行统计。如果是检测行人，那锚框可能都是细长的，如果是检测车辆，则可能是矮胖型。如果以检测目标的宽为横轴、高为纵轴画出所有检测框的散点图，再对散点图进行 K-Means 聚类，就可以将所有检测目标的尺寸分成几个聚类，如图 4-3 所示。

每一个聚类的中心便是最能代表此聚类的检测框尺寸，这个尺寸就能形成一个

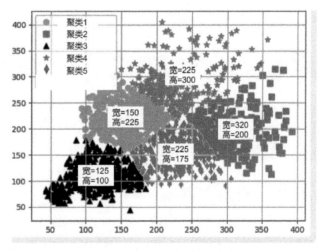

● 图 4-3 目标检测数据集检测框统计图

锚框。经过聚类之后，从数据集中的所有检测目标可以统计出 5 个锚框。K-Means 是最符合锚框原理的方法，但因为 GPU 的算力越来越强，锚框的数目可以多达十几个，锚框的尺寸便不需要这么严格

地控制了。现在常用的锚框生成方法比较简单，按照不同的长宽比生成矮胖、细高和正方形的 3 种锚框，然后按比例扩大缩小，如图 4-4 所示。

每一个尺度都有 3 个长宽比的锚框，图 4-4 中是两个尺度，那就是 6 个锚框。常用的配置一般是 5 个不同的长宽比和 3 个尺度，一共生成 15 个锚框，基本能覆盖所有可能的检测目标。

3. 基于锚框的检测框编码

仅用锚框只能检测框中是否存在某物体，但还不能确定物体具体在什么位置。一个很自然的解决方案是，每当发现一个包含了检测物体的锚框，只需要微调锚框的尺寸，就能精确地框住目标物体。

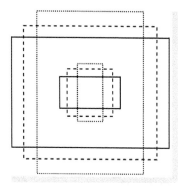

● 图 4-4　锚框示意图

换言之，以锚框为基础，生成物体的检测框，这也是锚框名字的由来，像一个锚一样确立了检测框的基本尺寸。有时也称之为"先验检测框"，因为这是一种对检测目标大小的猜测，相当于由人类引入了这一先验知识："模型需要寻找的目标应该和锚框差不多大小"。确立了检测框的基本尺寸之后，基于此基本尺寸进行缩放微调，就能紧紧地框住检测目标了。

基于锚框生成检测框的方式，也是一种对检测框的编码方式，具体做法不同的模型稍有区别，但大同小异，如图 4-5 所示。图中粗实线为目标检测框，虚线为对应的锚框，黑色细线网格为锚框扫描的位置。锚框的宽 w_a，高 h_a，锚框位置的坐标为 (c_x, c_y)，检测框的尺寸和位置都是相对锚框确定的。检测框的宽 w 和高 h 与锚框的宽高成比例，比例分别为 t_w 和 t_h。检测框偏离网格左上角的距离和网格单元的尺寸 c_s 成比例，比例分别为 t_x 和 t_y。最终目标检测框的长宽和坐标 (x, y) 可由图 4-5 中四个公式求出。

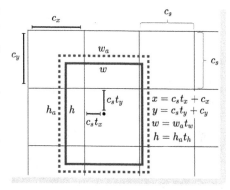

● 图 4-5　检测框编码示意图

于是，基于锚框，不仅能判断锚框中有无目标物体，还能通过 4 个值对锚框进行微调得到目标检测框的具体位置和大小。识别锚框中的物体可以作为分类问题处理，而获得的 4 个用于微调锚框的值可作为回归问题处理，具体模型的构架将在后文详述。

▶▶ 4.1.2　NMS

NMS 是非极大值抑制（Non-Maximum Suppression）的简写。NMS 算法的作用是过滤掉不重要的检测结果，只留下最准确、可能性最大的结果，所以称为"非极大值抑制"。根据 4.1.1 节的内容，为了检测出各种尺寸的目标物体，会使用十几个锚框在图像中"搜寻"目标物体，同一个目标很可能会被不同大小的锚框检测到。例如，一个方形目标可能被一个细高的锚框覆盖一部分，被一个矮宽的锚框覆盖一部分，或是被一个方形锚框完美覆盖，3 个锚框可能都会给出很高的置信度，但我们只需要最完美的那个结果。如图 4-6 所示。图中右侧的汽车能被 3 个锚框捕捉到，但我们只需要实线锚框的检测结果，这个锚框和目标的尺寸最为贴合，检测结果也最完美。NMS 算法的任务就是从许许多多符合条件的候选检测结果中挑选出最完美的检测结果。

- 图 4-6　非极大值抑制的作用

NMS 算法有很多变种，其中最经典的一种可以用图 4-7 中所示的流程图解释。

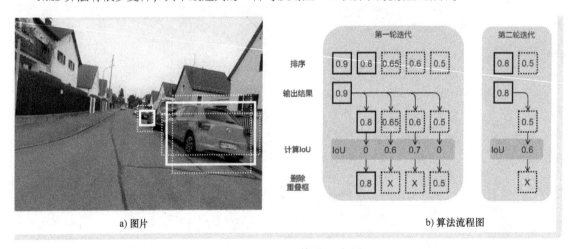

- 图 4-7　NMS 算法示意图

NMS 算法是由很多轮迭代组成的，每一轮迭代由 4 个步骤组成，会淘汰掉很多候选的检测框。为了减少运算，只考虑置信度>0.5 且足够大的锚框。假设经过这两个限制条件的筛选，图 4-7a 上还剩下 5 个候选锚框，图中实线标注的锚框对应图 4-7b 算法流程图中实线标注的置信度，虚线标注的锚框则对应虚线标注的置信度。以第一轮迭代为例。

- 排序：对所有候选检测框的置信度进行排序。
- 输出结果：挑选出置信度最大的检测框，此检测框即为当前轮的输出结果。

- 计算 IoU：计算当前轮输出的检测框和其他候选检测框的 IoU（Intersection over Union），IoU 的计算可以参考 4.1.3 小节。
- 删除重叠框：IoU>0.5 的候选检测框被认为是和当前输出结果重叠的冗余结果，删除。

算法的思路并不复杂，经过一轮迭代，获得一个输出检测框，删除掉和这个检测框重叠的冗余候选框，剩下的候选框进入下一轮迭代。如此每一轮迭代都能产生一个新的检测框，直至所有候选检测框处理完毕。也就是说，有多少个独立的检测对象就需要进行多少轮 NMS 迭代。

▶▶ 4.1.3 目标检测网络的类别

目标检测网络种类繁多，但大致可以按是否使用锚框和是否分阶段来分类。无论哪种模型，都有各自的优缺点。

1. 是否使用锚框

基于锚框的模型被称为 Anchor-Based，无需锚框的模型被称为 Anchor-Free。无锚框模型从操作来说比基于锚框的模型更为简单，而且对于目标检测而言，锚框属于需要认真调试的参数，无需锚框意味能节省大量试验时间。

但这并不意味着基于锚框的模型会被淘汰。如上文所说，锚框本质上来说是人类将先验知识引入模型的中介，其目的是减轻模型的负担。若无锚框相助，模型需要学习"检测框有多大"这样的知识。但在有锚框的情况下，模型学习的目标就变成了"检测框和锚框有什么区别"。因为锚框已经很接近检测框的形状，模型需要学习的知识相比无锚框的情况大大减少。

所以，虽然无锚框模型在精度上打败了基于锚框的模型，但考虑到训练的难度等现实因素，基于锚框的模型仍然在广泛地使用中。

2. 是否分阶段

在 Yolo（You Only Look Once）出现以前，目标检测网络都是分阶段的。所谓分阶段就是首先检测出哪个位置有目标，再训练一个额外的模型识别目标的类别以及对检测框的位置和大小进行微调。分阶段网络贯彻的是分而治之的思想，首先大略地确定目标的位置，然后仔细观察目标，对目标进行精确的定位和分类，这也符合人类的认知习惯。分阶段模型一般都包括以上两个阶段，故也被称为两阶段模型。

在自动驾驶系统中，一阶段网络是直接输出候选检测框结果的网络结构，它不需要进一步的识别，只需要经过 NMS 即可获得检测目标。相比于分阶段网络，一阶段网络更加适合自动驾驶系统，因为它对硬件更加友好。一阶段网络的输入和输出都是固定大小的，这种数据流更利于 GPU 等特殊硬件进行并行化加速。

如果使用分阶段网络，第一阶段的输出会不断变化。例如，在一帧图像中，输出两个检测框，而在下一帧图像中，可能会输出 4 个检测框。这意味着第二个阶段的输入分辨率和检测框数目会不断变化。这种不确定的输入会导致不确定的内存和计算量，无法确定为第二阶段的运算预留多少内存和运行时间，这对于并行化加速运算和实时系统而言是大忌。

一阶段网络内存使用和计算量更为确定，更利于进行并行化加速，唯一的缺陷是精度。因此，无数研究者都投入到了提高一阶段网络精度的工作中，如今一阶段网络达到的精度甚至已经超过了分阶段算法。虽然绝对的计算量一阶段模型要大于两阶段模型，但得益于 GPU 等特殊硬件的帮助，一阶段模型的速度反而优于两阶段模型。因此，在对实时性要求高的自动驾驶场景中，一阶段模型已经占统治地位。

4.2 以 Faster RCNN 为代表的两阶段检测方法

虽然使用两阶段检测方法的人已经越来越少，但无论一阶段方法精度多高，永远都可以再加一个阶段对结果进行微调来获得更高的精度，很多获得高精度的模型都是使用这个做法的。且两阶段方法对整个目标检测流程的功能区分更清晰，有利于读者理解目标检测问题。Faster RCNN 是两阶段方法中最经典的模型，也是各种两阶段方法的基础[22]。其第一阶段名为 RPN 分支，用于提取粗略的检测框，经过中间桥接的 ROI Pooling 算法之后进入第二阶段的 ROI 分支，对粗略的检测框进行微调和更仔细的分类。本节会分别就这两个阶段进行详细解读。图 4-8 所示为整个 Faster RCNN 两阶段原理图。

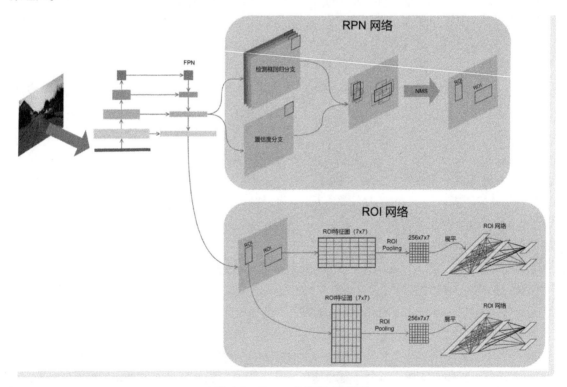

● 图 4-8 Faster RCNN 原理图

4.2.1 RPN 网络

RPN（Region Proposal Network）网络是 Faster RCNN 的第一个阶段，正如前文所说，两阶段模型的第一阶段是先粗略地检测物体的位置，然后提取出感兴趣的区域（Region of Interest，ROI）以供第二阶段的精确识别。RPN 的作用就是从图像中检测 ROI，所以称为 Region Proposal，ROI 其实就是一个个的检测框。RPN 网络的结构如图 4-9 所示。图中编码器部分是常用的主干网络+FPN 结构，FPN 的每一层都会产生输出，此处仅用其中一层作为示例。FPN 的每一层都会输入到两个卷积层，产生一个检测框回归分支（Box Regression）和检测框置信度（Objectness）分支。

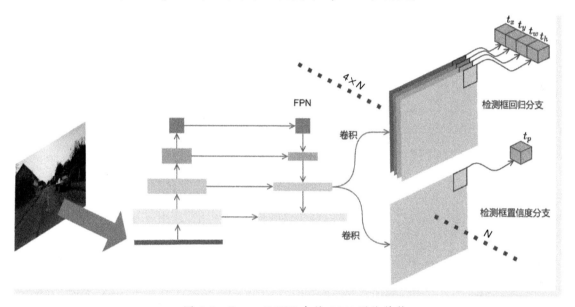

● 图 4-9 Faster RCNN 中的 RPN 网络结构

1. 置信度分支

置信度分支输出的是置信度图（Objectness Map），图 4-9 中的 N 代表锚框的数目，有多少个锚框，就会输出多少张置信度图。置信度图中的某个元素 t_p 代表的意思是"某个位置的某个锚框内包含有目标物体的置信度"。因为不同锚框的长宽比和大小均不同，对应的置信度图当然也不同。图 4-10 所示为 Faster RCNN 模型 RPN 网络输出的置信度图，左侧输入图片经过 RPN 网络后输出两张置信度图，分别对应锚框 1 和锚框 2。

显然，锚框 1 应是细高型，用于捕捉行人，所以锚框 1 的置信度图在行人处的置信度很高，在车辆处的置信度却不高；而锚框 2 则应是矮宽型，用于捕捉车辆，在车辆处的置信度很高。除了展示出来的这两张置信度图，其余锚框均有对应的置信度图。此外，除了图 4-9 中 FPN 第三层的输出，FPN 的其他 3 个输出层也会输出置信度图。置信度图中的一个像素，就代表着此处锚框中包含目标物体的概率。读者可能发现了，置信度图和传统滑窗法的输出是一样的，如果再仔细回忆卷积神经网络的计算细节，卷积神经网络也是滑动卷积核覆盖整个图像，其原理也和滑窗法高度类似，唯一的区别是卷积神经网络滑动的是正方形的卷积核，而滑窗法滑动的是锚框本身。

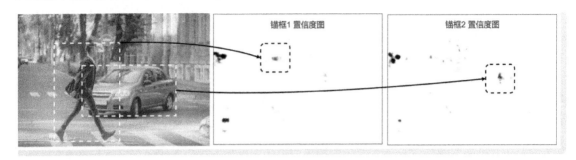

● 图 4-10　目标检测置信度图

2. 检测框回归分支

检测框回归（Box Regression）分支的输出和置信度图对应，两者分辨率一样，置信度分支用于输出锚框置信度，回归分支用于输出微调锚框尺寸和位置的几何参数。锚框的尺寸是固定的，但图中的目标是随机的，因此需要对锚框进行调整来完美地框住目标物体。如图 4-9 所示，回归分支对每一个锚框都输出 4 个几何参数，若使用 N 种锚框，回归分支就会输出 $4N$ 张特征图。参数 t_w、t_h 负责对锚框的宽和高进行微调，参数 t_x、t_y 负责对锚框的横纵坐标进行微调。假设锚框的宽和高分别为 w_a、h_a，锚框在特征图中的坐标为 c_x、c_y，结合 4 个几何参数和锚框尺寸，可以算出来检测框的精确尺寸 w、h 和位置 x、y，Faster RCNN 的检测框编码方式如图 4-11 所示。

3. 使用 NMS 删除冗余检测框

输入图像经过 RPN 网络后获得了锚框置信度图和回归出来的几何参数，接下来便是使用 4.1.2 小节中的 NMS 算法去除冗余的检测框。RPN 的输出是致密的，置信图中的每一个像素都代表一个检测框，使用 NMS 后，就只剩下单个目标物体的检测框，如图 4-12 所示。被过滤出来的少数几个检测框被称为 ROI，这些检测框的精确度仍未达到完美，所以还需要第二阶段的 ROI 网络进一步微调。

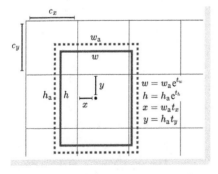

● 图 4-11　Faster RCNN 检测框编码

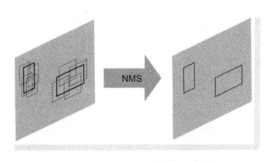

● 图 4-12　NMS 效果示意图

4. 如何训练 RPN 网络

前文解释的是如何使用一个训练好的 RPN 网络输出检测框，那么如何训练一个 RPN 网络呢？目标检测数据集的真实值一般是检测框，但 RPN 的输出却是致密的置信度信息和回归出来的数值。假设特征图的分辨率为 320×240，一共有 3 种锚框，FPN 有 4 层，那么 RPN 一次就能输出 921600 个位于不同位置且大小不一的锚框，但真实值里只有少数几个检测框，甚至没有检测框。显然，正确的样本和错误的样本相差悬殊。

为了保证正负样本的平衡，训练的时候会从 921600 锚框中挑选出 128 个正样本和 128 个负样本。所谓正样本，就是和目标检测框匹配的锚框，挑选的规则很简单，计算所有 921600 个锚框和目标检测框的 IoU，挑选出 IoU>0.5 的那些锚框作为正样本，其他锚框均为负样本。如果目标不是太小，在目标附近往往可以匹配上百个符合条件的锚框。若图 4-12 左图中的实线为目标检测框，虚线是其附近的锚框，简单观察就会发现虚线框和实线框的 IoU 都>0.5。于是这些虚线框均可当成正样本看待，或者说，如果给这些锚框配上正确的几何参数，都能够生成正确的目标检测框。128 个负样本则随机从数不胜数的无目标锚框中选取。

正样本的置信度为 1，负样本的置信度为 0，使用交叉熵损失函数即可轻松训练。回归分支输出的参数则需要根据锚框的具体大小和位置，通过和目标检测框的对比计算出来。在正向推理时，应使用图 4-11 中所示的公式，从回归分支输出的 4 个值 t_x、t_y、t_w、t_h 求得 x、y、w、h；在训练时，则需要根据目标检测框的 x、y、w、h 算出各个正样本锚框对应的 t_x^*、t_y^*、t_w^*、t_h^*，此即为训练回归分支时需要的真实值。回归分支是解决回归问题的，直接使用 L2 和 L1 损失函数即可求得回归分支的最终损失。

4.2.2 ROI 网络

经过 RPN 网络和 NMS 算法的处理，终于获得了几个检测框。到现在为止，已经知道在图片的某几个区域内存在目标物，但仍然不知道目标物的类别是什么。为了进一步识别检测目标，需要提取出待识别目标的特征图。

第一阶段获得的检测框被称为 ROI，这些检测框来自 FPN 网络各个尺度的输出层，尺寸、长宽比例均不相同。为了能获得一个定长的特征向量并将其输入到 ROI 网络（实为一全连接层），还须对这些不规则的特征图进行预处理，将其转换为大小一致的特征图，如图 4-13 所示。

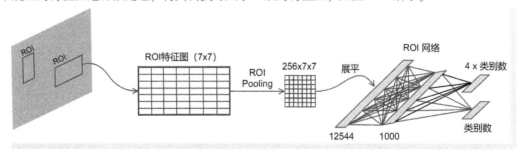

● 图 4-13 Faster RCNN 的 ROI 网络原理图

截取出来的 ROI 特征图被划分成 7×7 的网格。然后无论 ROI 是什么尺寸和长宽比，一律对每个网格内的特征做最大池化处理（Max Pooling），也就是仅保留每个网格中的最大值。如此一来就获得了一个 256×7×7 的特征图，每一个元素都对应了 ROI 特征图中一个网格的最大值。通道数 256 是 FPN 输出特征图的通道数，将池化后的特征图展平就能输入到 ROI 网络中了。

ROI 网络最重要的任务是对检测框内的物体进行识别和分类，所以会产生一个分类输出。输出向量长度等于类别数，使用独热编码（One-Hot Encoding），此编码方式可参考本书 1.3.2 小节。除此之外，还会产生一个检测框回归输出，和 RPN 网络的回归分支一样，输出检测框有 4 个几何参数。值得注意的是，对每一个类别，ROI 网络都会输出一套几何参数，这是因为检测框的尺寸和位置信息与其类别有一定的相关性。例如，车辆的检测框往往是矮宽型，而行人的检测框往往是细高型。检测框回归输出的编码方式和 RPN 的回归分支是一样的。训练方法相比 RPN 网络更简单，每一个输入的 ROI 都是样本，回归分支使用 L1 损失，分类分支使用交叉熵损失即可。

▶▶ 4.2.3 使用 TorchVision 模型库中的 Faster RCNN

TorchVision 是 PyTorch 官方的模型库，像 Faster RCNN 这么复杂的多阶段模型，自己从零开始搭建是不现实的。开源社区有各种各样的实现，TorchVision 的模型库自然是 PyTorch 生态圈里最权威的。

1. 构建 Faster RCNN 网络

TorchVision 模型库中的 Faster RCNN 模型可以通过模块化的方式进行构建，只需按接口要求实现各个模块即可。下面的代码展示了如何分别定制主干网络、FPN 网络和检测框分类器，最后将这三部分拼成一个完整的 Faster RCNN 模型。

```python
from models.model import ResnetBackbone
from torchvision.models.detection import faster_rcnn
from torchvision.ops.feature_pyramid_network import FeaturePyramidNetwork, LastLevelMaxPool


class ResnetWithFPN(nn.Module):
    """一个由 Resnet18 主干网络和 FPN 组成的网络"""

    def __init__(self, out_channels=256, pretrained=True):
        super(ResnetWithFPN, self).__init__()
        # 定义一个 Resnet 主干网络
        self.backbone = ResnetBackbone(pretrained)
        self.out_channels = out_channels
        # 定义 FPN,输入通道数为 Resnet18 输出通道数
        self.fpn = FeaturePyramidNetwork(in_channels_list=self.backbone.out_channels,
                                        out_channels=self.out_channels,
                                        extra_blocks=LastLevelMaxPool())

    def forward(self, x):
```

```python
    return self.fpn(self.backbone(x))

def build_faster_rcnn_det(num_classes):
    """构建 FasterRCNN 模型"""
    # 建立带 FPN 的主干网络,每一层 FPN 输出 64 通道特征图
    backbone = ResnetWithFPN(out_channels=64, pretrained=True)
    # 搭建 FasterRCNN 模型
    model = faster_rcnn.FasterRCNN(backbone, num_classes=num_classes)
    # 获得检测框分类器的输入特征数
    in_features = model.roi_heads.box_predictor.cls_score.in_features
    # 根据本例类别数重新定义一个检测框分类器
    model.roi_heads.box_predictor = faster_rcnn.FastRCNNPredictor(in_features, num_classes)
    return model
```

代码中 build_faster_rcnn_det 函数负责将三个部分组合在一起返回一个完整的 Faster RCNN 模型。ResnetWithFPN 模型将一个 ResNet18 主干网络和 FPN 组合在一起,ResnetBackbone 为本书 3.3.2 节中加壳的 ResNet18。

2. 构建目标检测 Dataset

Faster RCNN 是一个两阶段模型,除了神经网络模型,训练过程和损失函数也非常复杂。幸运的是,TorchVision 除了提供模型,也提供损失函数和训练代码的实现,但这些代码要求训练数据符合一定的数据格式。加载数据的 Dataset 返回的样本包括图片数据和真实值数据,两者的数据格式如以下代码所示。

```python
from PIL import Image

class MunichDet(Dataset):
    """代码省略"""
    def __getitem__(self, index):
        """返回第 index 个样本,假设此样本内有两个检测框"""
        image = Image.open(img_path).convert("RGB")
        target = {}
        # 一个 2×4 的张量,代表两个检测框的位置
        # 参数为 xmin, ymin, xmax, ymax
        target["boxes"] = boxes
        # 一个长度为 2 的张量,内含两个检测框的类别,此处均为 1
        target["labels"] = labels
        # 样本的 index
        target["image_id"] = index
        # 一个长度为 2 的张量,内含两个检测框的面积
        # 计算方法为(xmax-xmin) * (ymax-ymin)
        target["area"] = area
        # 一个长度为 2 的张量,本例不需要判断是否拥挤,置零
        target["iscrowd"] = iscrowd
```

```
#返回样本图片和数据
return image, target
```

3. 使用 TorchVision 提供的训练引擎

准备好了 Faster RCNN 模型和适配的 Dataset 后，就可以使用训练引擎开始训练了。TorchVision 在其代码库中提供了训练代码，但训练代码却不属于 TorchVision 的安装包之列，必须从官方的 Github 仓库下载相关代码。

首先将 TorchVision 的 Github 仓库（https://github.com/pytorch/vision）克隆到本地，然后将 vision/references/detection 文件夹复制到训练代码所在的文件夹，这个文件夹中包括了训练 TorchVision 目标检测模型所需的代码。最后的训练代码如以下代码块所示。

```python
from detection import utils
from detection.engine import train_one_epoch, evaluate

#定义训练设备为 cuda
device = torch.device('cuda:0')

#定义训练 Dataset
dataset = MunichDet("""代码省略""")
#定义训练 Dataloader
data_loader = DataLoader(dataset, batch_size=12,
    shuffle=True, num_workers=8,
    collate_fn=utils.collate_fn,
    drop_last=True)

#定义测试 Dataset
dataset_val = MunichDet("""代码省略""")
#定义测试 Dataloader
data_loader_val = DataLoader(dataset_val, batch_size=1, shuffle=True, num_workers=4,
                    collate_fn=utils.collate_fn, drop_last=True)

#构建 Faster RCNN 模型
model = build_faster_rcnn_det(num_classes=2)
model.to(device)

#定义优化器
params = [p for p in model.parameters() if p.requires_grad]
optimizer = torch.optim.AdamW(params, lr=0.0001)

#定义一个多步调度器,每 10 个 epoch 学习率变为当前学习率的 0.1 倍
lr_scheduler = lr_scheduler.StepLR(optimizer, step_size=10, gamma=0.1)
#训练 20 个 epoch
for epoch in range(20):
    #训练一个 epoch
    train_one_epoch(model, optimizer, data_loader, device, epoch, print_freq=10)
```

```
# 调整学习率
lr_scheduler.step()
# 进行测试
evaluate(model, data_loader_val, device=device)
```

为了让读者对代码的逻辑有一个更清晰的认识,笔者将和代码逻辑无关的数据集参数省略了。得益于 TorchVision 提供的代码,整个训练代码非常简洁易懂。

4.3 以 Yolo 为代表的一阶段检测方法

以 Faster RCNN 为代表的两阶段方法获得了巨大的成功,而 Yolo 开创的一阶段检测方法却后来者居上,在实时性要求高的自动驾驶领域大放异彩。Yolo 自发明以来,经历了 YoloV3、YoloV4、YoloX 等版本迭代,精度早已超越 Faster RCNN,且借助 GPU 等硬件的加速获得了比 Faster RCNN 更快的速度。据特斯拉公开的技术报告称,特斯拉自动驾驶系统的物体检测算法也是 Yolo 的变种。

Yolo 只需要一个阶段的计算就能获得检测框输出。Yolo 虽然版本众多,但最经典常用的版本是 YoloV3,结构简洁,没有复杂的网络层,故本节即以 YoloV3 为基础进行讲解[23]。

4.3.1 YoloV3 的整体结构

YoloV3 的整体结构和 Faster RCNN 其实很类似,唯一的区别是去掉了第二阶段的 ROI 网络,直接通过 Yolo 输出层输出检测框的所有信息,如图 4-14 所示。

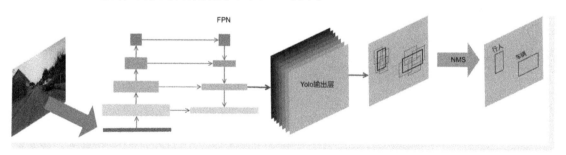

• 图 4-14 YoloV3 原理图

从 Yolo 输出层获得致密的检测框参数后,仍是使用 NMS 输出检测框,这些检测框便是最终的输出了,不再进行第二阶段的微调。

1. Yolo 的主干网络 Darknet

Yolo 的关键贡献是一阶段构架和 Yolo 输出层的设计,其实主干网络可以是任何通用的主干网络,ResNet 或者 RegNet 都可以。但 Yolo 的作者为了获得性价比最高的模型,对主干网络也进行了专门的设计,这便是 Darknet 系列主干网络,主要有 Darknet19 和 Darknet53 两个常用的版本,前者接近 ResNet18,后者接近 ResNet50。图 4-15 所示是 YoloV3 独有的版本,这个主干网络有多达 106 个卷积层。图中的数字代表所在卷积层的深度,最深的卷积层达到了 106 层。或许图中的可视化方式比较特别,但仔细观察就会发现,其实是一个具有三层输出的 FPN 结构。

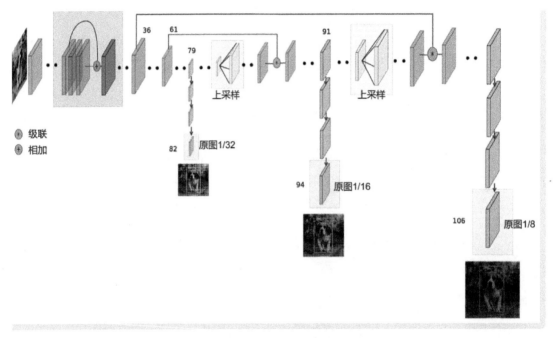

● 图 4-15 YoloV3 网络结构图

2. Yolo 输出层

Yolo 输出层是实现一阶段检测的核心。如图 4-16 所示,假设一共有 N 个不同尺寸的锚框,Yolo 输出层将会产生 $N×$(类别数+5)个输出层。

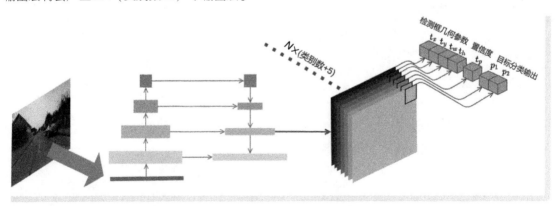

● 图 4-16 YoloV3 输出层

Yolo 输出层的设计思想是将 Faster RCNN 第二阶段输出的信息直接融合在第一阶段的输出层中。

也就是说，每一个锚框除了输出其置信度和几何信息，同时还输出其目标分类。图中 p_x、p_y、p_w、p_h 4 个输出是检测框的几何参数，用来调整检测框相对于锚框的位置和尺寸；t_p 是锚框内是否有目标物的置信度；p_1、p_2 则是用于二分类的独热编码输出（假设类别数为 2），故每一个锚框对应了 7 个输出。

若是仅考虑图中的二分类问题，使用 3 个锚框，会产生 21 个特征图。Yolo 层的输出和 Faster RCNN 的 RPN 网络输出似乎区别并不大，仅每一个锚框多了两个输出层而已。但对于很多复杂的数据集，目标物体的类别数超过 50 个，输出层就变得巨大了。例如，COCO 数据集的类别数高达 88 个，Yolo 输出层将会多达 279 层，这也是 Yolo 为了实现一阶段直接输出而不得不承受的缺点。好在当前的特殊硬件能对并行化运算进行很好的加速，最终增加的大量输出层对整个模型的运行速度影响并不大。

3. Yolo 的检测框编码

Yolo 虽然也是输出 4 个检测框几何参数，但其编码方式和 Faster RCNN 稍有不同，如图 4-17 所示。Yolo 检测框几何参数的位置编码 t_x、t_y 不再以锚框的宽和高为缩放基础，而是以网格尺寸 c_s 为基础，σ 代表 Sigmoid 函数，取值区间为 0~1，也就是说检测框的位置位于其所在网格和下一个网格之间，逻辑上更合理。

获得 Yolo 层的输出之后，基于置信度图和检测框几何参数，即可以对致密的输出结果进行 NMS 操作，得到最终的检测框输出，其目标分类则可直接从目标分类输出独热编码。

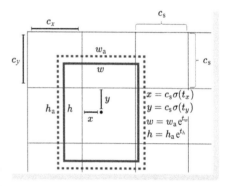

● 图 4-17　Yolo 检测框编码示意图

4.3.2　Yolo 的训练

Yolo 的训练和 Faster RCNN 类似，和目标检测框吻合的锚框是正样本，其余不包含目标物体的锚框均为负样本。Yolo 的损失函数分为三部分：一部分负责检测框几何参数，一部分负责检测框置信度，一部分负责目标物体分类。

1. 选择正样本

训练的时候，每个网格都会输出 N 个检测框，若是某个网格内有目标物出现，可挑选出和目标检测框 IoU 最大的那个锚框，并认为这个锚框才是为目标检测框负责的那个锚框。简而言之，对于检测到目标物的网格，只有和目标检测框 IoU 最大的那个锚框才会参与损失计算，这个锚框便是正样本。

2. 检测框几何参数和目标分类损失

要恒量检测框是否准确，Yolo 一开始的做法是对输出检测框及目标检测框的位置和尺寸参数求 L2 损失。后来研究人员发现使用 IoU 作为检测框几何参数的损失函数是一个更好的选择，理解起来也很直观：输出的检测框和目标检测框重合程度越高越好。因此，IoU 是当前通用的检测框几何参数损失函数。

目标分类损失和检测框几何参数损失类似，只有正样本才参与计算目标分类损失。因为 Yolo 的目标分类输出采用独热编码，分类损失直接采用交叉熵损失即可。

3. 检测框置信度损失

Yolo 输出层的每一个网格内都可能出现目标物，若某个网格内出现目标物，则此网格的置信度为 1，否则为 0。对于网格内是否包含目标物的判定规则，Yolo 定义的较为宽松，只要某一网格内有一个锚框和目标检测框的 IoU>0，此网格即被认定为包含目标物。

▶▶ 4.3.3 类 Yolo 的一阶段检测网络

Yolo 之后，还有很多其他的一阶段检测网络，最经典有 SSD（Single Shot MultiBox Detector）和 RetinaNet。

1. SSD

SSD 是 Yolo 之后一个大获成功的一阶段检测器，其表现优于第一代 Yolo[24]。关键的窍门在于使用了多尺度输出，SSD 网络结构如图 4-18 所示。

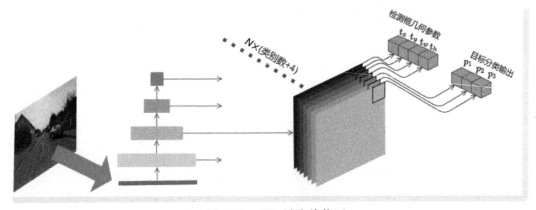

● 图 4-18　SSD 网络结构图

SSD 是一个比较早的模型，发明的时候还没有 FPN 网络结构，所以其多尺度输出是将主干网络的特征图抽出后直接输出为检测层。输出层的信息和 Yolo 类似，唯一的区别是去掉了检测框置信度。但实际上这只是表面上的区别，SSD 在目标物的类别中加入了一个类别"背景"，也就是无目标物。这一类别的输出其实是检测框置信度输出的替代，目标物的类别数会多出一个，因此最终总的输出层数和 Yolo 是一样的。

SSD 成功的关键还是多尺度输出，Yolo 一代的输出是单一尺度的，对小物体的检测能力远不如 SSD。

2. RetinaNet

严格来说，RetinaNet 才是今天通用的目标检测网络的奠基者，关键在其应用了 FPN 的网络结构[25]。FPN 发明的时候，作者仅将 FPN 应用于 Faster RCNN，随后，作者发布了使用 FPN 的一阶段目标检测网络 RetinaNet。RetinaNet 网络结构如图 4-19 所示。能看出来，RetinaNet 和 YoloV3 相差无几，这是因为 YoloV3 仅比 RetinaNet 晚发布半年，自然受到了 RetinaNet 的很大影响。YoloV3 的论文中也将 RetinaNet 作为其直接竞争者。RetinaNet 的巨大进步来源于 FPN 的使用，其输出层编码并无特别之处。

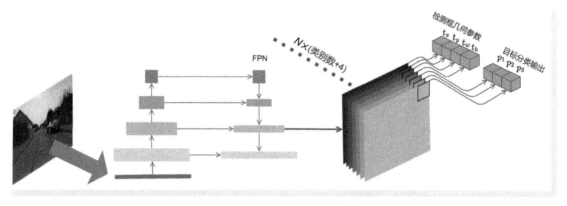

● 图 4-19　RetinaNet 网络结构图

3. YoloV4

YoloV3 出现之后，出现了众多 Yolo 的变种，每一个变种都使用了一些让检测效果变强的技巧，YoloV4 则是集大成者。作者集中了各种常用的技巧，对其进行一一测试，最后找出最佳组合，便是 YoloV4[26]。虽然基本结构并无太大变化，但使用的技巧令人眼花缭乱，限于篇幅，本书仅列举出 YoloV4 使用的技巧组合。

1）CutMix 和 Mosaic 数据增强算法。
2）DropBlock 正则化方法。
3）使用 Mish 激活函数。
4）跨阶段空间连接（Cross-stage partial connections，CSP）。
5）Multi-input Weighted Residual Connections（MiWRC）。
6）CIoU 损失。
7）自对抗训练（Self-Adversarial Training）。
8）空间金字塔池化层（Spatial Pyramid Pooling，SPP）。
9）空间注意力模块（Spatial Attention Module，SAM）。
10）通路聚合网络（Path Aggregation Network，PAN）。

通过使用以上技巧，使用相同的计算量，YoloV4 相比 YoloV3 能提高 8 个百分点的精确度，这是让人难以置信的成绩。当然其缺陷也是很明显的，技巧的堆砌让网络结构极其复杂，各种数据增广和新的训练方法让代码复杂度大增，训练时长也会增加。但 YoloV4 对学习目标检测相关的各种技巧有很大的帮助，读者可按图索骥，选择适合自己应用场景的技巧。

4.4 以 CenterNet 为代表的 Anchor-Free 方法

无论是以 Faster RCNN 为代表的两阶段模型，还是以 Yolo 为代表的众多一阶段模型，锚框都是必需的。锚框始终是物体检测研究者的一个心结，因为锚框和数据集是相关联的，而机器学习的终极追求是泛化性，也就是超越训练数据的预测能力，那么模型就应该尽量和训练数据脱钩。因此，移除锚框的努力从未停止过，这份努力终于帮助目标检测网络在近几年迎来了突破。其中以 2019 年发表的 CenterNet（Objects as Points）最为经典，其两阶段版本 CenterNet2 一度打破了目标检测标准数据集 COCO 的精度记录[27]。

4.4.1 CenterNet 的整体结构

CenterNet 的网络仍然沿用类似 Yolo 的结构，主干网络连接一个 FPN 输出检测框的几何参数和目标分类，如图 4-20 所示。

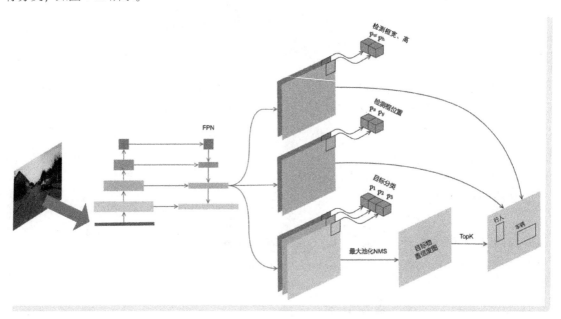

● 图 4-20　CenterNet 原理图

1. 检测框编码

基于锚框的检测方法对检测框的编码都要依赖于锚框，无锚框方法的检测框编码方式反而更简单，如图 4-21 所示。

模型输出的 t_x、t_y 代表检测框的中心点偏离网格的位置，t_w、t_h 则直接代表检测框的宽和高。直接输出检测框的几何参数让代码和模型简洁易懂,但这不可避免地让训练变得困难。

检测框的目标分类输出不再是简单的语义类别信息,而是暗含了位置信息。假设模型的目标分类一共有 3 个类别,其输出的维度为 4×3×32×32,那么位于(2,1,12,13)的元素含义是 "在本批次的第三幅图中,类别为 2 的检测框中心落在坐标为(14,13)的网格中的概率"。对于有 3 个类别的问题,便会输出 3 张中心点概率图(Centerness Map)。

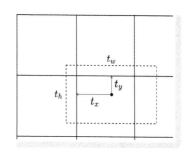

● 图 4-21　CenterNet 的检测框编码

值得注意的是,目标类别输出因为暗含了位置信息,就不再是简单的语义分类了,所以并不使用 Softmax 输出层,而是直接使用 Sigmoid 激活函数。这也意味着目标分类输出的所有类别的概率加起来很可能不等于 1。这也有其现实含义,在两个检测框堆叠在一起的情况下,同一个网格确实极有可能是两个不同类别的检测框的中心。例如,某个网格是一个行人检测框的中心,则其行人类别的概率高达 0.9;若这个网格同时也是一个汽车检测框的中心,那么其汽车类别的概率也会高达 0.9,这是完全说得通的。

2. 最大池化 NMS

在基于锚框的模型中,输出是致密的检测框,绝大部分检测框都是冗余或无效的,因此需要进行多次迭代的 NMS 操作来获得最终的检测框。经典的 NMS 迭代次数多且存在大量不规则的内存访问,速度较慢且代码复杂。基于检测框中心点的检测框输出也是致密的,同样存在大量的冗余检测框,但基于中心点的检测框因其自身特点,可以使用最大池化 NMS,速度更快,只需要使用一个最大池化层(Max-Pooling)即可完成任务,具体流程如图 4-22 所示。

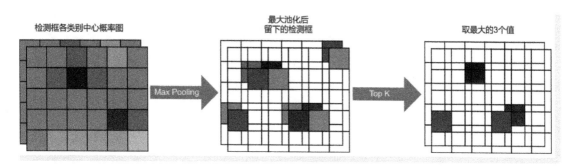

● 图 4-22　CenterNet 的 NMS 流程

经过最大池化层的处理之后,各类别概率的局部最大值就都被筛选出来了,然后对每一层都提取最大的 K 个值(TopK),只要 K 足够大(如 40),那么目标检测框必然在这 K 个网格所代表的检测框之中,最后再使用一个足够大的阈值(常用 0.3)过滤掉过小的值,即可获得最终的检测框。

▶▶ 4.4.2 用高斯模糊和 Focal Loss 训练 CenterNet

读者肯定会问为什么之前基于锚框的模型要使用那么复杂的 NMS 算法，而 CenterNet 只需要最大池化层就解决问题了？这是因为训练时会对检测框中心进行高斯平滑，故训练后输出的目标分类概率图也呈现出高斯分布，而非图 4-10 中检测框置信度图那样的不规则分布。图 4-23 所示为模型输出的汽车类别概率图。图中白色方框是检测框位置，白色亮团是汽车类别的概率图中高概率值的部分。显然，概率图的峰值点正好位于检测框的中心，且以高斯分布向周围平滑地扩散。这样的分布显然比基于锚框的置信图分布规则很多，只需用简单的最大池化就能轻松地去除冗余。

• 图 4-23 用于训练 CenterNet 的真值置信度图，经过高斯模糊

要让模型输出图 4-23 中所示的"优美"的高斯分布图，就需要在训练的时候对训练数据进行特殊处理。以图 4-23 为例，若作为训练数据，其 3 个检测框的中心点严格来说只有 3 个点。在训练过程中，人为地将这 3 个点按高斯分布扩散到附近区域，生成和图 4-23 中的高斯分布类似的概率分布图，这便是真正用来训练的真实值。

例如，一共有行人类别和汽车类别这两张概率图，若图中有一个目标为汽车的检测框，则在汽车类别的概率图中检测框中心位置扩散开一团高斯分布，行人类别的概率图仍然是全黑。如此，对于某个类别概率图中的概率点，都面临一个二分类问题——这个位置是不是某个检测框的中心。对于二分类问题，可直接使用二分类交叉熵（Binary Cross Entropy，BCE）作为损失函数，但训练数据是经过高斯模糊的二分类数据，为了将高斯模糊带来的平滑特性引入二分类交叉熵，可以使用 Focal Loss 改编版的二分类交叉熵损失，用式（4-1）表达：

$$L_{centerness} = -\sum_{xyc} \begin{cases} (1-p)^{\alpha}\log(p), & \text{if } p^* = 1 \\ p^{\alpha}(1-p^*)^{\beta}\log(1-p)), & \text{if } p^* < 0 \end{cases} \quad (4\text{-}1)$$

式中，p 代表第 c 类的概率图中 (x,y) 位置上的概率值；p^* 代表的是经过高斯模糊的训练数据；α 和 β 是两个超参数，常用的选择是 2 和 4；$p^* = 1$ 的情况代表着检测框的中心位置，此时是常用的交叉熵损失，且整幅图只有少数几个位置，不是关注的重点。

当 $p^* \neq 1$ 时，没有高斯模糊预处理的情况下肯定等于 0，传统的交叉熵损失应该是 $-\log(1-p)$，而式(4-1)却出现了两处变动。一是多出了$(1-p^*)^\beta$项，有了高斯模糊，越接近检测框中心p^*就越接近1，此项的值越小，产生的损失越大（注意损失函数前面的负号），也就是说，越接近检测框中心的点越重要。二是多出了p^α项，此为Focal Loss中的关键部分，当α值不同时，Focal Loss和传统交叉熵损失的对比如图4-24所示。

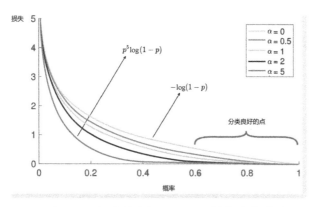

● 图4-24 概率值与Focal Loss损失值关系图

当α值越大时Focal Loss效果越明显，分类错误的点相比分类良好的点损失大很多；α值越小越接近传统的交叉熵损失函数，分类良好的点和分类错误的点的损失区别会很小。例如，当$\alpha=4$的时候，概率0.6的点和概率0.2的点损失值的比值极大，因为概率0.6的点损失几乎为0；当$\alpha=0$的时候，两者的差别还不到两倍。可见，Focal Loss将损失的关注度聚焦在了分类错误的点上面，所以称为Focal Loss。

使用Focal Loss可以避免对分类已经很准确的数据点过度强化，让模型对分类不准确的数据点投以更多的关注，是对模型的表达能力的一种平衡。

▶▶ 4.4.3 YoloX网络

Yolo几乎成了一阶段目标检测的标准模型，各种"魔改"版Yolo在各大公司内部层出不穷。在追求Anchor-Free的时代，将Yolo系列改为Anchor-Free的需求是巨大的，YoloX便应运而生了。YoloX是一个经过谨慎优化且保持简洁的Yolo版本，其特点是分离式输出分支（Yolo将所有输出层混在一个分支中）和无锚框（Anchor-Free）。在图像马赛克（Mosaic）和MixUp等数据增强算法的帮助下，YoloX获得了Yolo系列最佳的精度——推理速度性价比。其推理速度比同样精度的Yolo系列网络快，达到的最高精度也高于对等的Yolo系列网络[28]。

1. YoloX的网络结构

YoloX的分离式输出分支（Decoupled Head）对输出特征图进行了多阶段的分离，比较复杂，因此直接引用论文中的图片进行说明，如图4-25所示。

FPN输出的256通道特征图经过两次分离，得到3个输出分支：一个是Cls.分支，用来输出目标

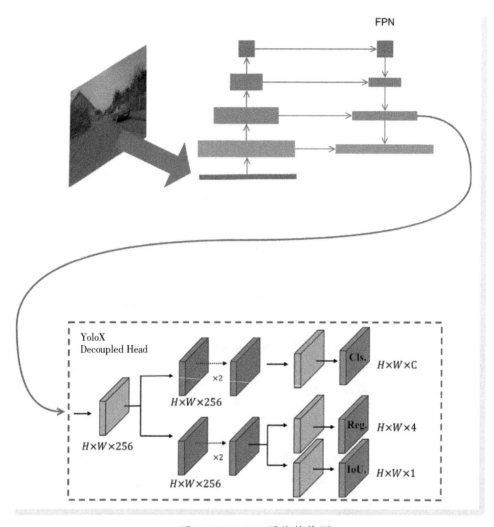

● 图 4-25　YoloX 网络结构图

分类；一个是 Reg. 分支，用来输出目标检测框的几何参数，因为是回归型输出，因此名为"回归分支"；一个是 IoU 分支，用来预测有无检测框落在当前位置，类似于 CenterNet 的检测框中心点概率图。不同于 CenterNet 的是，YoloX 专门为此输出一个分支，而不是从目标类别图中获取。

2. YoloX 的检测框编码

YoloX 的检测框编码类似 CenterNet，但借鉴了一些 Yolo 的做法，如图 4-26 所示。图中 t_x、t_y、t_w、t_h 为检测框回归分支的输出，c_s 为网格尺寸。检测框的位置编码和 CenterNet 相同，但检测框的宽和高则使用了类似 Yolo 的指数函数编码方法。

3. 选择正样本

YoloX 没有选择 CenterNet 的方式使用高斯平滑对 IoU 分支进行预处理然后用 Focal Loss 进行训练，

而是仿照 Yolo 选择少数几个输出检测框作为能够匹配目标检测框的正样本进行训练。在原始的 Yolo 中，每个目标检测框仅匹配一个模型输出的检测框作为正样本。在 YoloX 中，考虑到最匹配的那个正样本周围的检测框输出都很有用，全部放弃未免可惜，因此选择采样的方法，把目标检测框中心附近 5×5 网格输出的 25 个检测框均作为候选的正样本采用。简而言之，CenterNet 使用的是高斯加权的方法对目标检测框附近的输出加以利用，而 YoloX 则是通过采样对其加以利用。使用 YoloX 采样的方法同时也意味着概率图会不如 CenterNet 的输出那么规则。除此之外，YoloX 还提出 SimOTA 正样本选择算法，对于所有候选的 25 个正样本，计算这 25 个正样本和目标检测框之间的匹配值，匹配值的计算方法如下：

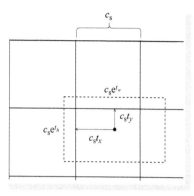

● 图 4-26 YoloX 检测框编码

$$c = L_{cls} + \lambda IoU \tag{4-2}$$

匹配值很简单，除了常用的 IoU（候选检测框和目标检测框之间的 IoU），还加入了一个分类损失。分类损失是简单的交叉熵损失，λ 用于平衡两者，一般取值为 3。算出匹配值之后，采用匹配最好的 10 个候选正样本，视为最终采用的正样本。

值得注意的是，每一个目标检测框都会有属于它自己的 10 个正样本。如果某张图像中有 3 个目标检测框，可以利用的正样本有 30 个，若是只有 1 个目标检测框，正样本就只有 10 个。这和 CenterNet 中的 TopK 是不一样的，传统 TopK 算法只选择固定的前 k 个样本，不考虑图中检测框的多寡，所以这个方法就被称为 Dynamic K 算法。

训练的时候，目标分类分支和回归分支仅使用正样本进行训练。IoU 分支训练较为简单，直接将目标检测框中心位置设置为 1，其余为 0，不进行高斯模糊也不适用 Focal Loss，然后直接使用交叉熵损失进行训练。

4.5 Yolo 的 PyTorch 实现

目标检测网络的程序实现涉及诸多细节，在本书中不可能事无巨细面面俱到，因此仅解读关键步骤的代码实现。Yolo 是应用最广的一阶段目标检测算法，本书即以 Yolo 为例进行解读。

4.5.1 样本选择算法的实现

根据 4.2 节的理论介绍，Yolo 网络会输出大量的检测框，这些检测框都是以锚框为基础进行编码的，而一幅图像中存在的目标检测框可能只有少数几个。因此，绝大部分锚框和目标检测框都没有关联。例如，需要检测一个行人目标，由于这是一个竖长型目标，那么就应该用一个竖长型的锚框去匹配，这个目标对横扁形的锚框就没有什么价值。换句话说，目标检测框只有对与之有关联的输出检测框提供的监督信号（Supervision）才是有意义的。而样本选择算法，就是要从无数输出检测框中挑选出和目标检测框有关联的，并通过这些输出检测框将目标检测框产生的监督信号，也就是梯度，传播回去。

不同的代码对 Yolo 样本选择算法的实现各不相同，样本选择算法也是研究人员研究的重点之一，但不同算法的代码实现是类似的，因此本节仅采用一种非常简单的算法进行实现。

1. 目标框的数据结构

目标检测框在真实值数据中一般以 Yolo 格式保存，所谓 Yolo 格式，就是记录目标检测框左上角和右下角的坐标（常记为 xyxy 格式）。这个坐标是基于原始图片像素进行编码的，在进行训练时，将面对 FPN 结构若干个分辨率的输出层，每一层的分辨率都是由原始分辨率缩小而来，再使用基于像素的检测框编码就变得很不方便了。故在训练之前，常将目标检测框从像素编码转换为比例编码。如以下代码所示。

```
# 读入 Yolo 格式目标检测框
x1, y1, x2, y2 = box["box"]
# 缩放为比例编码
boxes.append([0.5*(x1+x2)/width, 0.5*(y1+y2)/height,
              (x2-x1)/width,     (y2-y1)/height])
```

所谓比例编码，是指 x 和 y 坐标的单位不再是原始图片的像素，而是整个图片 X 方向和 Y 方向的比例。例如，原本 x 的坐标为 320，原图 X 方向分辨率为 640，那么其比例编码就是 0.5。除此之外，目标检测框的格式也从 xyxy 格式转换为 xywh 格式，也就是中心点-宽高编码。

2. 选择相关样本

对真实值中记录的目标检测框进行编码转换后，就可以基于这些目标检测框，通过和锚框进行匹配来选择训练样本了。整个过程如图 4-27 所示。

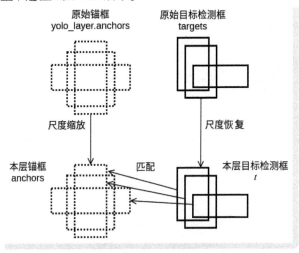

● 图 4-27 训练 Yolo 时的目标匹配原理

图 4-27 中的原始锚框为 FPN 中某一输出层的预定义锚框，单位为原图像的像素；原始目标检测框为比例编码的目标检测框。经过对锚框进行尺度缩放，对目标检测框进行尺度恢复，两者的单位都被转换为了当前输出层的像素，然后进行比对和匹配。下面的代码展示了整个过程。

```python
# 样本选择函数
def build_targets(predictions, targets, model):
    # predictions 是一个包括三个 Yolo 输出层的 list,维度
    # [32, 3, 15, 20, 7],
    # [32, 3, 30, 40, 7]
    # [32, 3, 60, 80, 7]
    # targets 维度[185, 6],一共 185 个目标检测框
    # 1. 获得锚框和目标检测框的数目
    num_anchors, num_targets = 3, targets.shape[0]
    # 初始化用来保存训练样本的列表
    tcls, tbox, indices, anch = [], [], [], []
    # 初始化尺度恢复系数
    gain = torch.ones(7, device=targets.device)
    # 2. 三个锚框的 index 矩阵,维度[3, 185]
    anchor_index = torch.arange(num_anchors,
        device=targets.device)   \
        .float()   \
        .view(num_anchors, 1)   \
        .repeat(1, num_targets)
    # 3. 将目标检测框信息复制到三个锚框对应的通道,维度[3, 185, 7]
    targets = torch.cat((targets.repeat(num_anchors, 1, 1),
        anchor_index[:, :, None]), 2)

    # 4. 遍历 FPN 的各个输出层,挑选训练样本
    for i, yolo_layer in enumerate(model.yolo_layers):
        # 5. 获得本层锚框,维度[3, 2]
        anchors = yolo_layer.anchors / yolo_layer.stride
        # 6. 将本层分辨率赋值到尺度恢复系数矩阵
        gain[2:6] = torch.tensor(predictions[i].shape)[[3, 2, 3, 2]] # xyxy gain
        # 7. 将目标检测框编码单位恢复为像素,维度[3, 185, 7]
        t = targets * gain
        # 若存在目标检测框则挑选训练样本
        if num_targets:
            # 计算目标检测框宽高和锚框宽高之比,维度[3, 185, 2]
            r = t[:, :, 4:6] / anchors[:, None]
            # 8. 挑选出比值<4 的作为训练样本
            j = torch.max(r, 1. / r).max(2)[0] < 4
            t = t[j]
        else:
            t = targets[0]

        # 提取各目标检测框的 batch index 和类别编号
        b, c = t[:, :2].long().T
```

```
# 提取各目标检测框几何参数
gxy = t[:, 2:4]
gwh = t[:, 4:6]
# 将中心点位置转换为网格坐标编号
gij = gxy.long()
gi, gj = gij.T
# 提取各目标检测框匹配成功的锚框编号
a = t[:, 6].long()
# 将 batch index,锚框编号,网格坐标编号集中在一处
indices.append((b, a,
  gj.clamp_(0, (gain[3]-1).long()),
  gi.clamp_(0, (gain[2]-1).long())))

# 9. 保存本输出层目标检测框的几何参数
tbox.append(torch.cat((gxy - gij, gwh), 1))
# 保存本输出层目标检测框对应的锚框尺寸
anch.append(anchors[a])
# 保存本输出层目标检测框的类别编号
tcls.append(c)

# 返回各层目标检测框的类别,几何参数
return tcls, tbox, indices, anch
```

目标选择函数的第一个输入参数 predictions 包括了 FPN 三个 Yolo 层的输出张量。以第一层为例，其尺寸为 32×3×15×20×7，各维度分别代表：每个批次包含 32 个样本，一共有 3 个锚框，分辨率为 15×20 像素，输出 7 个参数（包括 4 个检测框几何参数和 3 个分类参数）；第二层和第三层的输出和第一层类似，仅分辨率不同。targets 包含了本批次中所有的目标检测框，均已转换为基于比例的 *xywh* 编码，维度 185×6。除了 *xywh* 和目标类别信息 5 个值，还包含了一个批次编号（Batch Index）。也就是说，所有批次的目标检测框都被放到一个张量里了，一共有 185 个目标，用批次编号信息标识其所属的批次。

下面对各个步骤进行详细解释，每个步骤都对应了代码注释中的编号。

1）获得锚框的数目 num_anchors 和目标检测框数目 num_targets。本例中分别为 3 和 185，FPN 的每一层都有专属的 3 个锚框。

2）获得 3 个锚框的 index 矩阵，维度 3×185，对应 3 个锚框的 index，因此第一行全为 0，第二行全为 1，第三行全为 2。

3）样本选择算法的原理是计算目标检测框和锚框的匹配程度。因此，要将所有的目标检测框和 3 个锚框进行交叉匹配，这一步是将目标检测框的位置信息复制 3 份，每个锚框 1 份，为接下来的匹配做好准备。targets 的维度 3×185×7，等于是将原本维度为 185×6 的信息为 3 个锚框各复制 1 份，同时加上锚框的 index，于是 185×6 的目标检测框信息变成了 185×7。

4）为了将梯度通过 FPN 的各层传回，需遍历每一层输出并选择样本检测框。

5）将原始锚框尺寸缩放为当前层分辨率尺寸，以像素为单位。FPN 每一层的 3 个锚框尺寸都各

不相同，这是为了捕捉不同大小的目标。原始锚框 yolo_layer.anchors 维度为 3×2，保存了 3 个锚框的尺寸，由宽、高两个参数组成，单位是原图像的像素。而当前输出层的分辨率是缩小过的，因此需要将锚框尺寸以相同的比例缩小。每一个输出层的分辨率都由 yolo_layer.stride 决定，stride 就是步长。其含义是当前层每个像素对应到原始图片的像素数，也就是当前输出层的缩放比率。例如，第一层的分辨率是原始图像的 1/32，这意味着当前输出层的一个像素对应了原始图像的 32 个像素，因此步长为 32。将本层的锚框原尺寸除以步长，便得锚框在本层的尺寸。

6）尺度恢复矩阵用于将目标检测框基于比例的尺度恢复为像素。目标检测框的编码是基于比例的，因此尺度恢复矩阵里保存的就是本层的宽和高。转换的是目标检测框的几何参数 $xywh$，故仅需设置这几个参数对应的尺度恢复系数，其余部分对应的是目标检测框的各种 index，应保持为初始值 1。

7）将目标检测框的尺度恢复为像素单位。

8）将目标检测框的尺寸和锚框尺寸比对，若比值<4，则视为匹配成功，t 变量包括了和本层的 3 个锚框匹配成功的目标检测框，本例中为 74 个，因此 t 变量的维度为 74×7。

至此，成功地获得了第 i 个输出层匹配成功的目标检测框，这些目标检测框便是最终用来训练的样本。最终，还需将这些匹配成功的目标提取出来，对于每一个挑选出来的目标检测框，都要提取其 batch index、类别编号、所在网格编号、几何参数和对应的锚框。这些信息会被用于构造损失函数。第八步之后绝大部分的代码都是用来提取目标检测框的相关信息，值得注意的是第九步，这一步的作用是收集目标检测框的几何参数，根据 4.2.1 小节的内容，Yolo 目标检测框的中心点编码是基于其所在网格的左上角，因此要将目标检测框的中心点坐标减去网格右上角坐标。

FPN 的每一个输出层都会输出这一层匹配成功的目标检测框信息。假设第一层 FPN 有 74 个匹配成功的目标，这些信息对应的变量和具体含义列举如下。

- b：batch index 的缩写，尺寸为 74，为各检测框对应的 batch index。
- c：class index 的缩写，尺寸为 74，为各检测框对应的类别编号。
- gij：grid i 和 grid j 的缩写，尺寸为 74×2，代表检测框所在网格的坐标。
- gxy：grid x 和 grid y 的缩写，尺寸为 74×2，代表检测框中心点坐标，以网格为单位的浮点数。
- gwh：grid width 和 grid height 的缩写，尺寸为 74×2，代表检测框的宽和高，以网格边长为单位的浮点数。
- a：anchor index 的缩写，尺寸为 74，代表检测框匹配的锚框编号。

有了这些编号，便可以从模型的输出层提取出和目标检测框对应的预测检测框，提取的过程会在构造损失函数的时候使用。现假设要提取第一个输出层的检测框，相关的代码提前在本节展示如下。

```
# 展开第一层的 batch index,锚框编号和网格坐标编号
b, a, gj, gi = indices[0]
# 提取第一层的预测检测框
preds = predictions[0][b, a, grid_j, grid_i]
```

提取出来的 preds 尺寸为 74×7，包含了第一层 74 个目标检测框对应的预测检测框。这些目标检

测框和预测检测框的信息会在之后的步骤中用于计算损失函数。

4.5.2 Yolo 层的实现

示例模型使用的是 FPN 结构，FPN 一共有 3 层，每一层都会接入到一个单独的 Yolo 层，因此整个模型一共有 3 个 Yolo 层。每一层输入特征图的尺寸和锚框都是为各层定制的，不同分辨率的特征图对不同目标的检测能力各有专长。一般来说，分辨率低的 Yolo 层更善于检测大目标，而分辨率高的则更善于检测小目标。

Yolo 层的实现如以下代码块所示，标注编号的注释将在代码之后进一步解读。

```python
class YOLOLayer(nn.Module):
    """Yolo 层"""

    def __init__(self,
                 anchors: list,
                 num_classes: int):
        """
        @param anchors: 本层的锚框,本例为 3 个锚框的列表
        @param num_classes: 类别数目,本例为 2
        """
        super(YOLOLayer, self).__init__()
        self.num_anchors = len(anchors)
        self.num_classes = num_classes
        # 1. 每个锚框输出的通道数, 见 4.3.1 节
        self.no = num_classes + 5
        # 2. 将锚框列表转换为 3×2 的锚框张量
        anchors = torch.tensor(list(chain(*anchors))).float().view(-1, 2)
        # 3. 将锚框张量注册为模型的常量
        self.register_buffer('anchors', anchors)
        # 将锚框张量的尺寸转换为 1×3×1×1×2,并标记为模型的常量
        self.register_buffer('anchor_grid', anchors.clone().view(1, -1, 1, 1, 2))
        self.stride = None

    def forward(self, x, img_height):
        """
        前向传播函数

        @param x: 输入特征图
        @param img_height: 原始图片高,此为 480
        @return: Yolo 层输出
        """
        # 根据原始图片的高和输入特征图的高确定步长
        stride = img_height // x.size(2)
        self.stride = stride
        # 4. 获得输入特征图的尺寸
        bs, nc, ny, nx = x.shape
```

```
#5.将输入特征图展开
x = x.view(bs, self.num_anchors, self.no, ny, nx).permute(0, 1, 3, 4, 2).contiguous()
return x
```

粗略地读完代码,读者可能已经发现 Yolo 层没有卷积运算,只是对 FPN 输出的特征图进行维度转换而已。此外,Yolo 层还负责保存这一层的锚框和步长等信息。代码注释中带编号的代码行详解如下。

1)在本例中,Yolo 层的每个锚框都对应了 7 个通道,其中两个用于分类,1 个是置信度,4 个是锚框的几何参数。

2)在定义 Yolo 层时,可以分配 3 个锚框,每个锚框都是由宽和高两个参数定义的,因此可以转换为一个 3×2 的张量。

3)Pytorch 的 register_buffer 函数用来注册模型的常量,在保存模型时,被注册过的常量会被当作模型的一部分一起保存到模型文件中。用 register_buffer 注册的函数不会参与梯度计算和反向传播。另外一个类似的函数是 register_parameter,这个函数用于注册模型的参数,模型的参数将参与梯度的计算和反向传播。

4)获得 Yolo 层的输入特征图的尺寸,其中 bs 代表 batch size;nc 代表通道数;ny 代表特征图的高;nx 代表特征图的宽。输入特征图来自 FPN 的输出,在定义 FPN 的时候也要定义输出特征图的通道数。本例中的通道数为 21,因为每一层有 3 个锚框,每个锚框对应了 7 个通道。

5)将 $B \times 21 \times H \times W$ 的特征图展开为 $B \times 3 \times H \times W \times 7$。使用展开后的特征图能让代码可读性更强。

4.5.3 构造损失函数

通过 4.5.1 小节的锚框匹配,挑选出了相匹配的输出检测框样本编号及其真值(Ground Truth)。使用这些编号,就能从 4.5.2 小节中 Yolo 输出层的输出检测框中提取出样本,最后基于这些样本和对应的真值计算损失。具体计算过程如以下代码块所示。

```
#1.锚框匹配,获得样本检测框的真值和编号
tcls, tbox, indices, anchors = build_targets(predictions, targets, model)
#定义分类和置信度损失的交叉熵损失函数
BCEcls = nn.BCEWithLogitsLoss(pos_weight=torch.tensor([1.0], device=device))
BCEobj = nn.BCEWithLogitsLoss(pos_weight=torch.tensor([1.0], device=device))
#遍历各层输出并计算损失
for layer_index, layer_predictions in enumerate(predictions):
    #展开本层的 batch index,锚框编号和网格坐标编号
    b, anchor, grid_j, grid_i = indices[layer_index]
    #初始化检测框置信度损失,尺寸为 B×3×H×W
    tobj = torch.zeros_like(layer_predictions[..., 0], device=device)
    #获得匹配成功的目标检测框数目,此处为 74
    num_targets = b.shape[0]
    #若没有匹配成功任何检测框,仅产生置信度损失
    if num_targets == 0:
        lobj += BCEobj(layer_predictions[..., 4], tobj)
```

```
                                continue
# 2.通过编号从输出检测框中提取样本,尺寸为 74×7
ps = layer_predictions[b, anchor, grid_j, grid_i]
# 3.计算输出检测框的中心点位置
pxy = ps[:, :2].sigmoid()
# 4.计算输出检测框的宽和高
pwh = torch.exp(ps[:, 2:4]) * anchors[layer_index]
# 获得输出检测框的几何参数
pbox = torch.cat((pxy, pwh), 1)
# 5.计算输出检测框和其真值的 IoU,此处使用 CIoU
iou = bbox_iou(pbox.T, tbox[layer_index], x1y1x2y2=False, CIoU=True)
# 计算检测框的几何损失
lbox += (1.0 - iou).mean()
# 6.将计算出来的输出检测框 IoU 值复制到相应的网格作为置信度
tobj[b, anchor, grid_j, grid_i] = iou.detach().clamp(0).type(tobj.dtype)
# 计算置信度损失
lobj += BCEobj(layer_predictions[..., 4], tobj)
# 初始化目标分类真值
t = torch.zeros_like(ps[:, 5:], device=device)
# 只有两个类别,所有目标类别均为 1
t[range(num_targets), tcls[layer_index]] = 1
# 计算分类损失
lcls += BCEcls(ps[:, 5:], t)
loss = lbox + lobj + lcls
```

代码首先通过 build_targets 函数获得各个输出层用于训练的目标检测框,然后遍历每个输出层依次计算损失函数并相加。此例中第一层匹配成功的样本数为 74 个,因此以 74 为例,第二层、第三层的样本数可能是其他的数值。代码块注释中带编号的代码行比较重要,现分别详解如下。

1)获得匹配成功的训练样本,build_targets 函数在 4.4.1 小节中有详细剖析。

2)经过匹配后,从第一层挑选出 74 个训练样本,每一个样本都对应了第一层输出的一个像素,这个像素位于 batch 中的某一帧,对应了某个锚框,位于某个网格中。所有的这些编号一起决定了像素在输出层中的具体位置。通过这些编号,最终提取出 74 个检测框,每个检测框都有 7 个输出值。

3)根据检测框编码,检测框的中心点位置是以网格比例编码的,使用 Sigmoid 函数将输出值投射到 0 和 1 之间。

4)检测框的宽和高以锚框宽、高的比例编码,输出使用指数函数。

5)计算输出检测框和目标检测框的 IoU(Intersection of Union)。除了传统的 IoU,研究人员还开发出了 GIoU、DIoU 和 CIoU 等变种,相关论文读者可以自行检索。据论文试验表明,各种 IoU 的变种可以让训练更快、更稳定。

6)计算置信度损失。按照 Yolo 的设定,置信度为 1 代表检测框检测到了物体,置信度为 0 代表检测框没检测到物体。但显然,不同的检测框对目标物体的检测能力不尽相同。因此,使用当前输出检测框和目标检测框的 IoU 作为置信度的真实值使用,可以让损失曲面更加平滑,训练更稳定。

最后得到 3 种损失:检测框几何参数的回归损失、检测框内物体的分类损失和检测框的置信度损失。将这3种损失加和就得到了最终的损失。

4.5.4 NMS 的实现

前面两节介绍的是训练过程中的关键代码,在前向推理过程中,Yolo 会在同一个目标物体附近输出很多检测框,虽然这些检测框和目标物体的重合度都很高,但在输出检测结果的时候,显然不希望把这些重复的检测框一起输出,因此需要删除冗余的检测框,这就是 4.1.2 小节谈到的非极大值抑制(NMS,Non-maximum Suppression)。

本小节讲解的代码并不是 NMS 的具体实现,NMS 作为一个成熟的算法早已有很优秀的实现,PyTorch 还提供了 GPU 加速的函数。本小节的重点集中在如何使用 PyTorch 的 NMS 函数以及相关的优化步骤。在进行 NMS 之前,对于置信度偏低的检测框,可以直接过滤掉。NMS 是相当耗时的算法,如果能提前过滤掉一些冗余检测框,输入 NMS 的候选检测框变少,速度就会更快。

以下代码块的大部分代码都在进行检测框的提前过滤,然后调用 PyTorch 的 NMS 函数后直接输出结果。

```python
# Yolo 的 NMS 实现, prediction 的尺寸为 32×18900×7 (x, y, w, h, conf, cls1, cls2)
def non_max_suppression(prediction, conf_thres=0.25, iou_thres=0.45):
    # 检测框最大边长
    max_wh = 4096
    # 单帧图像中最多提取多少个检测框
    max_det = 300
    # 参与极大值抑制计算的检测框最多有多少个
    max_nms = 30000
    # 超时警告阈值
    time_limit = 1.0
    # 记录开始时间
    t = time.time()
    # 初始化输出
    output = [torch.zeros((0, 6), device="cpu")] * prediction.shape[0]
    # 遍历 batch 中的每一帧图像
    for xi, x in enumerate(prediction):  # image index, image inference
        # 过滤置信度太小的检测框
        x = x[x[..., 4] > conf_thres]  # confidence
        # 若未检测到目标,继续下一帧图像
        if not x.shape[0]:
            continue
        # 根据类别概率和置信度计算联合置信度
        x[:, 5:] *= x[:, 4:5]
        # 将 xywh 编码转换为 xyxy 编码
        box = xywh2xyxy(x[:, :4])
        # 获得独热编码中概率大于置信度阈值的检测框
        i, j = (x[:, 5:] > conf_thres).nonzero(as_tuple=False).T
        # x 各维度为 x,y,w,h,联合置信度,类别编号
        x = torch.cat((box[i], x[i, j + 5, None], j[:, None].float()), 1)
```

```python
# 检查是否还有检测框留存
n = x.shape[0]
if not n:
    continue
elif n > max_nms:
    # 若检测框太多,只取概率最大的 30000 个
    x = x[x[:, 4].argsort(descending=True)[:max_nms]]
# 为不同类别的检测框赋予不同的偏置
c = x[:, 5:6] * max_wh  # classes
# 在检测框几何参数上加上相应的偏置
boxes, scores = x[:, :4] + c, x[:, 4]
# 使用 PyTorch 的 NMS 函数
i = torchvision.ops.nms(boxes, scores, iou_thres)  # NMS
# 仅采用前 300 个检测结果
if i.shape[0] > max_det:  # limit detections
    i = i[:max_det]
# 将检测结果复制到 CPU
output[xi] = x[i].detach().cpu()
# 若超时,弹出警告
if (time.time() - t) > time_limit:
    print(f'WARNING: NMS time limit {time_limit}s exceeded')
    break  # time limit exceeded
return output
```

代码中 non_max_suppression 函数输入的参数 prediction 是 Yolo 输出经过后处理后得到的张量,三层 FPN 的输出全部根据检测框编码运算后一共得到 18900 个候选检测框。每个检测框包含了 7 个参数,其含义分别为中心点坐标 x、y、宽、高、置信度、类别 1 概率和类别 2 概率。因为是独热编码,两个类别的概率加起来等于 1。如果将 18900 个候选框全部输入到 NMS 函数中去处理,速度会很慢,所以在进行 NMS 之前,利用置信度等输出信息先行对候选框进行过滤。

使用置信度对候选框进行过滤是很自然的选择,一般会将阈值定为 0.5,但为了避免漏检,也会将阈值降低。除了置信度,分类概率也能利用起来,如果分类概率很低,说明模型对候选检测框的分类不是很确定,本例中将置信度和分类概率相乘得出的联合置信度进一步过滤。过滤之后还可以按照联合置信度排序,取可能性最大的若干个检测框进行 NMS,这是出于实时性的考虑。如果检测框太多,计算时间太长,可能会影响实时性,此时不得不舍弃一部分置信度低的检测框以保证实时性。

对不同类别的检测框的坐标赋予一个偏置,大概是代码中最难理解的部分了。其实并不难理解,进行 NMS 时,不同类别的检测框可能会产生重叠,为了避免不同类别的重叠检测框被当成冗余删掉,有必要对各类别的检测框单独进行 NMS。本例只有一个类别,不存在这个问题,但如果是用于生产环境的数据集,往往类别庞大,问题就出来了。假设有 10 个类别,就要进行 10 次 NMS,即便可以并行,代码的复杂度也会陡然增加。因此可以对各个类别的检测框平移一个固定的距离,人为地让它们在空间上分开再进行 NMS,就可以避免出现这个问题了。

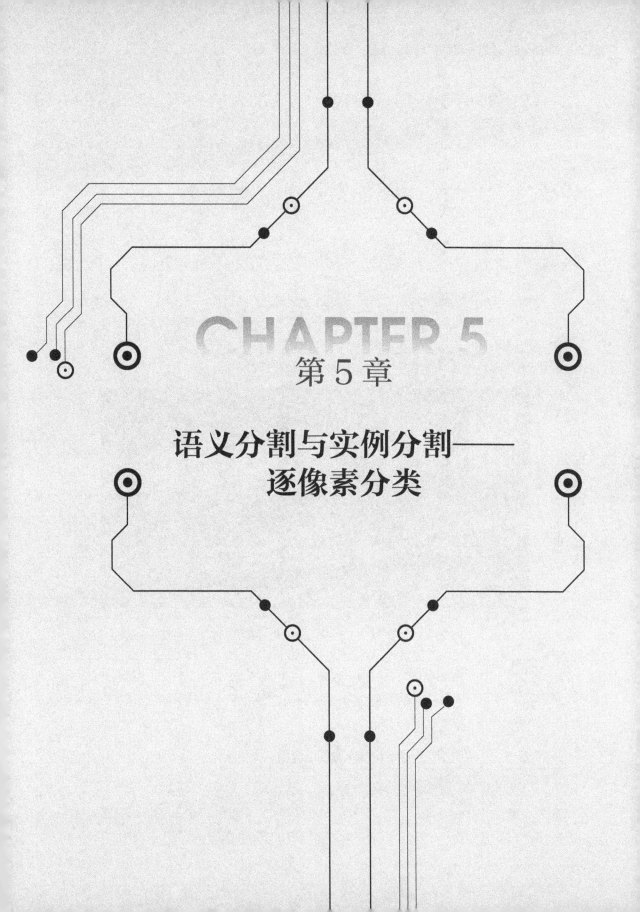

CHAPTER 5

第 5 章

语义分割与实例分割——
逐像素分类

第 4 章介绍的目标检测是一种相对较为粗略的视觉感知方法，因为它仅以目标框的形式来表达检测目标，即将目标用一个长方形框包围起来。但对于自动驾驶的视觉感知任务来说，需要进行非常精确的识别，如车道线识别、路面识别等。这些任务要求像素级别的识别精度，甚至某些任务需要亚像素级别的精度。这时，就需要使用像素级分类的任务，即图像分割任务（Image Segmentation）。

图像分割任务主要有两种：一种是语义分割（Semantic Segmentation），一种是实例分割（Instance Segmentation）。本章将对这两种分割算法分别进行深入讲解。

5.1 语义分割

语义分割的输出相对简单，在前文也介绍过，学习起来相对容易。语义分割对于自动驾驶而言是不可或缺的，简单来说就是为图像的每一个像素分类，其中最重要的类别当然是路面、车道线、行人和车辆。前两者保证汽车在正确的位置驾驶，结合三维信息后，后两者能保证汽车避开危险的障碍物。语义分割的真实值（Ground Truth）可视化之后如图 5-1 所示。

• 图 5-1 语义分割真实值图

图 5-1 已经在第 1 章展示过了，图中每一种颜色都代表一种类别，这是语义分割的常用可视化方法。语义分割任务有其特有的注意事项，在设计和训练模型的时候都需要专门加以考虑，这些和语义分割有关的细节便是本章将要介绍的内容。

▶▶ 5.1.1 语义分割的网络构架和损失函数

语义分割的任务是一个经典的计算机视觉任务，在深度学习流行之前也是研究热点，一般通过计算相邻图块或超像素（Superpixel）之间的相似度形成一个能量函数（Energy Function），然后优化这个能量函数对图像进行分割。使用这个方法最大的弊端是相似度函数五花八门，能量函数多种多样，超像素划分还有单独的算法。为了使用牛顿法之类的优化算法，还需要对非常复杂的公式手工求导。研究人员每发明一个新方法，都需要重新写代码实现，迭代周期长，研究效率低。深度学习出现之后，整个工程框架变得高度模块化，模型研究者和损失函数研究者互相不依赖对方，而卷积神经网络自动求导和优化的框架（如 TensorFlow、PyTorch）早已非常成熟。得益于开源社区的发达，很多研究甚至只需要修改几行代码，让研究大大加速。本节会着重介绍深度学习时代语义分割任务的工程框架。

1. 语义分割真实值的格式

语义分割的真实值以像素类别图的形式存在。最常用的做法是存成无损灰度图（如 png 格式的图片），图片中每个像素的灰度值代表其类别的编号。如果是 Cityscape 数据集，一共只有 35 个类别，也就意味着这幅灰度图的最大灰度值只有 34，这对人类而言是很黑的图片了，直接观看的话会发现什么都看不到。因此有的数据集会使用彩图存储真实值，每一种颜色对应一个类别。除此之外，彩色图能表达的类别数目很大，而灰度图最多只能表达 255 个类别。当然，彩色图片在训练加载的时候会比灰度图麻烦很多，需要的计算量很大，可能会成为训练瓶颈，因此一般会在加载之前将彩色图片转换为加载更容易的格式，如 NumPy 数组文件。

除了存储格式，语义分割的类别划分也大有讲究。读者可能会发现，图 5-1 中的车道线并没有被独立为一类，而是和路面混为一类，这是语义分割经常需要面对的问题，就是不同数据集的类别各不相同。不同类别的确定对结果影响很大，如果类别分得太细，模型可能很难对不同的类别进行良好的区分，比如把行人进一步细分为"大人"和"小孩"两类就有点强人所难了。如果类别分的太宽，下游任务就可能会受到影响，如图 5-1 中车道线和路面被混为一类，就需要额外再识别车道线。总之，如果自己准备数据集或者融合不同的公开数据集，语义分割的类别划分是一个需要认真考虑的问题。

2. 语义分割网络架构

一个最简单的语义分割网络如图 5-2 所示。图中的编码器便是主干网络，图中的主干网络仅用于示意，读者可以使用任何主干网络，如 ResNet 就是最常用的一种。解码器能将特征图里包含的语义信息"解码"成一张语义分割图。

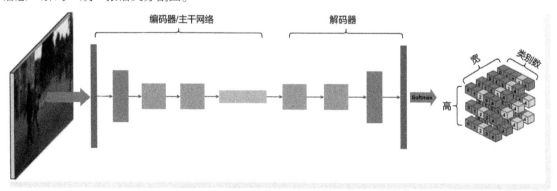

● 图 5-2　一个最简单的语义分割网络

虽然图中的输出分辨率和输入分辨率一致，但最终的输出分辨率不一定要和输入图像相同，这取决于用户的需求，绝大部分情况下语义分割的宽和高只有输入图像的一半大小。计算损失时往往会将真实值的分辨率降低到和语义分割模型的输出一致。

解码器会逐步提高特征图的分辨率，读者可以回忆一下第 1 章的内容，一共有两种手段提高分辨率：一种是使用步长为 2 的转置卷积，这种卷积可以认为是"学习如何提高分辨率"，因为转置卷积的权重是要经过学习的，但缺点是会出现棋盘格现象，输出结果不平滑；第二种是使用上采样提高分辨率，这是更为常用的方法。因为用户可以指定任意提高分辨率的倍数，如 1.5 倍，而且输出结果更为平滑。

3. 语义分割的独热编码输出

虽然语义分割的真实值以单通路二维图的形式存在，每一个像素存储着对应的类别编号，但是模型的输出并不是这样的结果。为了与 Softmax 输出层相配合，语义分割的输出一般会采用第 1 章中介绍的独热编码（One-Hot Encoding）方法。与输出单个类别不同的是，独热编码为每个类别都分配了一个概率值。如图 5-2 右侧所示的输出张量，如果图片的分辨率为宽×高，并且一共有 5 个类别，那么使用独热编码的结果将会是一个宽×高×5 的张量。

可以将独热编码看作是一种将类别信息转换为概率信息的方法。在语义分割中，独热编码不仅可以表示出每个像素点属于哪个类别，还可以让模型输出对每个类别的置信度，这种方法可以帮助用户更好地理解模型的输出。

每一个像素都会输出一个长度为 5 的向量，代表这个像素被归类到各个类别的概率。每一个像素的 5 个概率相加必然等于 1，这是 Softmax 函数的特性，读者可以回顾第 1.3.2 小节的内容。5 个类别的概率中必然有一个概率是最大的，这也是这个像素最有可能的类别，在图 5-2 中被高亮展示出来。每个像素对应的 5 个概率值中都会有一个是亮的，所以叫独热编码。

4. 语义分割的交叉熵损失

正如第 1 章介绍的，多分类问题应使用交叉熵（Cross Entropy，CE）损失函数：

$$\frac{\partial CE}{\partial f} = \begin{cases} P(k|\boldsymbol{X}_i, \boldsymbol{W}) - 1, k = y_i \\ P(k|\boldsymbol{X}_i, \boldsymbol{W}), k \neq y_i \end{cases} \quad (5\text{-}1)$$

式（5-1）为交叉熵损失对模型输出的偏导数。其中，f 为模型未经 Softmax 激活的直接输出，常称之为 Logits，将 Logits 输入 Softmax 层之后才能得到概率值；而 $P(k|\boldsymbol{X}_i, \boldsymbol{W})$ 即为经过 Softmax 层之后的概率值，其中 $\boldsymbol{X}_i$ 代表当前输入，$\boldsymbol{W}$ 代表当前模型的权重，k 代表第 k 个类别；真实值是 y_i。式中的 i 代表着第 i 个样本，在这里可以看作第 i 个像素，故 $P(k|\boldsymbol{X}_i, \boldsymbol{W})$ 对应的便是图 5-3 中所示概率值张量里的一个小方块。如果这个小方块对应的类别正是真实值，返回的梯度就是该小方块所代表的概率值和 1.0 的差；若该小方块对应的类别并不是真实值，返回的梯度便是其概率值本身。

如果使用 PyTorch 搭建语义分割模型，损失函数可以直接接受 Logits 输入，使用起来更为方便。而要得到语义分割图其实并不需要获得概率值，只需要获得每个像素最大 Logits 值的类别即可。因此，在进行推理时也不需要 Softmax 层，笔者会在后文代码实践部分详述。

第 5 章
语义分割与实例分割——逐像素分类

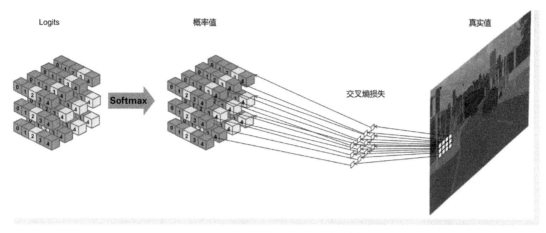

● 图 5-3 语义分割交叉熵损失计算原理

▶▶ 5.1.2 评价语义分割质量的指标

训练语义分割模型的时候用到的是交叉熵损失,但交叉熵损失值非常不直观,难以理解。在最终评价一个模型的好坏时,会使用 mIoU(Mean Intersection over Union)和混淆矩阵(Confusion Matrix)这两个指标来评价模型的精度。

1. mIoU

首先介绍 IoU 这个指标。如图 5-4 所示,如果 A 代表语义分割某个类别的真实值,而 B 代表模型预测的这个类别的区域,则这一类别的 IoU 可以用图中的公式表达:

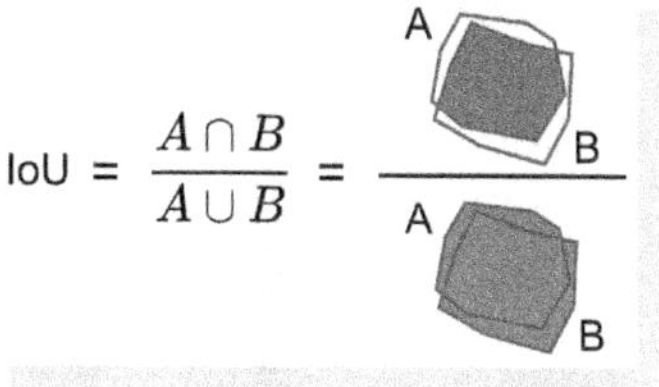

$$IoU = \frac{A \cap B}{A \cup B}$$

某个类别的 IoU 就是真实值区域和预测值区域的交集和并集之比。显然,IoU 越大表示语义分割的质量越高,IoU 最大不会超过 1,最小不会<0。

● 图 5-4 IoU 的计算原理

mIoU 是各个类别 IoU 的平均值。每个类别都有自己的 IoU,为了对模型进行一个综合的评价,就直接将所有类别的 IoU 加起来求平均值,最终选取在验证集上获得最大 mIoU 的模型作为训练结果使用。显然这个 mIoU 存在很多问题,例如,对路面和天空而言,通常 IoU 都非常高,一般都>0.9。这是因为路面和天空占的面积特别大,而且识别起来也相对容易,因此能获得很高的 IoU。而对于自行车而言,IoU 常低于 0.5,因为自行车有很多杆状结构,很容易把透过自行车看到的背景像素归类为自行车,IoU 往往很低。

2. 混淆矩阵

mIoU 只能对模型有一个整体的模糊评价,要对模型有更深入细致的评价,还需要混淆矩阵(Confusion Matrix)的帮助。图 5-5 所示为一个有 4 个类别的混淆矩阵,矩阵中元素的含义是真实值为

· 147 ·

类别 A 的像素被识别为类别 B 的数目。如图中 2 行 1 列中的 4，代表的是 4 个真实值为行人的像素被模型识别成了路面。混淆矩阵还会用颜色展示，数值越大，颜色越深，这也是约定俗成的惯例。

混淆矩阵中对角线上的概率值代表某类别 A 被识别为 A 的像素数目，也就是分类正确的像素数，一般数值是最大的，所以往往混淆矩阵的对角线是一条颜色很深的线。开发者需要关注的是混淆矩阵中不属于对角线但颜色较深的值，这些点都是概率较高的误分类，需要额外关注。

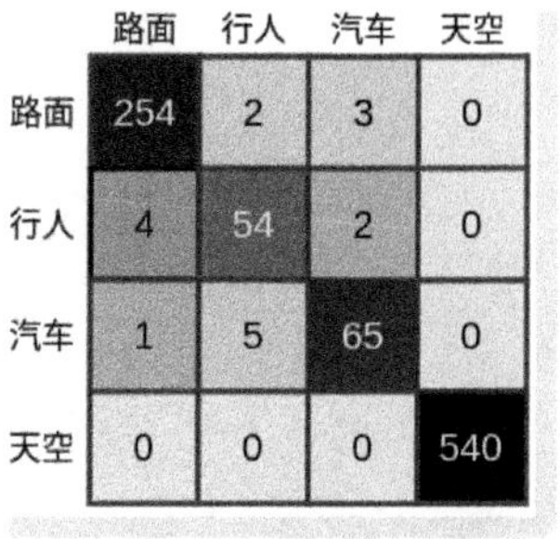

● 图 5-5 混淆矩阵

▶▶ 5.1.3 使用 OHEM 和类别权重解决样本不均衡问题

正如 5.1.2 节所说，不同类别的 IoU 会不一样，因为不同的类别识别难度不一，如蓝天一般是最容易识别的，而自行车就比较困难。除了识别难度，数据量也是很关键的因素，数据集里各个类别的数据量大不相同。如果用各个类别的像素总数占整个数据集的比例来展示各个类别的数据量，以 Cityscape 数据集为例，可以获得如图 5-6 所示的类别分布图。

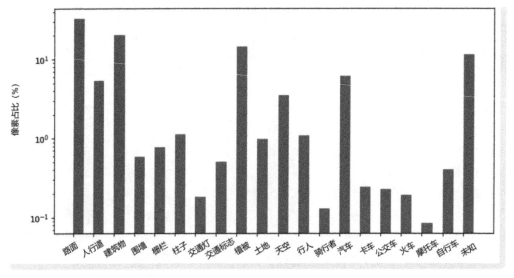

● 图 5-6 Cityscape 数据集中各类别像素占比

从图 5-6 中很容易发现，很多类别的数据量很大，但摩托车、骑行者等几个类别数据量就很小。如果直接用这个数据集以机会均等的方式训练，那可以预见，摩托车和骑行者这两个类别最后的 IoU 不会很高，而路面和汽车应该会得到不错的结果。

不同类别识别难易程度不同，数据量也不同，最后就会导致各个类别的 IoU 不均衡。而行人、卡车等类别又是特别重要的类别，过低的 IoU 意味着有些属于行人和卡车的像素不能被正确识别，这对于自动驾驶系统而言是很严重的问题。特斯拉著名的白色卡车漏检事故便极有可能与此有关。解决问题的思路其实也很直白，那就是"为困难的样本多训几次"，困难的样本便是所谓的难样本（Hard example）。发现难样本的方法也很简单，就是找出那些 Softmax 之后输出概率值偏低的样本。例如，某个像素的真实值是"行人"，但 Softmax 之后"行人"对应的类别输出的概率却只有 0.6，这说明模型虽然认为这个像素是行人，但并不是十分肯定，这就算难样本了。

1. OHEM

在线难样本挖掘（Online Hard Example Mining，OHEM）是一个常用的技巧，其做法就是忽略那些输出类别正确且概率值大于某个阈值（常用 0.7）的样本。这些样本分类正确，置信度也高，被认为是很容易识别的样本，模型既然已经能够很好地应对，就可以直接忽略了。剩下的那些样本就是难样本，训练的重心将完全放在难样本上。根据实践经验，使用 OHEM 之后各个类别的 IoU 指标会更均衡，而模型的 mIoU 指标也会更高。

2. 类别权重

除了在线难样本挖掘，也可以为数据量更少的类别赋予更高的训练权重。每个类别所对应的具体权重值常用式（5-2）计算：

$$W_k = \frac{\mathrm{mean}(P_k)}{P_k} \tag{5-2}$$

式（5-2）中的 P_k 是数据集中第 k 个类别的像素占比，类别 k 的权重 W_k 便是整个数据集的平均像素占比与类别 k 的像素占比的比值。显然，如果一个类别的像素占比越大，训练的时候这个类别的权重就会越低；反之，像素占比越低的类别就能在训练时获得更大的权重。

▶▶ 5.1.4 语义分割的关键——信息融合

显然，最简单的直筒状语义分割模型无法得到让人满意的结果。经过多年的研究，语义分割领域已经发展得非常成熟了，虽然每年仍然有新的论文发表，但语义分割的难点问题仍是如下几个。

一是对细节的识别能力差，尤其是轮廓线。例如，自行车的轮辐细节和电线杆一直都是难题，语义分割的结果里自行车轮辐糊成一团，电线杆的识别区域从中间断掉之类的问题层出不穷。这都是因为底层的像素级信息缺失导致的。

二是对环境的理解不到位。语义分割要对每一个像素进行分类，而一个像素只有 RGB 三个数字，很难分类。如图 5-7 所示，黑框中的图块如果放大来看几乎是纯色。这当然不难理解，因为路面本来就是同一种材质的。要对这一块几乎是纯色的图块进行分类，只能综合附近的场景来推断，如两边的人行道、附近的车道线、车辆等语义信息，人类也是如此识别路面的。

由此可见，语义分割要正确识别每一个像素，必须融合高层级的语义信息；要将每个区域的边界线精确地识别出来，则需要融合底层级的像素级信息。所以信息融合是得到高质量语义分割模型的关键所在。

1. 基于深度的单通路融合——以 UNet 为代表

一种融合是基于深度的融合，目的是促进底层级特征（Low Level Feature）和高层级特征（High

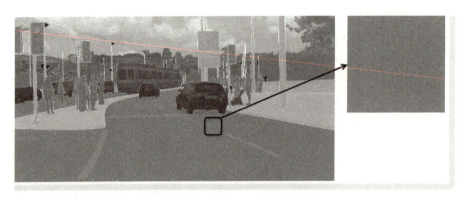

● 图 5-7 语义分割局部

Level Feature）之间的信息融合。基于这一思想发展出了单通路前后融合和多通路平行融合两种思路。

单通路融合思路产生较早，所以是基于普通的直筒型网络结构，考虑的方向是加强直筒型网络前后的信息融合，由此产生了著名的 UNet[29]。UNet 虽然是 2015 年的产物，但其元结构已经成为通用的结构，甚至可以说绝大部分语义分割网络结构都是沿袭的 UNet。最原始的 UNet 早已过时，但改进版的网络结构是最常用的，图 5-8 所示就是一个很常用的网络结构。

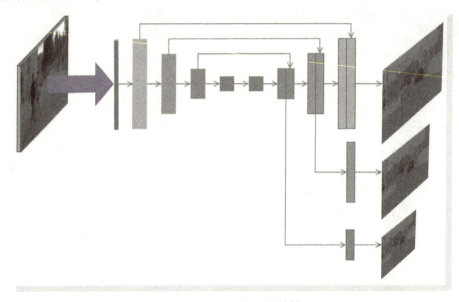

● 图 5-8 UNet 的网络结构图

读者可能已经发现了，这其实是一个 FPN 的网络结构，原版 FPN 中输出目标检测参数的输出层如今用于输出语义分割图。这种结构通过两种通路进行信息融合。一种是将低层级的特征图通过跳跃连接直接和高层级特征图级联（Concatenation），产生的双层特征图由此同时拥有了低层级和高层级的特征。另一种是除了高分辨率的输出外，还从较低层级的 FPN 特征图输出低分辨率的语义分割图，然后用降分辨率的真实值语义分割图形成辅助损失（Auxiliary Loss），这样的好处是能够直接给融合后的低分辨率特征图提供直接的学习数据，对融合有直接的促进作用。

现在单通路型网络结构仍然是主流，因为绝大部分经典的网络结构仍然是单通路的，预训练模型较易获得，而且单通路网络结构对缓存的要求也要低得多。

2. 基于深度的多通路融合——以 HRNet 为代表

多通路网络结构近几年越来越流行。这种结构不再是一个从头至尾的单通路网络结构，而是一个二维网格结构，HRNet 就是一个很好的例子[30]。如图 5-9 所示，网络从上至下是不同分辨率的通道，各个通道负责的细节等级不同；每个通道从左至右是对原始输入到语义输出进行"细化"（Refinement）的过程，用于逐步提高各个细节等级的输出质量。同时不同通道中同一级别的特征图还会在每一个阶段最后进行一次充分的信息融合，于是每一个通道会在中途不断地融入其他细节等级的特征，最后输出不同细节等级的语义分割。这种网络结构和 UNet 结构类似，4 个分辨率的输出最终也会和与之相配的真实值语义分割形成辅助损失，对 4 个通道进行直接的监督学习，实际使用时仅采用最高分辨率的输出。

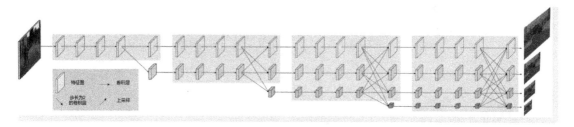

● 图 5-9　HRNet 网络结构图

HRNet 是一个很重的网络，在 Cityscape 的排名表上排名很靠前，在已公开代码的网络结构中表现是数一数二的。另一个排名很高的多层级、多尺度注意力语义分割网络（Hierarchical Multi-Scale Attention Semantic Segmentation）也是多通路网络结构[31]。除了这些重型网络结构，轻量级的网络结构（如 Fast-SCNN 和后文会介绍的 BiSeNetV2）也都使用了多通路网络，不过出于轻量级的考虑，只使用了两个通路。

3. 基于网络层的融合方法——PPM 模块

基于深度的融合是宏观融合方法，需要对整个网络的元结构进行调整，基于网络层的融合方法则更为微观，可以插入到任何一个语义分割网络中。PPM 模块全称为金字塔池化模块（Pyramid Pooling Module，PPM），是由语义分割网络 PSPNet 的研究人员提出来的[32]。PSPNet 刚一提出就打败了之前最强的模型，其关键便是这个 PPM 模块，具体实现方法如图 5-10 所示。图中虚线方框内的部分即为 PPM 模块。原本其输入特征图会直接连接到一个卷积层然后得到最终的输出结果，而 PPM 加入之后会在输出之前进行最后的融合。所以一般整个语义分割网络只有一个 PPM 模块，且往往位于整个模型的最后。

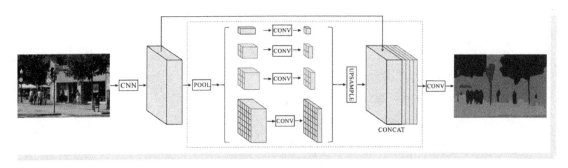

● 图 5-10　PSPNet 中 PPM 模块的网络结构图

图中的 POOL 层代表的是 4 个不同的平均池化层（Average Pooling Layer），分别把特征图池化为 1×1、2×2、3×3 和 6×6 分辨率的 4 个特征图。可能读者会有疑问，一张分辨率高达几百个像素的特征图被池化为如此之低的分辨率，必然损失了大量的信息，对最后的结果还会有什么帮助呢？其实读者不妨将其理解为对高层次语义信息的提炼，提炼出来的是 4 个层级的语义特征图。这些低分辨率语义特征图被上采样层（Upsample）扩大到和原特征图一般大小，然后和原特征图级联在一起，最后用一个卷积层输出融合结果。低分辨率的语义特征图对整个场景起到了高度概括的作用，能对高分辨率的特征图进行引导，把握大方向的正确性，会让大片区域中细碎的噪声变少。高层级语义特征图的数目和分辨率，可以根据情况调整。

4. 基于网络层的融合方法——ASPP 模块

另一种基于网络层的融合方法为 ASPP 模块，全称为空洞空间金字塔池化（Atrous Spatial Pyramid Pooling）。该模块首先出现在 DeepLab 网络中，并沿用至 V3 版，图 5-11 所示即为 DeepLab V3 中使用的 ASPP 模块[33]。

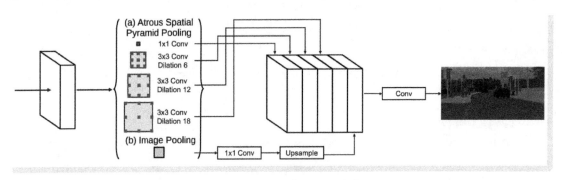

● 图 5-11　ASPP 模块网络结构图

ASPP 模块的做法和 PPM 不太一样，PPM 是通过缩小特征图的分辨率来提取语义特征，而 ASPP 则是通过扩大卷积核的空洞率来获得更大的感受野。如图 5-11 所示，最上面的卷积层为 1×1 卷积，仅对特征图进行简单的线性组合，等于一个残差连接；之后的 3 个卷积层虽然卷积核尺寸都是 3×3，但空洞率分别为 6、12 和 18，也就是说这些卷积核的感受野会因此扩大 6、12 和 18 倍。最后的全特征图池化则是将全分辨率的特征图池化为一个单像素特征图，以期获得极其简单且具有概括性的全局语义信息。值得注意的是，因为使用的是空洞卷积，因此经过 ASPP 模块后特征图的分辨率没有变化，但因为感受野扩大了十几倍，提取的特征层级就更高。

ASPP 的效果应该强于 PPM，因为 ASPP 提取高层级特征的方法是使用卷积核，提取高层级特征的过程是动态的，而 PPM 提取高层级特征的方法是简单直接地平均池化层。代价是 ASPP 需要付出更多的计算量。

无论是 PPM 还是 ASPP，都可以作为"即插即用"的模块插入到模型的末尾使用。值得注意的是，加入这两种模块并不能保证提高精度，还需要对学习率、批次大小等超参数进行调整。多出来的模块，可能带来过拟合的问题，让训练变得更困难，需要更长时间的训练等，需要跟着调整的超参数也有很多。

5. 基于注意力的融合方法——BiSeNet V2

注意力机制如今获得了越来越多的关注，前文介绍的 SE 模块用到的通道注意力就是一个典型的例子，收到了很好的效果。对于语义分割而言，空间注意力是更值得关注的注意力机制。空间注意力的作用是让模型对图像的某些重要区域给予更多的关注，这个思路也符合人类的一般人之习惯，人类也会对场景细节的关注有所取舍。

轻量级网络 BiSeNet V2 是一个很成功的使用空间注意力的例子，结构也非常简单优雅[34]。如图 5-12 所示，整个网络包含了上、下两个通路，上面的通路卷积层少，比较浅，分辨率高，保存下来的细节更丰富，被称为细节分支；下面的通路卷积层多，深度大，提取语义信息的能力更强，因此被称为语义分支。两个分支最后通过两个空间注意力层互相融合。

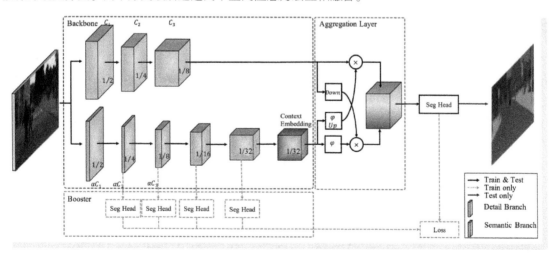

● 图 5-12　BiSeNet V2 网络结构图

空间注意力层的计算非常简单，就是对整个特征图过一遍 Sigmoid 函数，得到一个值全为 0 到 1

之间的"注意力特征图"（Attention Map）。图 5-12 中的 φ 代表的就是 Sigmoid 激活层，语义分支的特征图经过 Sigmoid 层后再上采样便得到"语义注意力图"，将语义注意力图和细节特征图相乘便得到了"语义高亮过的细节"。而细节分支的特征图下采样后过一遍 Sigmoid 层得到"细节注意力图"，这一细节注意力图和语义特征图相乘便得到了"细节高亮过的语义"。两个特征图最后以相加的方式进行融合并输出语义分割结果。

模型的语义分支还输出 4 个分辨率大小不一的语义分割图，这 4 个语义分割图用于构造辅助损失，这些辅助性的输出结果仅在训练中使用，最终采用的输出结果为最右侧的语义分割图。

6. 基于全局信息的融合方法——Spatial CNN

前文已经介绍了数种信息融合的方法，这些方法对普通的语义分割任务能起到很好的作用。对于自动驾驶而言，语义分割中有一个独特的类别需要给予额外的关注，那就是车道线识别。众所周知，语义分割任务中最困难的问题就是细节，路边的电线杆，树木之类的杆状物体经常会断掉，这都是细节缺失导致的。而车道线恰恰就是自动驾驶场景中非常重要、同时又有着十分细长结构的信息，很容易得到断断续续的结果，更棘手的是车道线识别中对虚线的处理。如图 5-13a 所示的驾驶场景，除了右侧的实线是一个连续的车道线区域，左侧的 3 条车道线都是虚线，而车道线识别的理想结果应该是图 5-13b 所示的样子。要得到这样的识别结果意味着模型要能将一块看起来明明是路面的像素识别为车道线，这只能通过融合像素所在位置

● 图 5-13 车道线识别示意图

附近的信息来获得。在极端的情况下，虚线中间的路面部分因为透视的关系会拉得很开，有时会跨越几百个像素，横跨整幅图像 1/3 的高度。这对感受野的要求很高，一般的语义分割网络对此无能为力。

考虑到车道线识别的特殊性，研究人员专门设计了车道线识别网络。这些网络中最知名的架构便是 SCNN（Spatial CNN），这个网络结构如今仍然是车道线识别的基线模型，效果很好[35]。SCNN 网络结构如图 5-14 所示，和 PPM 和 ASPP 模块类似，SCNN 也在输出层进行融合，但融合方式有点突破常规。整个融合分为 4 步，标识为 SCNN_D 的第一步是 SCNN Down 的缩写，其余分别为 SCNN Up、SCNN Right 和 SCNN Left。

以第一步的 SCNN_D 为例。假设输入特征图分辨率为 $C \times H \times W$（通道×高×宽），使用一个卷积核，沿着特征图 H 方向自顶向下，对每一层分辨率为 $C \times W$ 的特征图切片计算卷积得到新的特征图；然后将这一新特征图与下一层的切片相加直到特征图的底部。如此便得到了一个和输入特征图一样大小的特征图，而这个特征图的信息经过了自顶向下的融合。接下来使用 3 个不同的卷积核分别自底向上、从左至右和从右至左进行信息融合，最终经过输出层得到语义分割图。

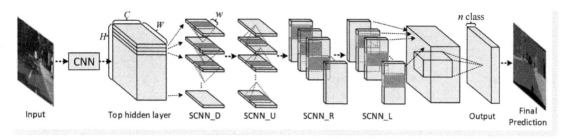

● 图 5-14　Spatial CNN 网络结构图

SCNN 网络的思路很巧妙，普通的卷积层是沿着 C（通道）方向延伸的，或者说是"垂直于"图像的，感受野再大也很难覆盖整个图像空间。如果将卷积层沿着图像左右和上下两个方向延伸，整个图像空间的信息都被充分地融合在了一起。事实也证明，SCNN 在车道线识别任务上的表现超过了之前的模型。

5.2　使用 PyTorch 训练一个语义分割模型

语义分割模型的训练相较于前几章介绍的图片分类模型有很多特殊之处。首先真实值数据是语义分割图而不只是一个类别编号；进行数据增广时，需要同时对输入图片和语义分割图进行处理，保持像素之间的一一对应关系；使用的损失函数也不同，虽然也是分类问题，使用交叉熵损失，但与逐像素的交叉熵损失相比在程序上会稍有区别；最后计算精度使用的函数和模型评价方式也会更加复杂。

因此，搭建语义分割模型的训练代码，最复杂的部分反而不是模型本身，而是和语义分割问题相关的数据类型、损失函数和精度计算代码。本节将就这些细节进行详细介绍。

5.2.1　语义分割的数据加载

经过第 2 章对 PyTorch 的 DataSet 和 DataLoader 的介绍，读者应该已经对在 PyTorch 中加载数据有了初步的概念，加载语义分割数据的代码也是类似的。

公开的语义分割数据集很多，但这些数据集往往会涉及版权问题，因此笔者为本书制作了一个单独的数据集。制作方法是用 GoPro 录制视频之后再用成书时精度最高的模型对视频进行图像分割，最后笔者对明显的分类错误进行手动修补。数据集使用了 CityScape 数据集的 19 个类别，输入图片是 640×480 大小的 RGB 图片，分为两个文件夹，一个文件夹里是 RGB 图片，另一个文件夹里是语义分割图。每个文件夹中的图片文件名都进行了六位零填充，例如，第 1200 张图片的图像文件路径为 camera/001200.jpg，对应的语义分割图路径为 seg/001200.png。语义分割图为单通道灰度图，像素值就代表其类别编号，因为一共只有 19 个类别，因此语义分割图乍看是黑乎乎的一片，仔细观察就会发现大片大片的语义分割区域。

1. 编写 DataSet 类

下载好数据之后,就可以开始编写 DataSet 类了。本书所用的数据集取自一个完整的视频,为了方便进行训练集和测试集划分,数据集还将第一帧和最后一帧的序列号作为初始化参数。录制视频时帧率为 30FPS,对于语义分割任务而言,相邻帧的信息过于重复,不如隔几帧抽取一帧,能成倍地降低数据量。

下面的代码块展示了一个基本的语义分割数据集 DataSet 类的实现。

```python
import os
import cv2
from os.path import join
from torch.utils.data import Dataset

class SegDataset(Dataset):
    def __init__(self, img_path: str,       # 图像数据路径
                 seg_path: str,              # 语义分割图路径
                 start_index: int,           # 起始帧编号
                 end_index: int,             # 结束帧编号
                 interval: int=1):           # 间隔帧数
        # 列举出所有图像文件并排序
        images = os.listdir(img_path)
        images.sort()
        # 按照间隔抽取帧
        images = [images[i] for i in range(start_index, end_index, interval)]
        # 获得所有图像文件路径
        self.image_files = [join(img_path, file) for file in images]
        # 获得所有语义分割文件路径
        self.seg_files = [join(seg_path, file.replace(".jpg", ".png")) for file in images]

    def __getitem__(self, index):
        data = dict()
        # 读取图像文件并存入 data 中
        img_path = self.image_files[index]
        img = cv2.cvtColor(cv2.imread(img_path), cv2.COLOR_BGR2RGB)
        data["image"] = img

        # 读取语义分割图并存入 data 中
        seg_path = self.seg_files[index]
        # 选项 0 表示将图片读取为单通道灰度图
        seg = cv2.imread(seg_path, 0)
        # 将语义分割图的维度从 480×640 扩增为 480×640×1
        seg = np.expand_dims(seg, 2)
        data["seg"] = seg
        return data
```

```
    def __len__(self):
        return len(self.image_files)
```

结合注释文字，代码应不难理解。和图片分类数据集的主要区别在于每一幅图片都有一张与之对应的语义分割图，语义分割图虽然是单通道灰度图，但其保存为.png格式之后是以RGB图片的形式存在的，因此加载的时候应以单通道灰度图的模式加载。

2. 语义分割问题的数据增广

对图片分类问题使用数据增广逻辑比较简单，无论对输入图片进行怎样的几何或色彩调整，其对应的标签都是固定不变的。对于语义分割问题则不然，语义分割图的像素和输入图片的像素必须一一对应，因此对输入图片进行几何调整时（如图像裁剪），语义分割图也要相应地进行调整。幸运的是，数据增广库的作者一般都会考虑到这个问题，只需要调用数据增广库的相关函数即可。使用albumentations数据增广库，与数据增广相关的流程可按如下代码块所示加入DataSet类中，原始数据加载的代码和上文重复，故省略。

```python
import os
import cv2
from os.path import join
from torch.utils.data import Dataset
import albumentations as A

class SegDataset(Dataset):
    def __init__(self, img_path: str,       # 图像数据路径
                 seg_path: str,             # 语义分割图路径
                 start_index: int,          # 起始帧编号
                 end_index: int,            # 结束帧编号
                 training: bool,            # 是否为训练
                 interval: int=1):          # 间隔帧数
    # ---重复代码省略---
        self.training = training
        if self.training:
            # 定义数据增广变换
            self.transform = A.Compose([
                            A.HorizontalFlip(p=0.5),
                            A.Affine(p=0.2),
                            A.RandomBrightnessContrast(p=0.2)])
        else:
            self.transform = None

    def __getitem__(self, index):
        # ---重复代码省略---
        if self.transform is not None:
            # 调用数据增广流程
            data = self.transform(image=data["image"], mask=data["seg"])
            data["seg"]= data["mask"]
```

```
        return data
    def __len__(self):
        return len(self.image_files)
```

示例代码中的数据增广变换仅用于训练数据集，结合了3种数据增广算法，分别是水平翻转、仿射变换和随机亮度对比度调整。前两种属于几何变换，需要同时对原始图像和语义分割图进行变换，因此在调用数据增广变换时，需要同时传入原始图像 image 和相应的语义分割图 mask。从传入参数的名称 mask 可以看出，任何类型的掩膜数据都可以传入，不仅限于语义分割图。

3. 使用 DataLoader 加载语义分割 Dataset

定义好了语义分割 Dataset 类之后，就可以使用 PyTorch 的 DataLoader 加载语义分割数据了，如以下示例代码所示。

```
dataset = SegDataset(img_path="./data/camera",
                     seg_path="./data/seg",
                     start_index=1600,
                     end_index=6400,
                     training=True,
                     interval=3)
dataloader = DataLoader(dataset,
                        batch_size=8,
                        num_workers=8,
                        drop_last=True,
                        shuffle=True)
for batch in dataloader:
    image = batch["image"]
    seg = batch["seg"]
```

训练集覆盖的范围从第 1600 帧至第 6400 帧，每三帧抽取一帧。通过 DataLoader 加载的数据批次的类型已经从 NumPy 数组自动转换为 Pytorch 的 Tensor。本例中的 image 是一个 uint8 类型，维度 8×480×640×3 的张量；seg 是一个 uint8 类型，维度 8×480×640×1 的张量。两个张量都还需进行预处理才能使用，具体的预处理方法将于 5.2.2 小节详述。

▶▶ 5.2.2 加载 Lite R-ASPP 语义分割模型进行训练

准备好了语义分割数据集之后，就可以搭建语义分割网络并进行训练了。为了简化代码，直接使用 TorchVision 提供的语义分割模型和预训练权重。TorchVision 的语义分割模型库中只有 DeeplabV3、FCN 和 Lite R-ASPP。其中 DeeplabV3 和 FCN 都是多年前的模型，已经淡出了工程师们的视线，而基于 MobileNetV3 主干网络的 Lite R-ASPP 语义分割网络在精度和计算量之间达到了很好的平衡，值得一试[36]。

图 5-15 所示为 Lite R-ASPP MobileNetV3 的网络结构图，模型的解码器使用了多分支和空间注意力的融合方法，设计十分精巧。

下面的代码展示了如何从 TorchVision 加载模型并使用 5.2.1 节的数据集进行训练。

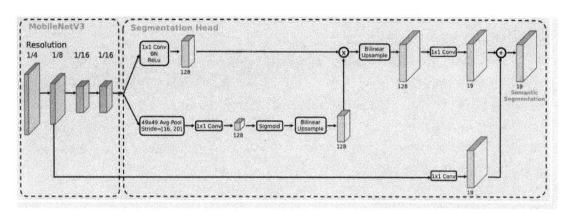

• 图 5-15　Lite R-ASPP MobileNetV3 网络结构图

```
from torchvision.models.segmentation.segmentation import lraspp_mobilenet_v3_large
# 定义适合的计算设备
device = torch.device("cuda" if torch.cuda.is_available() else "cpu")
# 从 TorchVision 加载模型
model = lraspp_mobilenet_v3_large(pretrained=False, num_classes=19).to(device)
params = [p for p in model.parameters() if p.requires_grad]
# 定义优化器
optimizer = optim.Adam(params, lr=configs.lr, weight_decay=configs.weight_decay)
# 将模型置于训练模式
model.train()
# 定义交叉熵损失函数
loss_func = nn.CrossEntropyLoss()

# 训练 20 个 epoch
for i in range(20):
    # 遍历训练数据集
    for batch in dataloader:
        # 梯度清零
        optimizer.zero_grad()
        # 输入图像预处理
        image = batch["image"].permute((0, 3, 1, 2)).to(device)/255.0
        # 进行前向运算，pred 维度 8×19×480×640
        logits = model(image)["out"]
        # 语义分割真实值预处理
        seg = batch["seg"].to(device).long().squeeze(3)
        # 计算损失并进行优化
        loss_seg = loss_func(logits, segs)
        loss_seg.backward()
        optimizer.step()
```

代码中的 dataloader 直接沿用 5.2.1 节的代码，输入图像在进行预处理之前为 uint8 类型，维度 8×480×640×3 的张量。这个张量是无法输入到模型中进行运算的，因此要对其进行预处理，预处理主要做三件事：一是将维度转换为 8×3×480×640；二是对取值范围 0~255 的图像数据进行归一化；三是归一化之后自动转换为 32 位浮点数。

语义分割使用的损失函数是交叉熵损失函数，为了方便使用者，函数对输入张量的维度进行了简化。输入的语义分割预测图，也就是前文中的 logits，为模型输出的 logits，不需要经过 Softmax 函数激活；输入的语义分割真实值也不需要转换为独热编码，直接使用语义分割图即可。由 dataloader 加载的语义分割真实值为 uint8 类型，维度 8×480×640×1 的张量，而交叉熵损失函数要求输入为 long 类型，维度 8×480×640 的张量，因此也需要对真实值进行预处理，将其转换为 long 类型，并使用 squeeze 函数将最后一个多余的维度压缩掉。

▶▶ 5.2.3 计算混淆矩阵

前文提到，语义分割模型的精度指标主要有 mIoU 和混淆矩阵两种，读者们可以回到 5.1.2 小节复习两个指标的计算方法。不难发现，mIoU 是可以直接从混淆矩阵计算出来的，因此在实际工程中计算的重点也是混淆矩阵，最后基于混淆矩阵计算 mIoU。

混淆矩阵记录的是模型对整个验证集中的所有像素错误分类的信息。因此混淆矩阵的计算过程是一个不断地对错误的分类进行累加的过程，下面的计算代码展示了如何使用 PyTorch 实现这一目的。

```python
# 计算混淆矩阵
def compute_confusion_matrix(pred, target, num_class):
    # 1. 将预测语义分割图和目标图展平
    pred = pred.view(-1).contiguous()
    target = target.view(-1).contiguous()
    # 2. 计算混淆编码
    comb = num_classes * pred + targets
    # 3. 统计混淆类别
    comb = torch.bincount(comb, minlength=num_classes ** 2)
    # 4. 重组为混淆矩阵
    cm = comb.reshape(num_classes, num_classes).long()
    return cm

# 类别数目
num_class = 19
# 初始化混淆矩阵
cm = torch.zeros((num_class, num_classes), dtype=torch.long, requires_grad=False, device=device)
# 将模型置于验证模式
model.eval()
# 关闭梯度计算
with torch.no_grad():
    # 遍历整个验证数据集
    for batch in dataloader_val:
        # 输入图像预处理
        image = batch["image"].permute((0, 3, 1, 2)).to(device)/255.0
```

```
# 进行前向运算
logits = model(image)["out"]
# 计算预测语义分割图
pred = torch.argmax(logits, dim=1)
# 语义分割真实值预处理
seg = batch["seg"].to(device).long().squeeze(3)
# 计算混淆矩阵并累加
cm += compute_confusion_matrix(pred, seg, num_class)
```

示例代码中是一个已经训练好的模型，代码的逻辑并不难理解，其中的关键是混淆矩阵计算函数。本例中，若沿用上文的数据集和代码，输入混淆矩阵计算函数的 pred 变量是模型预测的语义分割图，直接对输出的 logits 取 argmax 可得，是一个 8×480×640 维度的张量，真实的语义分割图 seg 也是一样的数据类型。第三个变量代表类别数，本例中为 19 个类别。

对输入的两个语义分割图计算混淆矩阵需要用到一点技巧，为了方便读者理解，笔者将用一个简单的例子展示整个计算过程。假设输入的两个语义分割图分别为 3×3 的尺寸，一共有两个类别，编号为 0 和 1，图 5-16 所示为混淆矩阵的计算过程，图中带编号的箭头对应了上文示例代码中带编号的代码行。

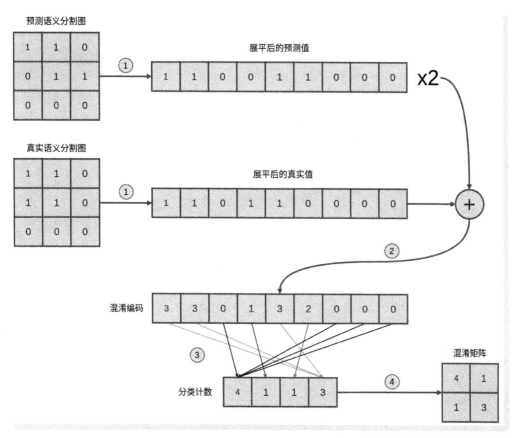

• 图 5-16　计算混淆矩阵的原理

图 5-16 中编号为②的箭头是让人难以理解的步骤，算法将其中一幅语义分割图和类别数（此例中为 2）相乘后再与另一幅语义分割图相加，为每个像素计算出一个混淆编码。每一个混淆编码都代表了一种混淆的情况，与类别数相乘只是为了防止相加后产生重复编码，同时还能产生连续的混淆编码。但其实与任何一个比类别数大的数字相乘都是可以的。

在本例中，混淆编码 0 的像素代表其"将类别 0 正确地分类为 0"；混淆编码 1 代表"此像素将类别 1 错误地分为 0"；混淆代码 2 代表"此像素将类别 0 错误地分类为 1"；混淆代码 3 代表此像素"将类别 1 正确地分类为 1"。

计算出了所有像素的混淆编码后，就可以对各个编码进行统计了，也就是统计每一种混淆的情况分别有多少个像素，此处使用 PyTorch 的 bincount 函数进行统计。最后将统计结果重组为 2×2 的矩阵便得到了混淆矩阵。例如，图中混淆矩阵中的 3 就代表"将类别 1 正确地分类为 1"的像素有 3 个。每一幅图像都会计算出一个混淆矩阵，将所有的混淆矩阵累加起来，就得到了整个验证数据集的混淆矩阵。

▶▶ 5.2.4 计算 mIoU

mIoU 是各类别 IoU 的均值，因此需要先计算各个类别的 IoU。仍然参考图 5-16 中的示例，从最后得到的 2×2 的混淆矩阵可以看出：类别 0 一共有 4 个像素被正确地分类为 0，一个像素误分为 1，另外还有一个类别 1 的像素被误分为类别 0。于是，类别 0 的 IoU 就等于分类正确的像素数 4 除以所有和类别 0 有关的像素数 6，也就是 0.67；同理，类别 1 的 IoU 等于正确分类的像素数 3 除以和类别 1 有关的像素数 5，也就是 0.6。

简单地说，第 k 个类别的 IoU 就是混淆矩阵对角线上的第 k 个元素除以第 k 行和第 k 列中所有元素的和。示例代码如下。

```
# 通过混淆矩阵 cm 计算各类别 IoU
def compute_iou(cm): # cm 维度 19×19
    # 计算各列元素之和,维度 19
    colsum = cm.sum(dim=0)
    # 计算各行元素之和,维度 19
    rowsum = cm.sum(dim=1)
    # 提取对角线元素,维度 19
    diag = cm.diagonal()
    # 计算 IoU,维度 19
    iou = diag.float() / (colsum + rowsum - diag).float()
    return iou

# 计算 IoU
iou = compute_iou(cm)
# 计算 mIoU
mIoU = torch.mean(iou)
```

为了计算各个类别的行和列中所有元素之和，首先计算各行之和，然后计算各列之和，相加后减去对角线上的元素即得。这是因为将各行之和与各列之和相加后，对角线上的元素被加了两遍，因此需要再减去一遍。

最后计算出来的 IoU 是一个长度 19 的数组，代表 19 个类别的 IoU，若计算 mIoU，直接求 IoU 的平均值即可。

5.3 实例分割——分辨行人和车辆

实例分割（Instance Segmentation）和语义分割（Semantic Segmentation）都是对图像进行分割，但分割的方式有所不同，其区别如图 5-17 所示，图 5-17a 所示为语义分割图，图 5-17b 所示为实例分割图。

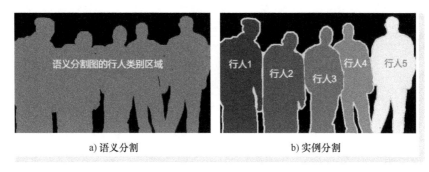

● 图 5-17 语义分割与实例分割任务的区别

语义分割是对每一个像素的语义进行分类，而实例分割则要判断每一个像素属于哪一个实例（Instance）。所谓实例就是图像中独立的识别目标，如图 5-17 中的实例便是一个个独立的行人。实例分割要将不同的行人分割开来，而语义分割并不在意某个像素到底属于哪个行人，只对其语义进行分类。

实例分割对自动驾驶非常重要，驾驶车辆时自动驾驶系统需要对周围环境中的每一个目标进行区分，才能保证精确地对这些活动的物体进行定位和预测。而图像的分辨率是各种传感器中最高的，能提供最丰富的信息。

▶▶ 5.3.1 以 Mask-RCNN 为代表的两阶段实例分割方法

实例分割的任务是分割不同的目标，很容易看出来，这个任务和目标检测具有天然的相似性。两阶段目标检测框架在第一个阶段识别出来一个个目标检测框，实例分割只需要把检测框中的目标分割出来就可以了，这便是 Mask-RCNN 的灵感来源。Mask-RCNN 也属于 RCNN 系列网络结构，考虑到实例分割需要对图像进行逐像素分割，其需求和目标检测稍有不同，又基于 Mask-RCNN 发展出来了 PANet 结构。PANet 的多尺度融合思想不但将精度提到新的高度，还启发了 BiFPN 的发明。

1. Mask RCNN 的网络结构

Mask RCNN 仅对 Faster RCNN 进行了小幅度的修改，读者不妨先复习第 4 章 Faster RCNN 模型，和 Faster RCNN 相同的部分本章将不做重复讲解[37]。Mask RCNN 和 Faster RCNN 的唯一区别就是 ROI 网络多了个 Mask 分支，此分支负责将 ROI 中目标物的掩膜（Mask）分割出来，故称为 Mask 分支，如图 5-18 所示。Mask 分支的输出会通过转置卷积或上采样层将 ROI 特征图的分辨率扩大一倍，这样就可以获得更多的细节，让实例分割更精确。实例分割的输出是一张张的掩膜（Mask），每一张掩膜对应一个类别。

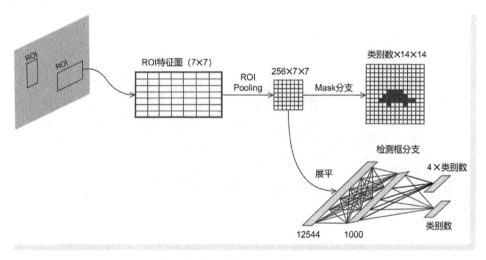

• 图 5-18 Mask RCNN 的原理图

每个检测框的类别都是由检测框分支的类别输出确定的，故虽然 Mask 分支为每一个类别都输出了一张掩膜，这些掩膜却并不负责分类，只负责对其类别的对象进行分割，因此采用了 Sigmoid 激活函数，而非 Softmax。进行推理的时候根据检测框分支输出的类别直接从 Mask 分支取出此类别对应的掩膜即可。如图 5-18 所示的 Mask 分支中汽车类别对应的掩膜分割出了一个汽车的形状，但行人类别对应的掩膜可能就是全黑的。根据 Mask RCNN 作者的试验，使用 Sigmoid 激活函数让各个类别的掩膜相互独立能获得更好的效果。

2. PANet——通过信息融合进一步提高精度

Mask RCNN 推出后便长期霸占 COCO 数据集精度榜第一名，直到多通路聚合网络（Path Aggregation Network，PANet）出现，将精度提升了多达三个百分点[38]。在深度学习领域，提升一个百分点就已经很了不起了，三个百分点的提升堪称飞跃。PANet 针对的是实例分割的特点，实例分割需要精确到像素，而高精度的像素级分割需要更丰富的场景信息。Mask RCNN 对 FPN 每一层的特征图进行单独的预测，但根据本章语义分割的学习，读者应该已经理解了多尺度信息融合对语义分割的重要性，PANet 的设计便是基于这一考虑。图 5-19 所示为 PANet 的整体结构。图中主干网络和 FPN 部分与 Mask RCNN 一致，但添加了 PAN 结构，特征池化层和全新的 Mask 分支。

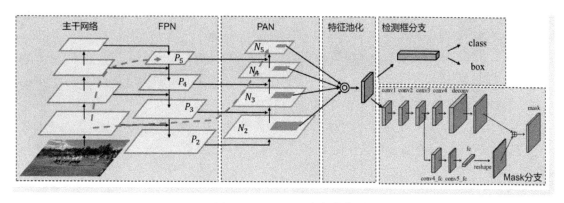

• 图 5-19　PANet 网络结构图

(1) PAN

PAN 是最为关键的结构，可以认为 PAN 是一个倒置的 FPN。FPN 中的信息流动是单向的，总是从低分辨率特征图向高分辨率特征图流动，为了增强不同尺度信息的融合，PAN 反其道而行之，将高分辨率特征图向低分辨率特征图融合。以图 5-19 中的特征图 N_5 为例，输入信息一共有 4 条通路可以通向 N_5。换言之，PAN 的每一个输出特征图都聚合了各个尺度、各个抽象层次的信息通路，所以这一网络结构被称为通路聚合网络。PAN 的思路后来经过进一步的发展，催生了双向特征金字塔（Bi-directional Feature Pyramid Network，BiFPN），BiFPN 的具体网络结构读者可以参考 3.1 节。

(2) 特征池化层

特征池化层是 PANet 的又一创新之处。传统 Mask RCNN 输出的 ROI 特征图仅从 FPN 某一层提取，然后输入到 ROI 网络中，这是一种很大的浪费。因为 FPN 每一层都包含了同一个 ROI 不同尺度的信息，但最终却只从中取出某一个尺度的特征图用于最终的输出，其他尺度的特征都白白浪费了。PANet 的特征池化层同时提取某个 ROI 各个尺度的特征图，然后使用最大池化的方法融合多尺度特征图，输出一个融合过的 ROI 特征图。最大池化就是逐像素地检查同一个位置各尺度特征图的值，并取最大值输出，可以简单地理解为输出各尺度的最强特征。

(3) 全连接融合的 Mask 融合

Mask RCNN 中的 Mask 分支仅使用若干个卷积层就输出了实例分割的掩膜，简洁明了，但 PANet 也没有放过这一部分，对其进行了改进。改进的思路仍然是信息融合，这一次融合的是位置信息，融合方法是将特征图展平后输入到一个全连接层再进行输出。全连接层等于是对特征图不同位置的像素加权，经过训练后全连接层就会学习到和位置相关的知识。对于实例分割而言，位置信息很重要，有的时候某些目标物的各个部分会分散在各个位置，全连接层能将同一个目标物分散在不同位置的各个部分"收集"起来。使用全连接融合的 Mask 分支，能提高 0.7 个百分点，可谓效果显著。

▶▶ 5.3.2　以 SOLO 为代表的单阶段实例分割方法

和目标检测一样，两阶段方法速度更慢，运行时间变化很大，对硬件加速也不友好。因此，工业界对单阶段实例分割模型可谓翘首以盼,然而,早期的单阶段实例分割算法有的精度不够,有的后处理太过复杂,实用性都不强。SOLO(Segment Objects by Locations)模型后处理比较简单,精度更是超过了 Mask RCNN,运行速度能达到实时的要求,是第一个真正具有实用价值的单阶段实例分割模型[39]。

1. SOLO 的输出层

SOLO 的主干网络并没有特别之处,可以使用任何通用的主干网络,其特殊之处在于输出层的设计。如何让一个单阶段网络输出一个个单独的实例?这是一个很棘手的问题,SOLO 使用位置编码优雅地解决了这个问题,其网络结构如图 5-20 所示。

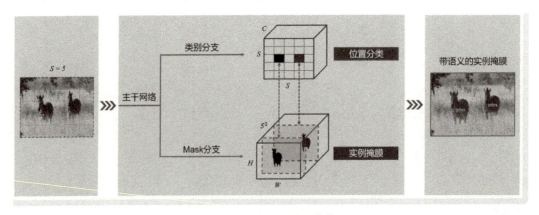

● 图 5-20　SOLO 网络结构图

SOLO 将输入图片划分为 $S×S$ 的网格,若目标物体的类别数为 C,则位置分类输出的张量尺寸为 $C×S×S$。每一个网格对应一个长度为 C 的语义分类输出,这是常见的用于分类的独热编码(One-Hot Encoding)。位置分类输出中坐标为(2,3,4)的元素所代表的含义是"位于(3,4)位置的网格内的实例属于类别 2 的概率",简而言之,位置分类的作用是给位于各个位置的实例进行语义分类。

Mask 分支输出的是各个实例的掩膜(Mask),其输出的掩膜都和原图一样大小,其中 H 和 W 分别是原图的高和宽。Mask 分支一共会输出 S^2 张掩膜,图 5-20 的例子里 S 等于 5,于是输入图片被划分为 5×5 的网格,Mask 分支就会输出 25 张掩膜,每一张掩膜都代表了其所对应的网格位置上实例的掩膜。如图 5-20 中第三行第二列的网格所在的位置有一匹斑马,这个网格在 Mask 分支输出中对应的掩膜正好能将这匹斑马分割出来。比较神奇的是,虽然输出的掩膜都和原图一般大小,但经过训练之后,这些掩膜都只分割出一个实例,也就是说卷积神经网络对不同的位置具有很好的分辨能力。

如此,位置分类告诉我们每一个网格位置的实例类别是什么,Mask 分支输出各个位置的实例掩膜,一一对应之后就获得了带语义的实例掩膜。SOLO 的输出相当简洁易懂,而且很容易发现,SOLO 是无锚框的模型,这又是一个让开发人员大感轻松的设计。

Mask 分支输出的设计很巧妙,但有一个明显的弱点,那就是输出掩膜的数量高达 S^2。如果网格划分较细,输出掩膜的数量会急剧增长,不但对推理时间和显存占用都有很大的影响,而且给后续的

NMS 操作带来很大的负担。因此，研究人员对原始的 Mask 分支进行了改进，将输出的 Mask 分为 x 分支和 y 分支，最后对两者进行点乘来融合两个方向的信息。因此原为 S^2 的输出掩膜数量变成了 $2S$，计算量大为降低。更为神奇的是，将密集的 Mask 分支拆分为 x 和 y 分支后精度反而比原始模型要高一点点。这个改进的模型称为 Decoupled SOLO head，也就是分离的 SOLO 检测头。原始 Mask 分支和分离式的 Mask 分支结构对比如图 5-21 所示。

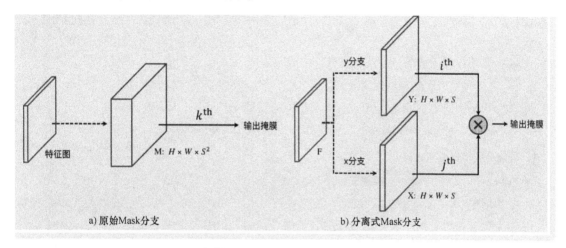

- 图 5-21　原始 Mask 分支与分离式 Mask 分支对比图

2. 对 Mask 进行 NMS

SOLO 是一个全新的实例分割模型，面对的也是全新的问题，最严重的问题就是 Mask 分支输出的大量掩膜。图 5-20 中的例子有 25 张掩膜，如果将图像分辨率提高一倍，S 就变成了 10，最终将输出 100 张掩膜。但结果显示正确的输出应该是两张掩膜，如何从几十上百张掩膜中找出那两张正确的掩膜就需要对掩膜进行极大值抑制（Non-Maximum Suppression）。Mask NMS 示意图如图 5-22 所示。

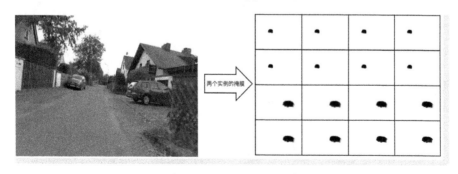

- 图 5-22　Mask NMS 示意图

掩膜的 NMS 和检测框的 NMS 原理类似，检测框使用 IoU 进行 NMS 的算法在 4.1.2 小节进行了深入讲解。掩膜 NMS 的算法和检测框 NMS 的算法大同小异，唯一的区别是计算两个掩膜的 IoU 比计算检测框更为费时,计算掩膜的 IoU 需要逐点对比,而计算检测框的 IoU 只需要对比 4 个角点即可。

▶▶ 5.3.3 基于 CondInst 的半监督实例分割方法 BoxInst

实例分割任务对标注的要求是很高的,不但要求逐像素标注,还要求对各个实例分别进行标注,因此成本极其高昂,标注速度也很慢。而检测框的标注在工业界已经非常成熟,因此相对廉价,且标注速度快。目标检测可以认为是实例分割的一个子任务,在深度学习流行以前,图像分割就已经是一个经历了多年发展的领域了。换句话说,图像分割并不一定需要标注数据,在前深度学习时代,研究者们一般会根据像素的相似度对像素归类来进行图像分割。

BoxInst 巧妙地结合了检测框标注数据提供的信息以及前深度学习时代的传统分割方法,实现了只需要检测框标注信息的实例分割模型,而且其精度超过 YOLACT、PolarMask 等单阶段实例分割模型,接近 SOLO,对于标注预算有限的项目而言,已经具有了使用价值。

1. 实例分割模型 CondInst

BoxInst 所基于的是实例分割模型 CondInst,这是一个非常强大的模型,无论是速度还是精度都超越了 Mask RCNN,因此 CondInst 本身就很值得学习[40]。CondInst 也是一个两阶段模型,Mask RCNN 基于 Faster RCNN 修改而来,CondInst 则是基于目标检测 FCOS 修改而来。CondInst 的结构如图 5-23 所示。图中目标检测分支直接沿用了 FCOS 目标检测模型(Fully Convolutional One-Stage Object Detection)输出检测框。语义分支输出的是致密的语义分类图,$p_{x,y}$ 是指位于 (x,y) 位置的实例的语义分类概率,这一分支的输出是独热编码,有多少个类别就会输出多少张语义分类图。控制分支是

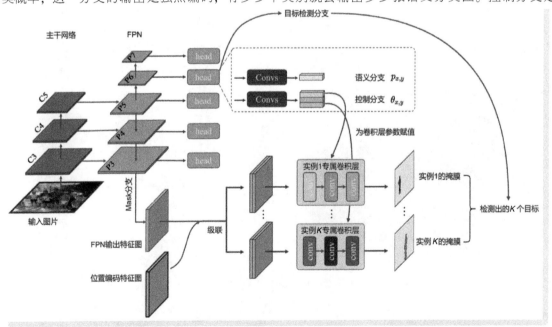

● 图 5-23 CondInst 原理图

CondInst 比较特别的设计,这一分支输出的是 Mask 分支中卷积核的参数,使用了动态卷积(Dynamic Convolution)的做法。控制分支的输出是致密的,会为每一个位置都输出一套卷积核参数,各个实例可以根据各自的中心位置从控制分支获得其专属的卷积核参数。

(1)位置编码特征图

Mask 分支的输入是 FPN 的输出特征图,为了引入位置信息,还生成位置编码特征图与之级联。所谓位置编码特征图,就是将特征图中元素的值设置为其 x 和 y 坐标。例如,为 x 坐标进行位置编码的特征图第一行的值为"1,2,3,4,5…",因为第一行元素的 x 坐标递增。同理,y 坐标的位置编码图第一行为"1,1,1,1…",因为第一行元素的 y 坐标均为 1。

(2)使用动态卷积的 Mask 分支

所谓动态卷积(Dynamic Convolution),是指卷积核的参数不是通过训练得到的,而是来自其他网络的输出值,卷积核的参数根据输入的变化而变化,故称之为"动态卷积"。CondInst 的创新之处在于模型的控制分支会为每一个实例动态地生成卷积层参数,于是每一个实例都将拥有一个专属的卷积层。

那么某个实例的卷积层参数是如何从控制分支获取的呢?假设目标检测分支输出一个检测框,其中心的坐标为 (x,y),以此坐标点为索引,可以从语义分支获得这一位置的语义分类概率 $p_{x,y}$,从控制分支则可以获得这一位置的卷积层参数 $\theta_{x,y}$。在图 5-23 中,每个实例的 Mask 分支由 3 个卷积层构成,3 个卷积核一共需要 169 个参数,故 $\theta_{x,y}$ 为一个长度为 169 的向量。通过为每个实例定制卷积层,各实例的 Mask 分支得以输出图 5-23 中的掩膜。

显然,在得知各个实例的中心位置之前,用户无法从对应的位置提取卷积核参数,也就是说在进行推理的时候,要先进行目标检测,然后根据目标检测输出的检测框位置获得各实例中心点,再从控制分支的输出中提取卷积核参数来构造 Mask 分支的卷积层。因此 CondInst 是一个两阶段实例分割模型。

2. BoxInst 的损失函数

BoxInst 最大的贡献是实例分割任务的半监督训练,用户仅需要检测框标注数据就能训练精度很高的实例分割网络,说是"免费的午餐"都不为过[41]。整个半监督学习都建立在精妙的损失函数之上,损失函数包括投影损失和像素对相似度损失,前者利用了检测框标注数据,后者则致力于对实例进行精确的逐像素分割,两个损失函数的计算如图 5-24 所示。

(1)投影损失

如图 5-24a 所示,模型输出的实例分割 Mask 投影在 X 轴上产生两个投影点 x_0、x_1,投影在 Y 轴上产生两个投影点 y_0、y_1;目标检测标注的检测框投影在 X 和 Y 轴上也产生了 4 个投影点 x_0^*、x_1^*、y_0^*、y_1^*。如果实例分割是正确的,那么对应的投影点应该重合,因此可以基于这一特性构造一个投影损失:

$$L_{\text{proj}} = \frac{2 \times X \text{轴投影的重叠部分}}{(x_1-x_0)+(x_1^*-x_0^*)} + \frac{2 \times Y \text{轴投影的重叠部分}}{(y_1-y_0)+(y_1^*-y_0^*)} \tag{5-3}$$

这一损失也被称为 Dice 损失(Dice Loss)。Dice 损失能引入检测框标注数据的知识,实现半监督学习中"监督"的目的。

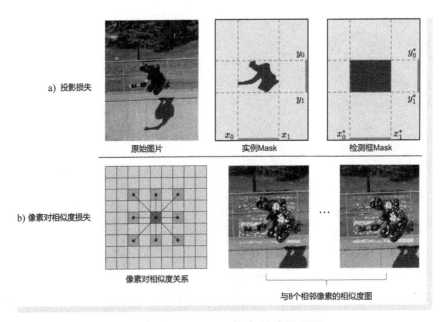

● 图 5-24　BoxInst 损失函数原理图

（2）像素对相似度损失

像素对相似度损失（Pairwise Similarity Loss）的构造是基于以下假设：属于某一个实例的像素颜色相似，和背景像素颜色相异。计算两个像素之间相似度的函数可以用式（5-4）表示：

$$S_{i,j} = \exp\left(-\frac{||c_i - c_j||}{\theta}\right) \tag{5-4}$$

式中，$S_{i,j}$ 为像素 i 和像素 j 之间的颜色相似度；c_i、c_j 分别为两个像素的颜色；θ 是一个可以自由设置的超参数，一般选为 2。像素颜色可以使用 RGB 值，但 BoxInst 使用的是 LAB 颜色空间，更贴近人类的视觉感知。因此，两个像素颜色越接近，颜色相似度就越大，且相似度位于 0 和 1 之间。使用此相似度函数，便能计算每个像素与其相邻的 8 个像素之间的相似度，在确定一个相似度阈值后，就能分离出和周围像素颜色类似的像素点。如图 5-24b 所示，图中相似度图里标记为白色的像素点便是和周围像素高度类似的像素点。

有了相似度函数，接下来就要使用这个函数构造一个相似度损失。BoxInst 的研究人员分析 COCO 数据集的实例分割标注数据发现，98%属于同一实例的像素颜色都是高度相似的，于是萌生了利用相似度构造损失函数的想法。首先将图片的像素看成一个个节点，相邻的像素连接成边，边的权重为两端像素之间的相似度，这样就形成了一个带权重的相似度网络。基于此相似度网络可以按照式（5-5）计算像素对相似度损失：

$$L_{\text{pairwise}} = -\frac{1}{N} \sum_{e \in E_{\text{in}}} 1_{\{S_e > \tau\}} \log P(y_e = 1) \tag{5-5}$$

式（5-5）中，e 表示的是相似度网络中的一条边；E_{in} 表示的是属于检测框内的边的集合；S_e 是边 e 的相似度；τ 是一个自定义的阈值，相似度大于此阈值则认为这条边连接的两个像素是同一类的，或者属于同一个实例，或者同属于背景。相似度大于阈值时 $1_{\{S_e > \tau\}}$ 的值为 1，否则为 0。得到当前模型输出的实例分割图后，若边 e 连接的两个像素同属于一个实例或同属于背景，则 $y_e = 1$。换言之，y_e 代表的是连接的两个像素是否属于同一类。$P(y_e = 1)$ 的含义是根据模型的输出，某条边 e 连接的两个像素属于同一类别的概率，此概率可由式（5-6）计算得出：

$$P(y_e = 1) = p_i \cdot p_j + (1-p_i) \cdot (1-p_j) \tag{5-6}$$

式（5-6）中，p_i、p_j 是边 e 连接的两个像素 i，j 属于实例的概率，也就是 Mask 分支输出的实例掩膜。稍加计算可知，当两个像素属于实例的概率均为 1 时，$P(y_e = 1)$ 的值为 1；两个像素属于实例的概率均为 0 时，意味着两个像素均属于背景一类，$P(y_e = 1)$ 的值也为 1。当两个像素一个属于实例，另一个属于背景时，$P(y_e = 1)$ 的值为 0。

因此，像素对相似度损失函数其实就是对"属于同一类的像素颜色也类似"这一假设的数学表达。

5.4 安装及使用 OpenMMLab——以 MMDetection 为例

OpenMMLab 是香港中文大学多媒体实验室（Multimedia Laboratory，MMLab）发布的开源深度学习平台，MMDetection 是这个平台下专注于目标检测的工具箱。深度学习的论文往往基于前人的工作进行改进，提供开源代码的工作更有说服力，会吸引更多的研究者在这个方向前进，相关的开源代码也会被一波又一波的研究人员扩展。目标检测发展的过程中，在 Yolo 系列的支撑下 Yolo 的源代码库 Darknet 流行一时；由 Facebook 的 maskrcnn-benchmark 发展而来的 Detectron2，在 SSD 等流行算法的助力下也曾成为目标检测开源代码的标准平台。但这些代码库都是由某些算法的发明自然发展壮大的，出发点并不是通用目标检测平台，灵活性有所欠缺。而 MMDetection 发起的目的就是建立一个方便目标检测算法开发的平台，从一开始就对易用性和灵活性进行了仔细的平衡，并提供了几乎所有主流算法的实现，如今已经成为目标检测和实例分割领域最主流的平台。

MMDetection 不仅对科研人员友好，对商业应用也非常友好。代码库使用的 Apache-2.0 license 允许商业应用，而且还提供了 onnx 和 TensorRT 等多种模型部署工具。本章涉及的算法 MMDetection 均提供代码实现，熟悉 MMDetection 对将来的学习和工作都会有很大的助益。

5.4.1 安装和配置 MMDetection

MMDetection 可以从 Github 或 Gitlee 下载，为了方便读者更顺畅地实践，环境配置仅考虑 CPU 版本。为了便于环境管理，使用 Anaconda 配置。

1. 创建并激活 mmdetection 虚拟环境

下面的两条命令会使用 Anaconda 建立一个名为 mmdetection 的 Python 3.8 虚拟环境并激活。命令执行完毕之后，读者便位于新建立的虚拟环境之中了，此时安装的 Python 包对其他虚拟环境的 Python

包和 Python 版本没有影响。

```
conda create --name mmdetection python=3.8 -y
conda activate mmdetection
```

2. 安装 PyTorch 和 OpenMMLab 包管理器 mim

接下来安装 PyTorch 的 CPU 版本和专门定制的包管理器 mim。OpenMMLab 是一个开放的平台，这意味着开发者可以按照标准开发平台支持的网络模型，后处理算法等扩展程序，mim 就是 OpenMMLab 用来管理扩展程序和预训练模型的包管理器。命令如下。

```
conda install pytorch torchvision cpuonly -c pytorch
pip install -U openmim
```

3. 安装 mmcv 和 mmengine

mmcv 是 OpenMMLab 的基础支持库。在深度学习的开发过程中，开发者经常要读写图片、视频；对数据进行可视化，如半透明实例掩膜、检测框等；跟踪训练进度，用彩色进度条进行可视化等。这些支持性的辅助功能被集中在了一个安装包里，即 mmcv。mmengine 则将数据集、模型、优化器、评测指标等功能块组合在一起，对模型进行训练。模型训练的迭代就是由 mmengine 发起和控制的。

```
mim install mmcv-full
mim install mmengine
conda install -c conda-forge pycocotools
```

最后一步是安装 pycocotools。这个包本应作为 mmdetection 的依赖项自动安装，但 Windows 环境对这个包支持不佳，因此 Windows 用户需要使用 conda 安装 pycocotools，否则下一步将出错。

4. 下载安装 mmdetection

以上 1~3 步都是安装 mmdetection 需要的支持环境，下面下载 mmdetection 代码库并以开发模式安装。开发模式就是在使用 pip install 命令的时候加上 "-e" 选项，安装完成后在 mmdetection 代码库中进行的改动都会继续有效，无需重新安装。

```
git clone https://github.com/open-mmlab/mmdetection.git
cd mmdetection
pip install -v -e .
```

5. 下载预训练模型并验证安装情况

至此若无错误，mmdetection 即安装成功。为了进行最后的检验，可以下载一个 Yolo 的预训练模型，使用 demo 图片作为输入进行推理并可视化检测结果。首先使用 mim 下载 YoloV3 在 COCO 数据集上的预训练模型。

```
mim download mmdet --config yolov3_mobilenetv2_320_300e_coco --dest .
```

命令执行完毕后，在文件夹中会出现下载的配置文件 yolov3_mobilenetv2_320_300e_coco.py 和扩展名为 .pth 的模型文件，这便是需要的预训练模型了。下面可以调用 demo/image_demo.py 脚本对代码库里附带的 demo 图片进行推理。

```
python demo/image_demo.py demo/demo.jpg yolov3_mobilenetv2_320_300e_coco.py yolov3_mobilenetv2_320_300e_coco_xxx.pth --out-file output.jpg --device cpu
```

脚本执行完毕后，文件夹中会出现一个 output.jpg 文件，这便是对输入图片进行目标检测后的可视化结果。至此，MMDetection 的环境配置成功。

▶▶ 5.4.2 MMDetection 介绍

MMDetection 是一个"乐高"式的框架，或者说是装配式的框架，其使用方法是通过配置文件（config 文件）定义各个组成部分，然后由 MMDetection 加载配置文件并进行推理、训练或评测。配置文件用于定义数据集、模型的构成、各种超参数等。装配式框架的优点是各个部分耦合度低，代码复用度高，改动代码时只需要专注于一处；缺点是框架的"魔法"太多，很多事情都在后台进行，使用者必须掌握配置文件的具体写法，如果配置文件出错，可能很难追溯问题。

1. 配置文件

MMDetection 的配置文件都被分门别类地保存在 configs 文件夹中，配置文件都是 Python 文件，配置的选项以 Python Dictionary 数据格式保存。配置文件也是装配式的，一个完整的配置文件会包括很多个部分，配置文件还可以继承，组合等。以 solo 的配置文件为例，solo 模型在本章 5.3 节介绍过。在 configs/solo 这个文件夹中，读者可以看到一共有 5 个配置文件，其中每个文件都定义了一个 solo 模型的变种。以 decoupled_solo_light_r50_fpn_3x_coco.py.py 这个配置文件为例，包含了以下几个部分。

1) _base_：以其他配置文件作为基础进行改动，以更新的方式改动，就是用本文件中的配置替换掉 _base_ 中的配置。

2) model：定义模型，该文件中仅包括 mask_head，也就是说只对基础配置文件里模型配置中的 mask_head 部分进行重新定义。

3) img_norm_cfg：定义输入图像标准化参数。

4) train_pipeline：定义训练流程，其中包括如何加载图像、如何加载标签、如果进行数据增广等。

5) test_pipeline：定义评测流程。

6) data：将训练、验证、评测流程归于一处。

本例中的基础配置文件是 decoupled_solo_r50_fpn_3x_coco.py，这个文件又会继承很多其他的配置文件，在整个继承链中，会从 solo_r50_fpn_3x_coco.py 配置文件中继承 lr_config 和 runner 这两个配置项。

- lr_config：定义学习率调度器的若干参数。
- runner：定义使用的执行器（Runner），执行器负责启动训练迭代。

和优化器相关的配置项则从 solo_r50_fpn_1x_coco.py 继承而来，设置为使用 SGD 优化器。

面对一个用 MMDetection 实现的项目，首先应该找到项目的配置文件，并将配置文件研究透彻，项目的各个部分通过配置文件按图索骥即可。通过继承和组合进行项目配置也有很大的弊端，各个部分的配置项可能会分散在不同的配置文件中，读者们在寻找和修改配置项之前应先理清整个配置继承链的结构。

2. 通过配置文件定义模型

对于一个深度学习的项目而言，优化器、调度器、数据集等部分是相对通用的，变化最大的莫过于模型。solo 的模型一共分为三部分：主干部（backbone）、颈部（neck）和掩膜输出头部（mask_head）。

主干部就是主干网络，本例的主干网络配置项继承自 solo_r50_fpn_1x_coco.py。主干网络的代码文件可以根据 type 定位。例如，本例中主干网络的 type 是 ResNet，那就可以从 mmdet/models/backbones/resnet.py 文件中找到 ResNet 类，配置文件中定义的主干网络即为 ResNet，其具体的代码实现就位于这个 resnet.py 文件中。ResNet 类的装饰器是@BACKBONES.register_module()，这也是 mmcv 框架的装饰器。使用这个装饰器之后，ResNet 类就注册为了 mmcv 的一个模块，可以通过配置文件进行配置。读者会发现，主干网络的配置选项正是 ResNet 类的初始化参数，ResNet 是高度可定制的，通过设定配置项中的 depth，可以配置出 ResNet18、34、50、101、152 等多个版本，甚至还可以设置从 Pytorch 官方模型库下载预训练模型进行初始化。

颈部是 FPN 网络，用来连接主干网络和检测头（Detection Head），FPN 的源代码也不难定位，可以在 mmdet/models/necks/fpn.py 中找到。和 ResNet 类似，用户可以通过定义配置文件中的相关选项，对 FPN 的层数、各层输入特征图通道数、输出通道数、是否加批归一化等各种细节进行定制。

如果说主干网络和颈部的网络结构都是标准化的，那么本例中的 SOLO 检测头则是模型中真正创新的部分了。模型的 Type 是 DecoupledSOLOLightHead，这是由 SOLO 的作者自己编写的模型代码，代码位于 mmdet/models/dense_heads/solo_head.py 文件中。在这个文件中搜索 DecoupledSOLOLightHead 就可以定位到检测头的类了，可以发现 DecoupledSOLOLightHead 继承自 SOLOHead，而配置文件中的很多配置选项其实都是定义在 SOLOHead 类中的。

最后整个模型的 type 是 SOLO，这个类可以在 mmdet/models/detectors/solo.py 中找到，其功能是将模型的各个部分黏合起来。SOLO 是单阶段实例分割模型，因此直接继承了 MMDetection 模型库里的 SingleStageInstanceSegmentor 模型，不必做多余的改动。

3. 加载配置文件和权重进行训练和推理

配置文件对模型训练和模型推理的方方面面都进行了设定，是整个系统的蓝图，而 MMDetection 提供了一些简单的脚本，根据配置文件来组装整个系统，并进行训练和推理。除了配置文件，另一个重要的文件就是预训练模型文件，这是模型发布者训练好的模型文件，在 mmdet/configs/solo/README.md 文档中可以找到预训练模型文件的下载链接。读者可找到 Decoupled Light SOLO 的模型链接，并下载保存为 decoupled_solo_r50_fpn_3x_coco.pth。

最简单的用法是加载配置文件和预训练模型并对输入图片进行推理。推理使用的脚本文件是 demo/image_demo.py，输入图像是 demo/demo.jpg，可以简单地使用以下命令加载预训练模型，进行推理并可视化输出结果。

```
python demo/image_demo.py demo/demo.jpg configs/solo/decoupled_solo_light_r50_fpn_3x_
coco.py decoupled_solo_light_r50_fpn_3x_coco.pth --device cpu
```

为了让所有的读者都能顺利地运行，本例使用的是 CPU 版本，对于轻量级的模型而言，使用 CPU 进行模型推理速度也是很快的。image_demo.py 脚本的 main 函数的代码逻辑非常简单。

```python
def main(args):
    # 加载配置文件和训练模型,初始化一个模型
    model = init_detector(args.config, args.checkpoint, device=args.device)
    # 模型加载成功后对输入图片进行推理
    result = inference_detector(model, args.img)
    # 推理结束后可视化推理结果
    show_result_pyplot(model, args.img, result, palette=args.palette,
                      score_thr=args.score_thr, out_file=args.out_file)
```

若配置文件无误，MMDetection 会根据配置文件组装模型，然后加载用户提供的预训练权重文件（.pth 文件），得到一个训练好的模型。使用这个模型对输入图片进行推理后再可视化推理结果。

若需训练，则使用 tools/train.py 脚本，用户必须提供符合预设数据集格式的数据，最常用的莫过于 COCO 数据集格式。因此当用户希望使用自己的数据进行训练时，最简单的方法便是将数据集转换为 COCO 格式，并调用训练脚本进行训练。

▶▶ 5.4.3 SOLO 代码解析

SOLO 的核心代码都在 mmdet/models/dense_heads/solo_head.py 文件里，模型的主干网络 ResNet 和颈部网络 FPN 都是通用的，真正的创新是 SOLO 检测头。SOLO 有多个版本的实现，本例讲解的是 DecoupledSOLOLightHead 版本。在 solo_head.py 文件中搜索 DecoupledSOLOLightHead 便可以找到模型的代码实现。

1. forward 函数

forward 函数是 SOLO 检测头的前向传播函数，feats 是这个函数的传入参数，也就是 FPN 网络的输出特征图，forward 函数如以下代码块所示。

```python
def forward(self, feats):
    # 输入特征图必须和 FPN 层数一致,否则报错
    assert len(feats) == self.num_levels
    # 将 FPN 的特征图缩放至输出网格大小
    feats = self.resize_feats(feats)
    mask_preds_x = []
    mask_preds_y = []
    cls_preds = []
    # 遍历各层特征图进行前向传播
    for i in range(self.num_levels):
        x = feats[i]
```

```python
        mask_feat = x
        cls_feat = x
        # 生成各个网格的位置编码
        coord_feat = generate_coordinate(mask_feat.size(), mask_feat.device)
        # 将位置编码和特征图叠加
        mask_feat = torch.cat([mask_feat, coord_feat], 1)
        # mask 输出层
        for mask_layer in self.mask_convs:
            mask_feat = mask_layer(mask_feat)
        # 对 mask 输出进行上采样
        mask_feat = F.interpolate(mask_feat, scale_factor=2, mode='bilinear')
        # x 和 y 两个方向的 mask 分支
        mask_pred_x = self.conv_mask_list_x[i](mask_feat)
        mask_pred_y = self.conv_mask_list_y[i](mask_feat)
        # 分类分支
        for j, cls_layer in enumerate(self.cls_convs):
            if j == self.cls_down_index:
                num_grid = self.num_grids[i]
                cls_feat = F.interpolate(cls_feat, size=num_grid, mode='bilinear')
            cls_feat = cls_layer(cls_feat)

        # 输出独热编码的分类预测
        cls_pred = self.conv_cls(cls_feat)

        # 仅推理时所需代码
        if not self.training:
            feat_wh = feats[0].size()[-2:]
            upsampled_size = (feat_wh[0] * 2, feat_wh[1] * 2)
            # 将 mask 和分类分支的输出转换为概率
            mask_pred_x = F.interpolate(mask_pred_x.sigmoid(),
                                        size=upsampled_size,
                                        mode='bilinear')
            mask_pred_y = F.interpolate(mask_pred_y.sigmoid(),
                                        size=upsampled_size,
                                        mode='bilinear')
            cls_pred = cls_pred.sigmoid()
            # 对分类输出进行初步过滤
            local_max = F.max_pool2d(cls_pred, 2, stride=1, padding=1)
            keep_mask = local_max[:, :, :-1, :-1] == cls_pred
            cls_pred = cls_pred * keep_mask

        # 将各分支输出加入到 list 中
        mask_preds_x.append(mask_pred_x)
        mask_preds_y.append(mask_pred_y)
        cls_preds.append(cls_pred)
    return mask_preds_x, mask_preds_y, cls_preds
```

本例中使用的 FPN 一共有 5 层，因此 feats 是一个包含了 5 个不同分辨率特征图的 list。forward 函数里包括了 3 个分支：类别分支以及分离式 Mask 分支的 x 分支和 y 分支，最终输出 cls_preds、mask_preds_x 和 mask_preds_y 这 3 个输出张量。

代码中的 coord_feat 直接将各个单元格的坐标值编码为特征图插入到输入特征中，这是一种位置编码（Positional Encoding），其用途是将各个单元格的位置信息引入神经网络中，帮助模型进行预测。

在对输入图片进行推理时，还需要进行一些额外的处理：用上采样将特征图恢复到输入图片尺寸，把分类分支的输出转换为概率值等。这些在训练时不需要的操作，都在 if not self.training 这一条件语句下执行。

2. 解码和损失函数

forward 函数输出的张量是神经网络的 logits，也就是未经处理过的输出，若要进行推理，对于 Mask 分支而言，则需要进行后处理和 NMS。这些对 forward 函数输出的张量进行的后处理在训练和推理中会有所区别，前向推理时用于输出结果的代码在 _get_results_single 函数中。_get_results_single 函数主要对特征图进行缩放、掩膜过滤和 NMS。NMS 的原理在 4.1.2 小节已经进行了讲解，为了提升速度，SOLO 的研究人员设计了名为 Matrix NMS 的算法对掩膜进行 NMS。Matrix NMS 的原理和使用矩阵乘法计算语义分割 IoU 的原理类似，就是把各个 mask 展开相乘得到相互之间的 IoU，对 IoU 进行初步筛选后返回排名前几位的 mask。代码就不在本书深入讲解了。训练的时候调用的则是 Loss 函数，顾名思义，Loss 函数就是用来计算损失函数的，对于示例分割而言，使用的是和 IoU 类似的 DiceLoss 损失函数，分类则是使用 FocalLoss 损失函数。损失函数都在配置文件的 mask_head 部分定义，具体实现则在 mmdet/models/losses 文件夹中。

CHAPTER 6
第 6 章

单目深度估计——
重建三维世界

第 6 章
单目深度估计——重建三维世界

自动驾驶所面临的世界是三维世界,想要在路面上安全地驾驶,自动驾驶系统不但需要知道各种语义信息,也必须获取几何信息。语义信息是指识别哪里是路面、哪里是行人、哪里是交通标志;而几何信息是指测量环境里的各种物体和车辆的具体方位和距离,也就是获取环境的三维信息。如果说驾驶环境的语义识别基本可以算是一个很成熟的问题,那么几何信息的测量则是一个尚在发展中的方向。自动驾驶系统的三维视觉解决方案一般会依靠其他传感器的测距能力(如激光雷达、毫米波雷达、超声波等),同时定位与地图构建(Simultaneous Localization and Mapping,SLAM)技术或双目视觉(Stereo Vision)等。

自从特斯拉在技术报告中声称使用了神经网络进行单目三维重建后,这个技术开始越来越受到业界的重视。因为单目深度估计涉及很多三维视觉知识,本章会先简要地介绍这方面的基础知识,然后再深入讨论如何使用深度神经网络和无监督学习训练一个单目深度估计网络。本章将集中讲解理论和代码细节,与章节配套的代码仓库提供整个无监督单目深度估计的训练代码,训练代码的框架结构和训练方法请读者直接阅读本书代码仓库的 README 文件。

6.1 计算机三维视觉基础知识

或许读者已经学过一些三维几何课程,但那是远远不够的。在计算机视觉领域中,三维几何知识不仅涉及空间中的坐标和向量,还包括相机成像模型。相机能够将三维世界的物体投影到二维图像上,这种投影遵循一定的规律,需要深入了解。单目深度估计的主要目的是从二维图像中推测出三维信息,这需要借助许多特殊的几何知识才能够实现。因此,我们将会讨论一系列的三维几何概念和相机模型,然后介绍如何使用它们来构建单目深度估计的自监督学习框架。

▶▶ 6.1.1 相机模型

相机成像是一个非常复杂而又神奇的过程,涉及诸多光学规律和计算机视觉技术。当人们拍摄照片时,相机的镜头组通过精密的设计和构造,将三维世界中的场景投影到二维的相机传感器上。这个投影的规律是有严格的数学模型来描述的,即常说的"小孔相机模型"(Pinhole Camera Model)。在这个模型中,把相机看作是一个黑盒子,光线从外部经过一个小孔(即针孔)射入相机内部,最终在相机的成像平面上形成一个倒立的图像。

如图 6-1 所示,三维坐标轴原点 c 为相机的小孔,目标点的三维坐标为 (X,Y,Z),按照小孔成像的物理模型,目标点应该透过小孔投影到成像平面 I' 上。为了方便计算,相机模型常将 I' 对称翻转到图中 I 位置,除了需要对坐标进行转换,几何关系没有变化,而坐标转换自然由相机的内置程序负责。所以平时常用的相机理论模型中成像平面都是 I。标准的相机坐标系根据图像坐标系确立,二维图像坐标系按照标准是 X 向右,Y 向下。为了方便对相机成像过程进行数学建模,相机的三维坐标系也使用这个标准。同时,根据右手法则,相机坐标的 Z 向前。

图 6-1 中的相机模型展示了一个三维点是如何投影到二维成像平面的,其几何关系可以用

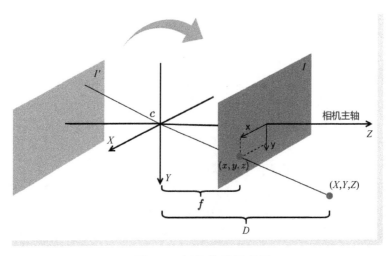

• 图 6-1 相机模型原理图

式（6-1）描述：

$$\frac{X}{x} = \frac{Y}{y} = \frac{Z}{z} = \frac{D}{f} \tag{6-1}$$

其中，大写字母是三维点的坐标，小写字母是成像平面上投影点的坐标。D 是三维点沿相机主轴方向至相机原点的距离，也就是图 6-1 中的 Z，常被称为某个点的"深度"（Depth）。f 是相机成像平面的深度，就是图 6-1 中的 z，常被称为"焦距"（Focal Length），是一个固定的值。若已知某个点的三维坐标和相机焦距，就能参照式（6-2）求出此三维点在成像平面上的投影 (x, y)：

$$x = X\frac{f}{D} \tag{6-2}$$

$$y = Y\frac{f}{D} \tag{6-3}$$

要从投影点变成计算机中的图像，还要经过数字化，也就是将物理距离转换为像素的过程。这一过程涉及的参数是像素密度（Pixel Density），代表着每一个物理单位（米）等于多少像素。二维成像平面上的物理投影点 (x, y) 可以按式（6-3）转换为像素点：

$$p_x = sx + c_x \tag{6-4}$$

$$p_y = sy + c_y \tag{6-5}$$

式中，s 即为像素密度。按照约定俗成的习惯，图像的原点位于左上角，而投影是围绕相机主轴进行的，为了将坐标转换为图像坐标，还需再加上主轴和成像平面的交点 (c_x, c_y)，这个交点被称为图像的成像中心（Principal Point）。成像平面上各个变量的具体含义如图 6-2 所示。

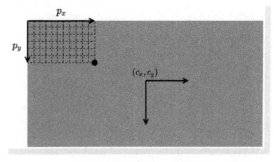

• 图 6-2 成像平面坐标图

第6章
单目深度估计——重建三维世界

为了简化运算,往往将以上公式合并为一个矩阵乘法来处理:

$$\begin{pmatrix} sf & 0 & c_x \\ 0 & sf & c_y \\ 0 & 0 & 1 \end{pmatrix} \cdot \begin{pmatrix} X \\ Y \\ D \end{pmatrix} = \begin{pmatrix} sfX+c_xD \\ sfY+c_yD \\ D \end{pmatrix} \tag{6-6}$$

式(6-6)中右侧的向量除以最后一个元素 D 可得式(6-7)中的向量:

$$\begin{pmatrix} \dfrac{sfX}{D}+c_x \\ \dfrac{sfY}{D}+c_y \\ 1 \end{pmatrix} = \begin{pmatrix} p_x \\ p_y \\ 1 \end{pmatrix} \tag{6-7}$$

容易看出来,所得向量的头两个元素正是投射在图像上的像素点(p_x, p_y)。如果将式(6-6)中像素密度和焦距的乘积合并为一个量,就得到了常用的相机矩阵(Camera Matrix):

$$K = \begin{pmatrix} f_x & 0 & c_x \\ 0 & f_y & c_y \\ 0 & 0 & 1 \end{pmatrix} \tag{6-8}$$

读者可能注意到了,式(6-6)中的两个 sf 变成了 f_x 和 f_y 两个值。这是因为感光元件的像素由于制造误差等原因不一定是完美的正方形,因而两个方向的像素密度可能会有所不同。相机矩阵 K 有时也被称为内参矩阵(Intrinsic Matrix),矩阵中涉及的 4 个参数就是相机内参(Intrinsic Parameters)。

▶▶ 6.1.2 什么是深度图

正如前文中的推导过程所示,相机内参矩阵能将三维空间的点投射为图像上的像素点。此外,从式(6-2)和式(6-3)还可以反推出以下几何关系:

$$X = \frac{D(p_x - c_x)}{f_x} \tag{6-9}$$

$$Y = \frac{D(p_y - c_y)}{f_y} \tag{6-10}$$

也就是说在已知相机矩阵,像素的坐标点(p_x, p_y)和深度 D 的情况下,可以求得此像素的三维坐标点,这是一个以相机原点为中心,通过成像平面的像素反投影(Back-Project)到三维空间的过程。一幅二维图像,如果获得了每一个像素的深度,就得到了一幅深度图(Depth Image),通过式(6-9)和式(6-10)便可以计算出每一个像素对应的三维点坐标。在计算机视觉研究中,常将三维点的集合称为"点云"(Point Cloud)。通过深度图计算出来的点云被称为"致密点云"(Dense Point Cloud),因为每一个像素的三维坐标都是已知的,且非常密集;而从零星的像素获得的点云则被称为"稀疏点云"(Sparse Point Cloud),稀疏点云一般通过 SLAM 获得。图 6-3 所示为一幅照片及其深度图。

图 6-3 中的深度图只是深度图归一化到 0~255 之后的可视化结果,毕竟真实世界的深度可以从 0 到无穷大,不是一张灰度图像素的 256 个值能够表达的。但从可视化的深度图还是能看出来,离相机

a) 相机图片　　　　　　　　　　　b) 深度图

● 图 6-3　相机图片及其深度图

较近的像素更亮，离相机更远的像素更暗，这也是约定俗成的深度图可视化方法。

相机的深度图和环境的致密点云是等价的，致密点云的 Z 坐标构成深度图，而深度图反投影到三维空间便得到了致密点云。在深度学习流行以前的时代，要获得致密点云几乎是不可能的，即便是激光雷达，也难以达到相机像素这样的密集程度。深度卷积神经网络流行后，深度图估计的精度大大提高，已经达到了实用的地步。使用深度卷积神经网络获得的深度图是基于相机图像估计出来的，与相机图像像素完美对齐，这是一个很大的优势。

▶▶ 6.1.3　相机运动模型

前文解释了相机投影模型，本节的主题是相机运动模型。安装在汽车上的相机会随着行驶中的汽车在三维空间中运动，在计算机视觉中有专门的数学语言来描述三维运动。运动场景如图 6-4 所示，相机运动使用的坐标系可以和相机投影坐标系一致，但在描述三维运动时往往会使用汽车坐标系，这是一个由 ISO 国际标准委员会规定的坐标系：X 向前，Y 向左，Z 向上。图中实线坐标系 w 标识了相机初始位置，有时也称为世界坐标系（World Coordinate System），因此用 w 标识。虚线坐标系是相机当前位置，所以用 c 标识。相机从 w 移动至 c 处，位置变了，而且因为产生了旋转，姿态也变了，相

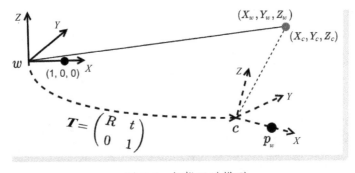

● 图 6-4　相机运动模型

机的位置和姿态合称为"位姿"（Pose）。相机从 w 到 c 的位姿的变化可以用一个 4×4 的变换矩阵（Transformation Matrix）T 描述，由 3×3 的旋转矩阵 R 和 3×1 的平移向量 t 组成。

1. 齐次坐标

T 矩阵代表了当前相机在世界坐标系 w 中的旋转和位移。假设原坐标系中位于 X 轴上的黑点 $(1,0,0)$ 跟随相机运动到了新的位置，也就是虚线坐标系 X 轴上黑点所在的位置，新位置在世界坐标系中的坐标 p_w 可以用式（6-11）计算：

$$p_w = \begin{pmatrix} R_{3\times3} & t_{3\times1} \\ 0_{1\times3} & 1_{1\times1} \end{pmatrix} \cdot \begin{pmatrix} 1 \\ 0 \\ 0 \\ 1 \end{pmatrix} \tag{6-11}$$

式中三维点坐标变成了一个四维向量，其中最后多出来的一维是数字 1，这种坐标表达方式称作齐次坐标（Homogeneous Coordinate）。齐次坐标一般用于进行坐标变换运算，运算结果也是齐次坐标，故而变换矩阵的维度为 4×4，式（6-11）中变换矩阵各个子矩阵的下标展示了它们各自的维度。

2. 坐标系之间的坐标变换

变换矩阵 T 除了可以描述相机的运动，还有一个重要的作用是可以对两个坐标系中的三维坐标进行变换。如图 6-4 所示，假设当前相机坐标系 c 中的某三维点 (X_c, Y_c, Z_c)，且这个点属于周围环境中的固定点，不随相机运动，那么这个点在世界坐标系中的坐标 (X_w, Y_w, Z_w) 可以使用下面的式（6-12）计算得出：

$$\begin{pmatrix} X_w \\ Y_w \\ Z_w \\ 1 \end{pmatrix} = \begin{pmatrix} R & t \\ 0 & 1 \end{pmatrix} \cdot \begin{pmatrix} X_c \\ Y_c \\ Z_c \\ 1 \end{pmatrix} \tag{6-12}$$

根据旋转矩阵可逆的特性，变换矩阵也是可逆矩阵，因此某个世界坐标系中的三维点 (X_w, Y_w, Z_w) 若不随相机运动，在当前相机坐标系中的坐标 (X_c, Y_c, Z_c) 可以用式（6-13）计算：

$$\begin{pmatrix} X_c \\ Y_c \\ Z_c \\ 1 \end{pmatrix} = \begin{pmatrix} R^T & -R^T \cdot t \\ 0 & 1 \end{pmatrix} \cdot \begin{pmatrix} X_w \\ Y_w \\ Z_w \\ 1 \end{pmatrix} \tag{6-13}$$

式中的变换矩阵正是原始变换矩阵 T 的逆。在工程实践中，可以如式（6-13）所示用相机运动的旋转矩阵和平移向量组合而成，也可以直接调用求逆函数获得原始变换矩阵的逆 T^{-1}。显然，前者运算量更小，而后者可读性更强，具体使用哪种做法需视具体工程要求而定。

3. 投影矩阵

前文讨论了将三维点投影到二维图像的数学模型和相机运动模型，两者相结合，就能获得投影矩阵（Projection Matrix）。投影矩阵能将空间中的三维点投影到空间以任意位姿摆放的相机图像中。

假设要将当前相机坐标系中的三维点 (X_c, Y_c, Z_c) 投影到位于世界坐标系的相机图像中，投影得到的像素坐标可由式（6-14）求得：

$$\begin{pmatrix} x'_w \\ y'_w \\ z_w \end{pmatrix} = K_{3 \times 3} \cdot \begin{pmatrix} R_{3 \times 3} & t_{3 \times 1} \end{pmatrix} \cdot \begin{pmatrix} X_c \\ Y_c \\ Z_c \\ 1 \end{pmatrix} \tag{6-14}$$

式中，K 是相机内参矩阵，旋转矩阵和位移向量则结合成一个 3×4 的矩阵，两者相乘就得到了从相机坐标系到世界坐标系的相机投影矩阵：

$$P_{cw} = K_{3 \times 3} \cdot \begin{pmatrix} R_{3 \times 3} & t_{3 \times 1} \end{pmatrix} \tag{6-15}$$

值得注意的是，投影矩阵是一个 3×4 的矩阵，和三维点齐次坐标相乘后将得到一个 3×1 的向量 (x'_w, y'_w, z_w)，这个向量是一个二维坐标的齐次坐标，要得到像素的坐标，还需要除以齐次坐标的最后一个元素来归一化齐次坐标的尺度：

$$\begin{pmatrix} x_w \\ y_w \\ 1 \end{pmatrix} = \begin{pmatrix} \dfrac{x'_w}{z_w} \\ \dfrac{y'_w}{z_w} \\ 1 \end{pmatrix} \tag{6-16}$$

式（6-16）中左侧向量中的 x，y 便是三维点投影到图像上的像素点。

假设要将世界坐标系中的三维点 (X_w, Y_w, Z_w) 投影到相机当前所在位置的图像中，所得像素的齐次坐标可由式（6-17）求得：

$$\begin{pmatrix} x'_c \\ y'_c \\ z_c \end{pmatrix} = K \cdot \begin{pmatrix} R^{\mathrm{T}} & -R^{\mathrm{T}} \cdot t \end{pmatrix} \cdot \begin{pmatrix} X_w \\ Y_w \\ Z_w \\ 1 \end{pmatrix} \tag{6-17}$$

因为相机仍然是同一个相机，故内参矩阵 K 并无变化，投影矩阵仅有运动部分不同。像素点的坐标同样按照式（6-16）的方法求得。同上，从世界坐标系到相机坐标系投影矩阵可以表示为式（6-18）：

$$P_{wc} = K \cdot \begin{pmatrix} R^{\mathrm{T}} & -R^{\mathrm{T}} \cdot t \end{pmatrix} \tag{6-18}$$

6.2 单目深度估计的网络构架

在了解了基本的三维几何知识之后，读者能更容易理解接下来的内容。本节主要讲解单目深度估计涉及的几个网络结构。所谓单目深度估计（Monocular Depth Prediction），是指仅使用单个相机的图像来计算每一个像素的深度，也就是说，仅通过一张图像就要重建出整个场景的三维信息。显然，这是一个非常艰难的任务，因为这意味着没有任何额外的几何关系可以借助。如果使用双目相机（Stereo Camera），还可以使用两张图片像素之间的视差（Disparity）来估算每一个像素的远近；如果使用运动中的相机，也就是一段视频，也可以通过光流（Optical Flow）来重建三维场景。

仅通过一张图片来重建三维场景就只能通过场景本身包含的信息了，或者说是基于对场景的理解和先验知识来估计。这和人类视觉的运作机制类似，人类哪怕站在一个地方不动，蒙住一只眼睛，也可以很好地理解场景的三维信息。或者说交给人类一张相片，人类可以很容易地识别出来相片中物体的远近。这就意味着，人类的三维视觉也是基于对场景的理解和先验知识的，而非三维几何约束。因此，使用卷积神经网络进行深度估计也具有相当的可行性。

▶▶ 6.2.1 深度图预测网络

如前文所说，深度图是一个和原图分辨率相同的二维图片，只不过像素的内容不是 RGB 值，而是现实世界中此像素离相机中心的深度。简单地说，深度图的估计是一个回归问题，回归的目标是输入图片对应的深度图。既然输出和输入是分辨率相同的二维矩阵，很容易想到可以使用和语义分割类似的网络结构。如图 6-5 所示，一个简单的 FPN 网络结构就可以满足需求。图中左侧为输入图片，输出为深度图，同时还产生两个分辨率递减的辅助输出用来构造辅助损失，具体损失函数的构造将在后面详细展开。深度图预测和语义分割的输出类似，需要注意的轮廓模糊、细节确定等问题也和语义分割类似，因此可以直接挪用语义分割网络，往往能收到很好的效果。

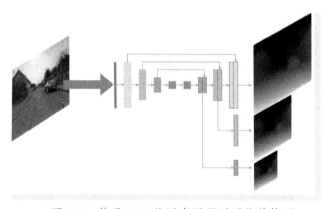

● 图 6-5　基于 FPN 的深度图预测网络结构图

同样地，深度图预测也高度依赖于对图像上下文语义的理解。因此，5.1.4 小节中介绍的进行信息融合的网络结构设计方法，除了针对车道线识别的 Spatial CNN 之外，都可以直接沿用于深度图预测。例如，长期在 KITTI 深度图预测排行榜上居于前列的 DORN（Deep Ordinal Regression Network）就在网络中使用了 ASPP 模块[42]。

▶▶ 6.2.2 基于相对视差的深度图输出编码

深度图预测是一个回归问题，按照常理，输出层可以使用直接输出，连激活函数都不需要。考虑到像素的深度必然>0，顶多使用 ReLU 激活函数来防止产生<0 的深度值。但根据实践经验，使用 ReLU 输出的精确度并不高。原因不难理解，一则神经网络的表达能力是有限的，真实世界的深度可以从零到无穷大变化，要覆盖整个范围，精度当然无法保证；二则输出深度值的取值范围（0 到无穷大）和输入值的范围（0~1）差别太大，由此产生的巨大梯度变化也让训练变得更困难。

针对第一个问题，通用的做法是压缩深度的感知范围，毕竟在自动驾驶的过程中，人眼目力所及范围也十分有限。常用的感知范围是 0.1~100m，超过 100m 范围的深度值，即便输出了也不会准确，干脆直接放弃。针对第二个问题，为了让输出层数值的范围和输入层的数值范围接近，使用 Sigmoid 作为输出层输出一个 0 到 1 之间的值，并通过一个额外的转换公式将这个 0 到 1 之间的值转换为深度值。常用的转换方法是将模型的输出值看作相对视差（Disparity），然后将这个相对视差转换为深度。公式并不复杂，但要理解转换公式的物理含义需要理解双目相机三维重建的原理，因为单目深度预测的原理是让模型"假想"一个和当前相机参数相同的双目相机。

1. 视差和双目相机的三维重建

双目相机的三维重建基于视差这个概念。视差是指在相机位于不同位置时，远处的物体在图像上的投影的位置差异，如图 6-6 所示。图中 X 是三维空间中的点，左右平行的位置放置有两架相同参数的相机，三维点投影到左侧相机得到 x，投影到右侧相机得到 x'。假设双目相机的基线（相机之间的平行距离，Baseline）宽度为 B，焦距均为 f，三维点的深度为 $Depth$。根据相似三角形定理，可得式（6-19）：

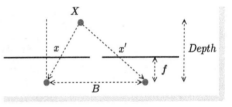

● 图 6-6 双目三维重建原理图

$$\frac{B-|x-x'|}{B} = \frac{Depth-f}{Depth} \tag{6-19}$$

经过化简之后可得式（6-20）：

$$Depth = \frac{B \cdot f}{|x-x'|} \tag{6-20}$$

也就是说，如果能获得每一个像素点的视差，就能通过式（6-20）算出深度图。每一个像素的视差会形成一幅视差图（Disparity Image），可以很容易地通过比对左右两幅图像获得。单目深度图预测的原理就是"假想"存在一个和当前相机参数相同的双目相机，并直接输出双目相机的视差图。所以最终只需要将模型输出的"假想视差图"转换成深度图即可。

2. 深度图的尺度问题

深度图预测还有一个很难解决的尺度问题。如图 6-7 所示，三维空间中有 3 个不同大小的长方体，但投影在相机上的图像都是一样大小的一个方块。也就是说如果仅仅观察方块，是无法推断出三维长方体的尺寸的。

因此，深度的尺度并不准确，训练好之后输出的深度值和实际的深度值比例到底是多少，需要进行一次额外的校准（Calibration）。因为深度值尺度可变，且式（6-20）中的基线宽度 B 和相机焦距 f

都是定值，实际训练中就认为深度和视差形成简单的反比关系，用式（6-21）表示：

$$Depth = \frac{1}{Disp} \tag{6-21}$$

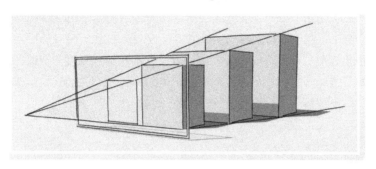

● 图 6-7　单目视觉的尺度问题

3. 基于相对视差的深度图输出编码

如前文所说，模型输出的是一个经过 Sigmoid 激活层之后的 0 到 1 之间的值。这个值被解释为相对视差，在规定了最小视差和最大视差之后，相对视差就能够很方便地转换为绝对视差。用式（6-22）表示：

$$Depth' = \frac{1}{Disp_{min} + (Disp_{max} - Disp_{min}) \cdot Disp'} \tag{6-22}$$

式中，$Disp_{min}$ 是最小视差，$Disp_{max}$ 是最大视差，$Disp'$ 就是模型输出的相对视差。同时，根据视差和深度成反比的特性，最大视差和最小视差也对应着最小感知深度和最大感知深度。为了便于理解，实践中不会规定最大和最小视差，而是规定最大和最小感知深度，于是式（6-22）在实际应用中的形态就变成了式（6-23）：

$$Depth = \frac{1}{\frac{1}{Depth_{max}} + \left(\frac{1}{Depth_{min}} - \frac{1}{Depth_{max}}\right) \cdot Disp'} \tag{6-23}$$

通常最大和最小感知深度由用户在配置文件中定义，和应用场景相关。如果是室内场景，最大感知深度可以限制在 10m，若是室外场景，如用于自动驾驶，最大感知深度就需要 100m 甚至更远。

6.2.3　基于有序回归的深度图输出编码

使用 6.2.2 节的相对视差编码方式，模型得以将 Sigmoid 输出的数值映射到最小深度和最大深度之间的任意一个浮点数。既然深度图预测需要输出每一个像素的深度值，将其视为一个回归问题是很自然的处理。但若是仔细体会一下人类视觉对深度的估计能力，读者就会发现，要对空间中某个物体的深度进行精确到厘米甚至毫米的估计，这对于人类是不可能的。但若只是让人类对某个物体的距离有一个大致的范围估计，如在 1~2m，则可以达到很高的准确率。这个现象激发了研究人员的灵感：能不能将回归问题转化为分类问题？分类问题比回归问题要简单多了。事实证明，使用分类输出来代替回归输出进行训练,最后得到的精度甚至比使用回归输出更高,以DORN为代表的一系列深度图预测模型证明了这个思路的可行性。

最简单的方法是将感兴趣的深度范围,如1~100m,均分为若干个类别。如图6-8所示,100m的距离被分为100个类别,使用softmax激活函数进行类别输出,输出某个类别就相当于相应的深度。例如,输出第72个类别,就等于输出的深度值为72m。但这样的做法带来的牺牲也是很大的:深度值的精度太低了。模型预测出来的深度精度(Precision)为米,这个精度的深度值远远不能达到无人驾驶的使用要求,而提高精度的唯一办法就是增加类别数,如把类别数增加到1000,就能获得0.1m的精度。但输出1000个类别带来的计算量太大了,得不偿失。

● 图6-8 用分类问题替代回归问题

考虑到深度类别是一个从小到大的有序序列,而且softmax函数会为每一个类别输出一个概率值,那么不难想象,模型输出的最大的概率值会聚集在某个值附近。如果将概率值和类别所代表的深度值结合起来,也能获得高精度的深度。下面用一个具体的例子来展示具体的计算过程。

图6-9所示为一个分类输出的结果,上排数字为概率值,下排数字为类别编号。若将输出结果作为一个普通的分类问题处理,那么得到的类别为72,预测的深度值就是72m。但如果考虑模型输出的所有类别的概率值,比如类别71的概率为0.15,类别73的概率为0.05,就可以用式(6-24)计算出更精确的深度预测结果:

$$depth = 0.15 \times 71 + 0.8 \times 72 + 0.05 \times 73 = 71.9 \qquad (6-24)$$

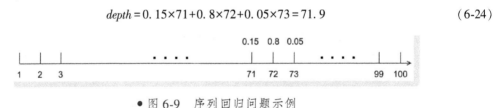

● 图6-9 序列回归问题示例

通过将模型输出的丰富概率信息综合起来,得到的深度值精度远远高于普通的分类输出。这种基于有序序列分类的回归方法,称作有序回归(Ordinal Regression),已经被实践证明是深度图预测问题的更优选择。

基于有序回归的改进还在继续,如DORN的研究人员采用了非均匀的深度类别分布[42]。用神经网络模型预测深度图,往往距离近的深度值估计准确,距离远的深度值估计误差很大。这并不令人意外,人类估计1m内物体的距离,误差可能在0.2m以内,但若是估计100m外物理的距离,误差可能会>20m。那么在进行深度分类时,100m的深度类别和1m的深度类别距离间隔都是1m,就显得不合理了。不难想到,可以将类别之间的间隔随着类别的增长而增长,而DORN的一大贡献就是提出了一个类别间隔随深度增加的公式。这一方面降低了类别的数目,另一方面则提高了近距离深度类别的精度,可谓一举两得。DORN也因此一度长时间占据KITTI深度预测榜单第一名。在DORN之后,还有很多改进方案，最近位于榜单第一位的模型 BinsFormer 甚至直接将深度分类间隔作为一个可学习的参数进行回归[43]。

诚然，无数实践都证明使用有序回归作为深度图预测的输出能提高精度，但其缺陷也非常明显，那就是输出数据的显存占用很高。如果是一个普通的回归问题，那么只需要输出一张和图像分辨率一致的浮点数深度图。若使用有序回归作为模型输出，有多少个深度类别就要输出多少张浮点数精度的概率图，模型输出的显存占用膨胀数十倍。因此，具体采用哪种输出，还需基于具体的硬件限制和精度要求进行综合考虑后才能决定。

▶▶ 6.2.4 相机运动估计网络

本章的主题是单目深度图预测，似乎和相机运动无关，但在对单目深度图网络进行无监督训练时，需要同时训练一个用于相机运动估计的网络，且仅在训练时使用。所谓相机运动估计，就是输入两幅图片，输出相机在这两幅图片之间的三维运动参数。正如本章 6.1.3 小节中的介绍，相机的运动可以用一个 4×4 的变换矩阵来描述，要使用卷积神经网络来估计相机的运动参数，最简单的做法莫过于将问题视作一个回归问题，输出 16 个参数，分别对应相机运动矩阵的 16 个参数。进一步观察会发现，4×4 的相机运动矩阵最后一行是 0 和 1，不需要回归，所以只需要回归一个 3×3 的三维旋转矩阵和一个 3×1 的位移向量就可以了，一共 12 个参数。

直接用一个神经网络回归 12 个参数当然可以，但仍然无法保证回归出来的旋转矩阵满足旋转矩阵的一系列要求。旋转矩阵必须是正交矩阵，而且逆等于转置，但神经网络的输出值可以是任何数值，无法保证这些特性。因此需要回归一个没有数学约束的旋转模型来保证任何输出都有数学意义。最常用的数学模型是轴角模型（Axis-Angle）。

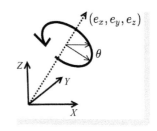

● 图 6-10　轴角表示相机旋转原理图

1. 用轴角表示相机旋转

任意一个相机的旋转，都可以用"绕三维旋转轴 e 旋转 θ 度"来表达。如图 6-10 所示，图中 (e_x, e_y, e_z) 为旋转轴，θ 是旋转角度，使用式（6-25）可以将轴角模型的参数转换为旋转矩阵：

$$\begin{pmatrix} \cos\theta + e_x^2(1-\cos\theta) & e_x e_y(1-\cos\theta) - e_z\sin\theta & e_x e_z(1-\cos\theta) + e_y\sin\theta \\ e_y e_x(1-\cos\theta) + e_z\sin\theta & \cos\theta + e_y^2(1-\cos\theta) & e_y e_z(1-\cos\theta) - e_x\sin\theta \\ e_z e_x(1-\cos\theta) - e_y\sin\theta & e_z e_y(1-\cos\theta) + e_x\sin\theta & \cos\theta + e_z^2(1-\cos\theta) \end{pmatrix} \quad (6\text{-}25)$$

于是，现在只需要 4 个参数就能表达一个 3×3 的旋转矩阵了。如果读者进一步观察，会发现旋转轴只是表达了一个方向，旋转轴的长度信息是冗余信息，而旋转角度也是一个标量，那为什么不把这两者结合起来呢？于是轴角模型的最简洁表达方式就诞生了：只需要一个三维向量就可以表达一个旋转矩阵——向量的方向表示旋转轴，向量的长度表示旋转的角度。这也是工程实践中使用的表示方法。

2. 相机运动估计网络的结构

用于估计相机运动的神经网络执行的是一个回归任务，使用的网络结构也非常简单，就是一个层数不多的编码器。如图 6-11 所示，既然模型的任务是测算两帧图像之间的相机运动，就得输入两幅图像，这和常用的单图像输入稍有不同。操作并不复杂，直接将两帧图像沿 RGB 所在的维度级联即可，若单帧图像的输入维度是 $N \times 3 \times H \times W$，两帧图像的输入维度即为 $N \times 6 \times H \times W$。

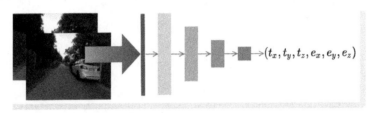

● 图 6-11　相机运动估计网络结构图

模型输出为一个六维向量，前三维代表位移向量，后三维则代表相机旋转的三个轴角模型参数。只需将轴角参数转换为旋转矩阵，再结合位移矩阵，就能得到一个 4×4 的相机运动矩阵。至于这个矩阵描述的是从第一帧图像到第二帧图像的相机运动还是相反，开发人员可以自行拟定。

6.3　无监督学习的机制

6.2 节详细讲解了深度图预测和相机运动估计两个模型的输入、输出和网络结构，本节讲解的内容是深度图预测的核心：无监督训练。人类幼年时期其实是没有深度视觉的，经过长时间的视觉刺激人类才会产生深度视觉。卷积神经网络也是一样的，只需要给神经网络"观看"足够多的视频，神经网络也能获得深度感知能力。这种只需要提供连续帧图像，不需要提供深度图真实值（如激光雷达图）的机器学习算法，就是无监督学习。深度图估计的无监督学习系统构架源自一篇加州大学伯克利分校与谷歌合作的论文 Unsupervised Learning of Depth and Ego-Motion from Video，整个构架基本被后来者沿用，本节也将基于这篇论文展开[44]。

无监督学习和有监督学习都是构造损失函数，然后使用梯度下降法训练模型，它们的区别在于有监督学习是模型将真实值数据当作"老师"来矫正自己的错误，而无监督学习则是模型通过观察输出结果自相矛盾的地方来进行自我修正。本节将详细讲解整个无监督学习系统的结构及其 PyTorch 实现。

▶▶ 6.3.1　无监督学习系统构架

监督学习的原理基于多视角三维几何，把摄像头放在两个不同的位置观察同一个三维场景，如果这个场景是固定不动的，那么同一个三维点投影在两帧图片上的 RGB 值应该是接近的。在具体的实现中，使用一个深度图预测网络估计当前帧的深度图，得到三维点云和当前帧像素的对应关系；再用一个相机运动估计网络计算相邻帧到当前帧的相机运动矩阵,然后将三维点云投射到相邻帧,就得到了三维点云和相邻帧像素的对应关系。就这样以三维点云为桥梁,最后得到当前帧和相邻帧像素的对应关系,基于这个对应关系构建损失函数。整个无监督学习系统可以简洁地用图 6-12 所示说明。

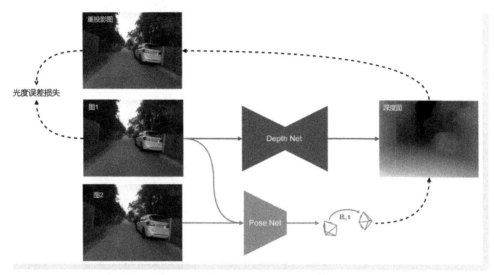

● 图 6-12　深度图预测的无监督学习原理图

当前帧是图 6-12 中的图 1,图 2 是相邻帧(上一帧或下一帧)。整个系统的构建流程大概可以分为以下五步。

1)将图 1 输入到一个深度网络(Depth Net)并输出对应的深度图。

2)将图 1 和其相邻帧图 2 输入到位姿网络(Pose Net)并输出图 1 和图 2 之间的位移向量和轴角旋转参数,转换为相机运动矩阵。

3)将图 1 的深度图通过运动矩阵采集图 2 的 RGB 值之后重新投影至图 1,得到重投影图。

4)如果深度图和运动矩阵都是准确的,那么重投影图和图 1 应该是一致的,通过比对图 1 和重投影图构建光度误差损失。

5)使用梯度下降法最小化光度误差损失,训练深度网络和位姿网络。

6.3.2　将深度图反投影为点云的 PyTorch 实现

通过深度图预测网络只能得到深度图,要获得三维点云,还需要进行反投影(Back-Projection)操作。读者可以参考 6.1.2 小节关于反投影的基础知识,在已知相机内参矩阵和深度图的情况下,可以将深度图反投影为致密的三维点云。反投影的方法可以参考 6.1.2 小节中的式(6-9)和式(6-10),这两个公式也可以转换成矩阵相乘的方式表达:

$$X = d \cdot K^{-1} \begin{pmatrix} p_x \\ p_y \\ 1 \end{pmatrix} \qquad (6\text{-}26)$$

式（6-26）中的 d 就是像素对应的深度，K^{-1} 是相机内存矩阵的逆，$(p_x, p_y, 1)$ 是像素的图像坐标，得到的 X 便是三维坐标点。因为全都是矩阵运算，式（6-26）可以很容易地用 PyTorch 实现，全矩阵运算也能让计算效率更高，具体实现如以下代码块所示。现假设每批次样本数为 4，图片分辨率为宽 640 像素，高 480 像素，整幅图片一共有 307200 个像素。

```
# pixel_coordinates 维度 4×3×307 200
# inv_K 维度 4×3×3
X = torch.matmul(inv_K, pixel_coordinates)

# depth 维度 4×1×480×640
# 展平后的 depth_flatten 维度 4×1×307 200
depth_flatten = depth.view(batch_size, 1, -1)

# 和深度相乘后的维度为 4×3×307 200
X = depth_flatten * X
```

代码块中的 pixel_coordinates 是所有像素的齐次坐标，所有图像的 pixel_coordinates 内容都是一样的，一般使用 meshgrid 函数生成。inv_K 是相机内参矩阵的逆，depth 是深度图，为了方便读者理解，各个参数的维度都标注在代码注释里了，上面三行代码就实现了式（6-26）的运算。最终得到反投影后的点云矩阵，其维度为 4×3×307200，代表着一个批次里有 4 个样本，每个样本有 307200 个点，而每个点有一个三维坐标。

▶▶ 6.3.3 从相邻帧采集 RGB 值并重投影的 PyTorch 实现

获得了三维点云和相邻帧的相机位姿之后，就可以将三维点云投影到相邻帧"采集"相邻帧的 RGB 信息，采集到的 RGB 信息便构成了一幅新的图，这个过程称为重投影（Re-projection）。

1. 将三维点云投影至相邻帧

反投影的投影过程如图 6-13 所示。图中将当前帧深度图反投影为三维点云的过程便是 6.3.2 小节描述的过程。得到了三维点云之后，如果还知道相邻帧到当前帧的运动矩阵 **T**，就能构成一个投影矩阵，将三维点云投影到相邻帧，读者可以参考 6.1.3 小节复习投影矩阵的具体构成方式。投影的 PyTorch 实现如以下代码块所示。

```
# 相机内参矩阵 K 维度 3×3,运动矩阵 T 维度 3×4,投影矩阵 P
P = torch.matmul(K, T)

# points 维度 4×4×307 200,cam_points 维度 4×3×307 200
cam_points = torch.matmul(P, points)

# pix_coords 维度 4×2×307 200
pix_coords = cam_points[:, :2, :] / (cam_points[:, 2, :].unsqueeze(1) + eps)
```

代码块中的 points 变量存储的是三维点云的所有齐次坐标，与投影矩阵 **P** 相乘后便得到了投影至相邻帧的投影点 cam_points。要获得投影至相邻帧上的像素坐标，还需要对齐次坐标进行归一化，也就是用 cam_points 的头两行除以第三行的值，最后得到的 pix_coords 便是像素坐标值了。值得注意的是，在对齐次坐标进行归一化的时候，为了防止除数太小出现数值精度溢出的问题，须在除数里加上一个 eps，一般是一个很小的浮点数（如1.0^{-7}）。

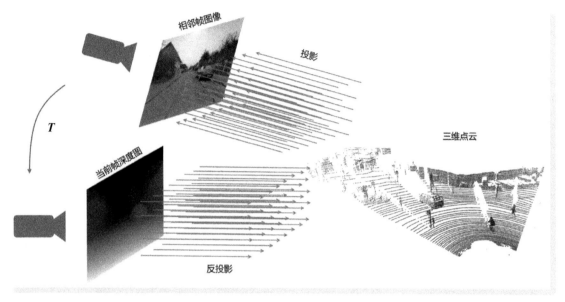

- 图 6-13　三维点云和深度图之间的变换过程

2. 使用像素映射图采集 RGB 值

为了下一步的重投影操作，使用 PyTorch 的 view 和 permute 函数重新组织 pix_coords 的数据结构，具体实现方法如以下代码块所示。

```
# pix_map 维度 4×2×480×640
pix_map = pix_coords.view(batch_size, 2, 480, 640)

# pix_map 维度 4×480×640×2
pix_map = pix_map.permute(0, 2, 3, 1)
```

重组后得到的 pix_map 维度为 4×480×640×2，这个像素映射图的作用是在当前帧和相邻帧之间建立一个映射。假设 pix_map [0, 4, 6, :] 的值为（13.2,7.5），这代表着当前帧位于坐标（6,4）的像素对应的相邻帧位于坐标（13.2,7.5）的像素。正如图 6-13 所示，将当前帧的像素点反投影为三维点云后又投影到了相邻帧，由此获得了当前帧和相邻帧的像素对应关系。

像素映射图 pix_map 存储了当前帧的每一个像素映射到相邻帧的像素坐标位置，使用这个映射关系，就可以从相邻帧采集 RGB 值了。因为两帧图像的相机位置不一致，有的像素可能会被映射到相邻帧以外的位置，一般使用黑色作为对应的 RGB 值。此外，映射后的像素往往是浮点数，也就是说这些像素并不能和相邻帧的像素完美对齐，而是落于相邻帧像素点的间隙，这就需要使用线性插值方法对附近的像素点进行平均来求得对应的 RGB 值。整个通过像素映射图采集 RGB 值的过程都由 Py-

Torch 的 grid_sample 函数解决，其使用方法如以下代码块所示。

```
# 按照 grid_sample 的要求，对 x 和 y 坐标进行归一化
pix_map[..., 0] /= 640
pix_map[..., 1] /= 480
pix_map = (pix_map - 0.5) * 2

# 按照 pix_map 在相邻帧 neighbor 图像上采集 RGB 值
reprojected = F.grid_sample(neighbor, pix_map)
```

首先要对像素映射图 pix_map 中目标像素的 x 和 y 值进行归一化，这是 grid_sample 函数对输入参数的要求；然后就可以使用 grid_sample 函数按照 pix_map 中存储的映射关系，用线性插值的方法从相邻帧图像 neighbor 中采集 RGB 值了。代码中相邻帧图像 neighbor 的维度为 4×3×480×640，得到的重投影图 reprojected 维度为 4×3×480×640，重投影图的维度是由 pix_map 决定的。

▶▶ 6.3.4　无监督单目深度推断的损失函数

经过对相邻帧的反投影→投影→重投影操作，终于获得了一张重投影图。这张重投影图意味着什么呢？如果深度图预测网络和相机运动估计网络输出的结果都正确的话，这张重投影图相当于把相邻帧看到的东西通过三维点云重新投影到当前帧，既然两帧图像都是观察同一团三维点云得到的图像，那当前帧图像和重投影图应该是一样的。整个无监督学习的损失函数就是比对当前帧图像和重投影图的误差，误差越大，损失值就越高。因为对两帧图像的比对是基于 RGB 值，本质上来说是在比对相机在不同位置捕捉到的同一个场景的光线，所以这种误差也被称为光度误差（Photometric Error）。

1. L1 和 L2 损失

对比两帧图像最简单的方法莫过于 L1 和 L2 损失，前者是求两幅图像之差的绝对值，后者则是平方。假设当前帧图像为 I，重投影图像为 I'，计算两帧图像差异度的 L2 损失可以用式（6-27）表示：

$$L_2 = \frac{1}{N} \sum_{i=0}^{N} [I(i) - I'(i)]^2 \quad (6\text{-}27)$$

式中，N 代表像素点数目，i 代表第 i 个像素。L1 损失的公式则用式（6-28）表示：

$$L_1 = \frac{1}{N} \sum_{i=0}^{N} |I(i) - I'(i)| \quad (6\text{-}28)$$

看起来 L1 和 L2 损失似乎区别不大，都可以测算两幅图的差异，其实两者对最终的训练效果有很大的影响。L2 损失假设图像之间的光度误差符合高斯分布，而 L1 损失则假设光度误差符合拉普拉斯分布。这两个分布曲线的区别如图 6-14 所示。

如图 6-14 所示，当对比的两帧图像很接近时（0 附近的区域），差值如果稍作变动，拉普拉斯分布产生的相似度会产生急剧变化，而高斯分布产生的相似度变化不大。如果使用 L2 损失，稍微有点误差不会产生很大的影响，也就是说系统会对误差更加宽容，而 L1 损失对误差的惩罚更重。根据实践经验，使用 L2 损失得到的结果可能大概是正确的，但模糊不清，不满足精度要求。因此一般会选择使用 L1 损失作为光度误差损失，具体实现直接使用 PyTorch 的 L1 损失函数即可。

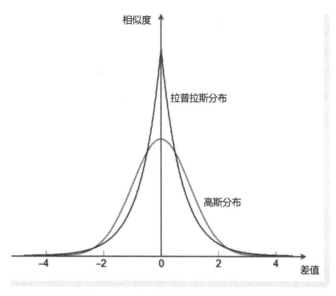

● 图 6-14　拉普拉斯分布与高斯分布对比图

2. SSIM 损失

无论使用 L1 还是 L2 损失，都是单个像素差异的平均值，假设光照条件稍有变化导致整个图像变亮或变暗，即便图像本身看起来仍然类似，L1 和 L2 损失仍会有巨大的变化。为了应对这个问题，研究人员发明了结构相似性（Structural Similarity Index，SSIM）来计算两幅图像的相似度。顾名思义，SSIM 不仅考虑光度的差异，还试图测量结构的差异。若两幅图像分别为 x 和 y，其 SSIM 可由式 (6-29) 算得：

$$\mathrm{SSIM}(x,y) = \frac{(2\mu_x\mu_y + c_1)(2\sigma_{xy} + c_2)}{(\mu_x^2 + \mu_y^2 + c_1)(\sigma_x^2 + \sigma_y^2 + c_2)} \tag{6-29}$$

式中，μ 为固定尺寸滑动窗口中像素值的均值，σ 为方差，σ_{xy} 为协方差，c_1、c_2 是考虑到数值稳定性的常数。计算均值和方差的滑动窗口尺寸是可以调整的，11 是最常用的尺寸。一般分辨率越低，窗口尺寸越小，分辨率越高，尺寸就越大，因为窗口内必须包含足够的结构性信息。

SSIM、L1、L2 的相似度对比如图 6-15 所示。

图 6-15a 所示为爱因斯坦肖像原始图像，因此 SSIM 为最大值 1.0，L1 和 L2 均为 0.0，图 6-15b～c 所示 3 幅肖像分别基于原始图像进行了对比度调整、噪声添加和高斯模糊。可以发现 L1 和 L2 都有类似的问题。例如，图 6-15b 和图 6-15a 看起来除了对比度有区别，是很类似的，但 L1 和 L2 误差却是最大的，SSIM 却准确地给出了高达 0.83 的相似度。

SSIM 损失可以直接使用现成的开源代码库计算，基于 PyTorch 的 Pip 安装包也有很多选择，因为开源库随时可能更新，使用也非常简单。值得一提的是，因为 L1 对光度的高度敏感性，实际应用中常会分别计算两种损失，然后加权再相加。一般 SSIM 的权重为 0.85，L1 损失的权重为 0.15。计算

- 图 6-15　SSIM 相似度、L1 相似度和 L2 相似度对比

光度误差损失的函数如以下代码块所示。

```
# x 和 y 是用于比对的图片,维度为 4×3×480×640
def compute_photometric_loss(x, y):
    return 0.85 * ssim(x, y) + 0.15 * F.l1_loss(x, y)
```

3. 平滑损失

即便整个无监督训练系统看起来非常的合理,甚至相当精妙,但想必读者也心存疑惑,仅用这样一个光度误差损失,就能基于视频输入训练两个这么复杂的神经网络模型吗?这个怀疑非常合理,要让整个无监督训练系统正常运作起来并不容易,学习率、每批次样本数甚至随机种子都需要反复试验才能获得让人满意的结果。直接训练往往会遇到"学不出来"的窘境。

熟悉优化算法的读者应该知道,要让一个目标函数优化起来更容易,常用的方法是加入惩罚项或约束条件。对于深度图预测问题也是一样的道理,为了让训练更加顺利,可以加入更多的惩罚项对深度图进行约束。平滑损失便是用来约束优化过程的损失项,这个损失项的立足点是物理世界的连续性。例如,前方的车辆在三维世界必然是一个连续的整体,平整的路面也不会忽然出现一个洞,所以一幅合理的深度图应该是平滑的。平滑损失便是深度图一阶梯度和二阶梯度的平均值,梯度越大说明深度图越不平滑。又因深度图预测网络的直接输出为视差图,视差和深度有成正比的直接换算关系,因此深度图的平滑损失和视差图的平滑损失是等效的,若视差图为 Disp,则平滑损失可以表示为式(6-30):

$$L_{smooth} = D_x + D_y + D_{xx} + D_{xy} + D_{yx} + D_{yy} \tag{6-30}$$

式中,D_x 为视差图在 X 方向的一阶梯度,D_{xy} 为视差图 X 方向的一阶梯度在 Y 方向的梯度,也就是视差图的一个二阶梯度。

式(6-30)的 PyTorch 实现如以下代码块所示。

```
# 计算输入张量 X 和 Y 方向梯度的函数
def gradient(D):
    D_dy = D[:, :, 1:] - D[:, :, :-1]
    D_dx = D[:, :, :, 1:] - D[:, :, :, :-1]
```

```python
    return D_dx, D_dy

# 计算平滑损失的函数
def get_smooth_loss(disp):
    # 计算一阶梯度
    disp_dx, disp_dy = self.gradient(disp)

    # 计算二阶梯度
    disp_dxx, disp_dxy = self.gradient(disp_dx)
    disp_dyx, disp_dyy = self.gradient(disp_dy)

    # 一阶平滑损失
    smooth1 = torch.mean(disp_dx.abs()) + torch.mean(disp_dy.abs())

    # 二阶平滑损失
    smooth2 = torch.mean(disp_dxx.abs()) + \
              torch.mean(disp_dxy.abs()) + \
              torch.mean(disp_dyx.abs()) + \
              torch.mean(disp_dyy.abs())
    return smooth1 + smooth2
```

6.4 可能存在的问题及解决方案

使用常用的 Adam 优化器对以上 3 个损失进行优化即可训练深度图预测网络和相机位姿网络，一切看起来似乎都那么美好。但实际训练中遇到各种各样的真实数据，会产生很多问题，对于这些问题无数研究者们经过反复试验提出了相应的解决方案。本节列举 3 个最常见的问题。

6.4.1 用图像梯度图解决边缘模糊问题

前文曾提到平滑损失能对优化过程进行约束，让优化更加容易，但平滑损失也会有副作用，尤其是在不同物体的交界处。深度图在单一物体范围内的变化必然是平滑的，但一旦视线从一个物体跨入另一个物体，深度图就会发生骤变。如图 6-16 所示，在图中椭圆标记部分，深度图陡然从车辆较近

● 图 6-16 深度图的边缘模糊问题

的距离变成远处背景的远距离,产生骤变,对这个部位而言,深度图的平滑假设是不适用的。深度骤变的情况存在于不同物体的交界处,如果不加考虑地使用平滑损失去惩罚合理的深度骤变,会让深度图中不同物体的交界部分变得模糊,这就不符合真实情况了。

为了解决这个问题,研究人员将图像的梯度图作为物体边界的示踪信息。因为一般物体边界所在的位置图像梯度都会偏大,如果降低图像梯度大的位置平滑损失的权重,就能在一定程度上避免该问题。图 6-17a 所示为原始图片,图 6-17b 所示为其梯度图,容易发现,不同物体交界处图像梯度较大。常使用自然指数对平滑损失进行加权,以 X 方向的一阶平滑损失为例:

$$D'_x = D_x \cdot e^{-|I_x|} \tag{6-31}$$

式中,I_x 为图像 X 方向的梯度,D'_x 是加权后的平滑损失。显然,在图像梯度大的位置,平滑损失权重变小,这就避免了对物体交界处的过渡平滑。同样的原理也被应用到 Y 方向的一阶平滑损失和 4 个二阶平滑损失上。使用加权平滑损失能让物体边界的深度图变化更接近实际、更清晰。

● 图 6-17 原始图片及其梯度图

▶▶ 6.4.2 用图像一致性掩膜解决移动物体问题

无监督学习的静态场景(Static Scene)假设是一个很脆弱的假设。在自动驾驶环境中,到处都有车辆、行人在移动,也就是说基于当前帧得到的深度图里如果有移动的物体,到了相邻帧所在的时刻位置会变化,是动态场景(Dynamic Scene)。在动态场景中,两帧图像拍到的三维点云不一样,不再是同一团三维点云,那么以三维点云为桥梁进行重投影的做法就无效了。在不满足静态场景假设的情况下进行无监督学习,训练出来的深度图估计网络会出现前车"黑洞"现象,如图 6-18 所示。

● 图 6-18 无监督学习预测的深度图在动态物体处呈现为一个黑洞

也就是说,深度图网络认为正前方的车辆是一个几乎位于无限远处的"黑洞",这显然不符合实际。究其原因,是因为训练的时候,系统认为场景是静态的,那么车辆前进时,周边的景物相对于车辆应该向后退。但前车在视野中却几乎保持不动,根据静态场景假设,只有一种可能,那就是前车位于无限远处,于是训练出来的深度图估计网络就会认为前车位于无限远处了。如果尽量使用静态场景视频作为训练数据,是不会出现这种问题的,但对于自动驾驶而言显然不现实。

既然整个系统是建立在静态场景假设上的,那么剔除场景中的动态物体不就可以了吗?基于这个思路出发就能解决问题了。剔除场景中运动物体的部分当然是最优的方案,但检测场景中的动态物体是一个很难解决的问题,至今没有一个很好解决的方案。于是研究人员化繁为简,集中精力解决前车"黑洞"问题[45]。既然自动驾驶车是跟随前车驾驶的,那么可以近似地认为前车相对位置不变,也就是说,前车在相机图像上的投影也不变。那么只需比对两幅图像的像素,直接剔除相同的像素即可。通过对比两帧图像,找出 RGB 值一致的像素形成的掩膜(Mask),称为图像一致性掩膜(Identity Mask)。最简单的方法是计算两帧图像的差值,定义一个阈值来判断像素是否一致,将像素一致区域的光度误差损失归零即可阻止这部分的梯度回传,但这种方法需要定义一个固定的阈值,很难找到一个适用于各种场景的阈值。

在具体的程序实现中,一般使用动态对比的方法来判定一个像素是否属于运动物体,如以下代码块所示。

```
# image_2 维度 4×3×480×640
# depth_1 维度 4×1×480×640
# pose_12 维度 4×4×4
reprojected_image = reproject_image(image_2, depth_1, pose_12)

# image_1 维度 4×3×480×640
# reprojection_loss 维度 4×480×640
reprojection_loss = compute_photometric_loss(image_1, reprojected_image)

# identity_loss 维度 4×480×640
identity_loss = compute_photometric_loss(image_1, image_2)

# losses 维度 4×2×480×640
losses = torch.cat([reprojection_loss, identity_loss], dim=1)

# min_loss 维度 4×480×640
min_loss = torch.min(losses, dim=1)
```

代码中的 image_1 和 image_2 是当前帧和相邻帧,reprojected_image 是重投影图。按照前面所讲的内容,比对当前帧和重投影图得到光度误差损失项即可进行梯度回传,也就是代码中的 reprojection_loss。为了剔除属于运动物体的像素,此处还额外计算了当前帧和相邻帧的一致性光度误差 identity_loss。得到了这两张误差图后,比对每个像素的两个误差值,仅取最小的那个误差进行梯度回传。

如果通过 identity_loss 回传梯度,则等同于截断梯度,因为 identity_loss 只是简单地比对输入数据,不涉及模型。如果通过 reprojection_loss 回传梯度,会通过两个模型,起到训练的效果。对于某个像素,如果一致性误差更小,说明不考虑深度图和相机运动模型反而能获得更小的误差,也就意味着这个像素是不能由模型解释的,于是选择一致性误差作为这个像素的损失值,即不回传梯度;如果重投影误差更小,说明模型能够很好地解释这个像素,故选择重投影误差作为这个像素的损失值,这个像素因此会对训练整个模型做出贡献。使用这种方法来判断是否回传梯度,免去了自定义阈值的烦恼,效果也很好。

6.4.3 用速度损失解决尺度问题

如前文所说,深度图估计存在尺度问题,相机无法仅从图像估计出深度的绝对值。不仅深度图估计网络有这个问题,相机位姿网络也有这个问题,两者被同一个三维场景约束,其尺度也是统一的,所以如果一个模型的尺度错了,另一个也会跟着错。

假设训练出来的某个深度图估计模型输出的深度都是真实深度值的 1/10,100m 的深度估计成了10m,那么位姿网络输出的相机运动模型尺度也会变成真实值的 1/10,也就是说,汽车在两帧之间行驶了 1m,会被模型误认为只行驶了 1dm。这就类似于相机被安装在一个模型汽车里,行驶在微缩城市里。

正确的尺度有很多方法获得,最简单的方法是在运行的时候获得少数几个三维点的真实深度,计算其与模型输出深度的平均比例,然后用这个比例去矫正整个模型深度图,这就要求使用其他的辅助方法获得若干三维点的真实深度。在自动驾驶系统中,可以使用激光雷达、毫米波雷达甚至超声波等额外的传感器,也可以从 SLAM 系统获得。最理想的方法是让模型直接输出具有正确尺度的深度图,这就需要在训练时引入额外的尺度信息。

在采集汽车数据的过程中,获得汽车的速度是很容易的,不需要额外的传感器,直接从 CAN 总线读取即可。速度是一个重要的尺度信息。从位姿网络的输出可以获得位移向量,这个向量的长度就是汽车在两帧图像之间的行驶距离,同时从两帧图像的时间戳可以获知行驶时间,于是就能从位姿网络的输出计算出汽车的速度了。这个速度是模型估计的汽车行驶速度,和从 CAN 总线读取到的真实行驶速度有很大的误差,不妨利用这个误差构造一个速度损失,让模型学习到正确的尺度。

速度损失可以由式(6-32)表达:

$$L_{speed} = \left(S_{CAN} - \frac{|t|_2}{|t_2-t_1|}\right)^2 \tag{6-32}$$

式中,S_{CAN} 为直接从 CAN 总线读取的汽车行驶速度,$|t|_2$ 为位姿网络输出的向量长度,t_1、t_2 分别为图 1 和图 2 的时间戳。将这个速度损失加入到最后的损失中,就能训练出正确的尺度了。

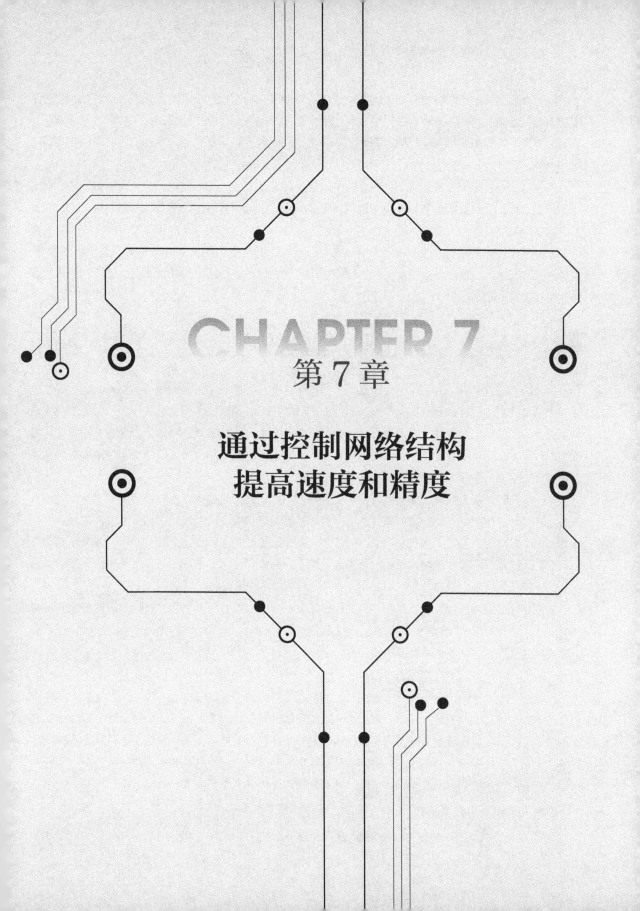

第 7 章

通过控制网络结构提高速度和精度

随着深度学习的不断发展，越来越多的任务被神经网络所取代，自动驾驶系统中运行的神经网络模型也越来越多。然而，自动驾驶系统使用的硬件往往算力有限，为了保证系统的实时性和效率，工程师们需要尽可能减少神经网络的计算量。本章将介绍两种已经得到广泛应用的技术：多任务网络架构和网络压缩技术。

多任务网络让多个任务共享一个主干网络，每个任务拥有自己的特定输出层，可以提高模型的效率和精度。相比于独立训练多个模型，使用多任务网络可以减少模型的计算量，降低硬件需求，提高系统的实时性。

网络压缩技术是指通过减少神经网络中的不必要的权重甚至整个网络分支来降低模型的复杂度。这些部分是冗余的，甚至是累赘的。网络压缩技术不仅可以减少神经网络的计算量，还可以降低模型的存储空间。

7.1 使用多任务网络构架提高速度和精度

多任务网络（Multi-task Network）是近年来的研究热点。前几章读者们学习了如何构建神经网络来完成语义分割、目标识别、实例分割、深度图估计等任务，而多任务网络是指一个神经网络能完成两个以上的任务。这样做的好处是显而易见的，只需要一个神经网络就能完成多个任务，能节约大量的推理时间，这对自动驾驶等对延迟要求高的系统而言是一个很大的优势。即便为了让模型能完成多个任务需要增加网络层，也比运行两个神经网络要快。

其次，当几个任务具有高相关性时，多任务网络甚至还能同时提高各个任务的精度，也就是说多任务网络得到的精度可能还会高于单任务网络。能提高运行速度，降低延迟，还有可能提高精度。正因为如此之多的优良特性，多任务网络风靡各个自动驾驶公司。尤其是特斯拉公司，在关于其 FSD 自动驾驶系统第一个版本的技术报告中，深入介绍了多任务神经网络 HydraNet，引发各公司效仿。时至今日，多任务网络已经成为行业标准。

多任务网络的目标是要达到速度和精度的平衡，多个任务在尽可能多地共享计算量的情况下保持高精度是多任务网络的设计和训练目标。要达到这个目标，除了对网络结构进行精心的设计，还要对训练过程进行控制，这便是本章的主要内容。

▶ 7.1.1 多任务网络的设计

多任务网络的设计主要关注两个方面：一是如何选择任务，二是如何设计网络架构。一个自动驾驶系统上可能同时运行着十个以上的任务，不可能一个网络输出所有任务。哪些任务可以合并在一个网络里完成，哪些需要一个单独的网络，都是需要考虑的问题。此外就是如何设计网络分支，多任务网络一般是主干网络多分支结构，如何设计分支就需要额外的考虑了。

1. 多任务网络的任务选择

自动驾驶涉及的使用神经网络的任务有很多，如物体检测（Object Detection）、语义分割

（Semantic Segmentation）、实例分割（Instance Segmentation）、深度图预测（Depth Prediction）、可行驶区域分割（Freespace Segmentation）、车道线识别（Lane Detection）和轨迹预测（Path Prediction）等。用一个网络解决所有这些任务理论上是可行的，但为了不损失精度，可能需要一个巨大的主干网络，最后可能得不偿失。

因此需要对这些任务进行聚类，最终可能会归结到两三个多任务网络，每个网络负责两三个任务。归于同一类的任务能最大程度共享主干网络的参数而不损失精度，甚至还对精度略有提升。背后的逻辑是任务的相似性，如果两个任务很类似，那么它们需要的特征也是类似的，因此可以共享同一个主干网络。如果两个任务区别很大，它们需要的特征也会不同，如果仍然使用一个主干网络，等于是让这个主干网络提取相比于单个任务更多、更复杂的特征，这也就意味着每个任务分配到的参数量会变少，必然导致精度损失。

具体到自动驾驶任务，读者很容易就能想到目标检测和实例分割是很类似的任务。在第5章中甚至还讨论了使用目标检测真实值对实例分割网络进行半监督训练的算法，这也从另一个侧面证明了目标检测和实例分割是高度类似的任务。其背后的原因也不难理解，目标检测和实例分割面对的对象是一样的：行人、车辆、自行车等，都要对这些物体进行语义识别和定位。同理，若目标识别的对象是交通标识而实例分割的对象是行人车辆，那么这两个任务很可能区别巨大，无法共享一个主干网络。因此，对任务进行分类不仅仅是任务的类别这么简单，也和任务的内容密切相关。

语义分割和深度图预测是相似的任务，因其都需要对每一个像素进行理解，而且语义分割可能还对深度图预测有额外的帮助。可行驶区域分割、车道线识别和轨迹预测这三个任务可以归为一类，这三个任务的重要共同点是都需要对路面信息进行识别。可行驶区域分割是对路面的分割，车道线识别是识别路面上的车道线信息，而轨迹预测则对车道线信息高度依赖，因此这三个类别是高度相关的。

各个任务的分类具体到各个自动驾驶系统会有所区别，毕竟不是所有的自动驾驶系统都需要以上列举的所有的任务，因此将语义分割和目标检测两个任务放在一个网络里训练也很常见。如果两个任务共享一个主干网络能够节省大量的计算量，而损失的精度仍在可接受范围以内，那也是可以接受的。如何在计算量和精度之间进行取舍也是自动驾驶工程师的任务。

2. 多任务网络如何进行任务分支

确定了任务的分类之后，就要设计多任务网络的模型构架了。不同的任务有不同的输出层，常用的方法是各个任务共用一个主干网络，共享主干网络输出的特征图，然后使用独立的网络分支输出。大致有3种不同的方式，如图7-1所示。图中从左到右分别展示了早期分支、中期分支和后期分支。显然，从左至右网络的参数量逐渐减少。在早期分支的结构中，甚至连主干网络都被一分为二，两个任务仅共享低层级特征图（Low Level Feature）；中期分支的结构是最常用的结构，两个任务共享一个主干网络，各自拥有自己的解码器；后期分支的结构仅输出层有所区别，主干网络和解码器都是公用的。后期分支的结构常用于高度类似的任务，例如，语义分割和语义分割的不确定度，甚至目标检测中的目标分类和目标位置回归都可以视为不同的任务。

分支时期越早，两个任务各自享有的参数量（也意味着计算量）就越大，整个网络的参数量也越大，多任务学习带来的速度优势就越不明显。分支时期越晚，共享的计算量越大，多任务学习的优势就越明显。选择哪一种网络架构，取决于任务之间的相似度，对各个任务的精度要求和对计算量的限制条件，工程师需要在3个因素之间进行平衡。

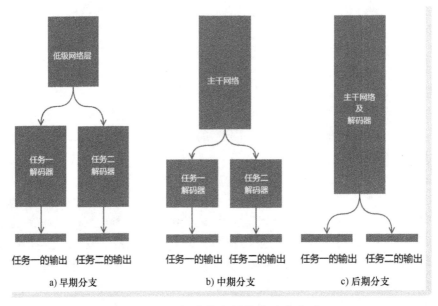

● 图 7-1　几种任务网络的分支方式

对于 FPN 等更现代的网络结构，分支方法也会相应地进行改变，图 7-2 所示为两种不同的 FPN 网络分支方法。

图 7-2a 所示的分支方法共用同一个 FPN 输出的特征图，图 7-2b 所示的分支方法则为每一个任务分配了一个独立的 FPN。图 7-2b 中的分支结构更为常用，本章的代码示例也将采用图 7-2b 中的结构。FPN 一般很轻量级，只有一到两个网络层，但同时也是一个很有弹性的网络结构，如果某个任务的表征能力（Representation Power）不够，可以相应增加 FPN 的网络层。

7.1.2　多任务网络的任务平衡问题

多任务网络最难以处理的问题便是任务平衡问题，各个任务都会向主干网络传递梯度，梯度的方向必然不一致，优化过程中的相互影响无法避免。因此，需要对各个任务的损失进行加权来调整各个任务。

1. 为什么需要进行任务平衡？

如果维持各个任务的原始损失值进行梯度回传，往往效果不会很好，因为各个任务的难度不同。除此，任务平衡并不符合此消彼长的逻辑，良好的任务平衡能让各个任务同时获益，达到比单个任务单独训练更高的精度。这是多任务学习中一个很有意思的现象，调整任务之间的权重能让各个任务的精度同时得到提升。

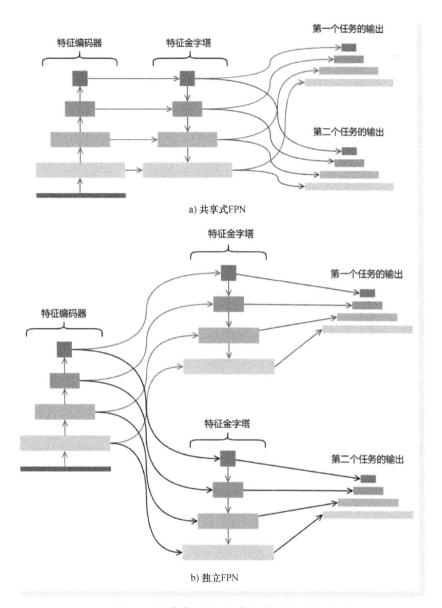

● 图 7-2 两种带 FPN 的多任务网络分支方式

为了向读者展示这个现象，笔者特意进行了试验，试验代码将在 7.2 节进行深入讲解，试验的模型构架如图 7-3 所示。

试验使用了经典的 ResNet18 作为主干网络，将其输出特征图输入到两个 FPN 中，最后分别连接 Yolo 输出层和语义分割输出层，输出目标检测和语义分割结果。目标检测任务的损失 $Loss_{det}$ 和语义分割任务的损失 $Loss_{seg}$ 分别乘以相应的权重值 W_{det} 和 W_{seg} 并相加，两个权重值的和为 1，调整权重值等于是在调整两个任务的重要程度。

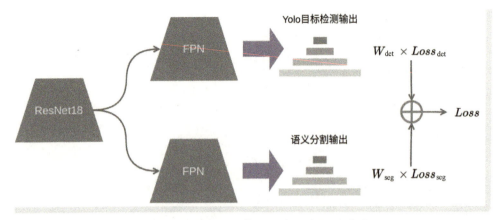

● 图 7-3 示例代码使用的多任务网络结构

为了观察不同的权重值对多任务学习的影响，笔者选择了 6 组权重值组合进行试验，每一组权重值的试验都对数据集训练 250 个轮次，并对模型进行相同的初始化。目标检测任务使用 mAP 作为检测标准，语义分割任务则使用 mIoU 作为检测标准，训练完之后选择两个任务精度同时接近最优的那一个轮次作为最终输出模型。于是，经过 6 次训练，笔者得到了 6 组精度数据，如图 7-4 所示。图中横轴是语义分割任务权重，灰线为目标检测任务的 mAP，黑线为语义分割任务的 mIoU。从图中可以清楚地看出，当语义分割的比重从 0.3 提高到 0.45 时，语义分割和目标检测的精度同时升高，之后又同时波动下滑，而当语义分割任务的比重达到 0.6 时，语义分割完全占据了优势，得到了一个很高的精度，同时目标检测则得到了一个最低的精度。由此可见，如果适当地平衡两个任务，是有可能找到一个最佳的权重组合的，本例中经过试验得出语义分割权重 0.45，目标检测权重 0.55 为最佳组合。

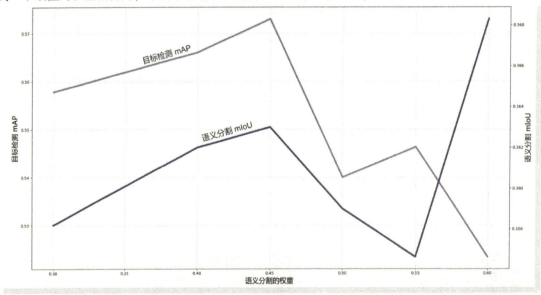

● 图 7-4 使用不同权重对两个任务精度的影响

2. 基于不确定度的任务平衡

要找到多任务学习的最佳权重组合，需要耗费大量的 GPU 时间进行试验才能最终确定，那么能不能通过某种算法来自动确定两个任务的权重呢？答案是可以的，不但可以，而且相关算法种类繁多，让人眼花缭乱。笔者在本书里主要介绍一种效果很好且极易实现的方法——基于任务不确定度（Task Uncertainty）学习的任务平衡法[46]。

对于各个任务，最终都会算得一个损失值 L。在训练时，各损失值产生的梯度会原原本本地回传。假设存在一个最终的理想模型，能提供对各个任务都有效的特征图，那么训练的目的就是通过回传两个任务的梯度来让模型达到这个理想状态。如果某个任务对模型的推动和理想的模型方向一致，可以认为这个任务的确定度很高，加大此任务的权重能让模型更快地达到理想状态；若某个任务对模型的推动偏离了理想模型的方向，则认为此任务确定度较低，对训练产生了不必要的干扰，则需要降低此任务的权重。如果能够计算出各个任务的确定度，就能确定其相应的权重了。

3. 回归任务的不确定度估计

回归任务的输出一般是一个数值，优化的目标是输出值和目标值之间的均方误差，均方误差在数学上来自于高斯分布的负对数似然。假设输出值为 y，目标值为 y^*，则基于高斯分布的似然值可表示为式（7-1）：

$$Likelihood = \frac{1}{\sigma\sqrt{2\pi}} e^{-\frac{1}{2}\left(\frac{y-y^*}{\sigma}\right)^2} \tag{7-1}$$

假设方差 σ 为恒定值 1，式（7-1）的负对数似然（Negative Log-Likelihood，NLL）函数为式（7-2）：

$$L = -\log(Likelihood) = (y-y^*)^2 \tag{7-2}$$

因为常数不影响优化过程，式中的常数已经去除，这正是均方误差的公式。可见，均方误差函数在数学上来说等价于方差为 1 的高斯分布的负对数似然函数。

而方差其实就代表着不确定度，既然要对不确定度进行估计，就不能假设方差等于 1。换言之，除了回归的数值，其方差也要成为估计的对象。因此，只需要在计算负对数似然时留下方差 σ 即可，式（7-1）的负对数似然损失函数可由式（7-3）表示：

$$L = -\log(Likelihood) = \frac{(y-y^*)^2}{\sigma^2} + \log(\sigma) \tag{7-3}$$

4. 分类任务的不确定度估计

分类任务的不确定度估计稍微复杂一点，分类问题的输出层一般采用 Softmax 函数。回顾第 1 章的内容，若一共有 C 个类别，模型会输出 C 个值，其中一个类别的概率按照 Softmax 函数可以表示为式（7-4）：

$$P(f) = \frac{e^f}{\sum_{k=0}^{C} e^{f_k}} \tag{7-4}$$

式中，f 为某一类别的直接输出。为了对分类任务的不确定度进行建模，将输出函数改为类玻尔兹曼分布（Boltzmann Distribution），直白地说，就是对 f 的方差进行估计并加入到式（7-4）中，可得式（7-5）：

$$P(f) = \frac{e^{\frac{1}{\sigma^2}f}}{\sum_{k=0}^{C} e^{\frac{1}{\sigma^2}f_k}} \quad (7\text{-}5)$$

回顾第1章相关内容，将式（7-5）代入到负对数似然公式中，可得：

$$L_{\text{Boltzmann}} = \frac{1}{\sigma^2} L_{\text{Softmax}} + \log\left(\frac{\sum_{k=0}^{C} e^{\frac{1}{\sigma^2}f_k}}{\left(\sum_{k=0}^{C} e^{f_k}\right)^{\frac{1}{\sigma^2}}}\right) \quad (7\text{-}6)$$

式中，L_{Softmax} 代表 Softmax 的负对数似然损失，也就是分类任务的原始损失；σ 是 f 的方差，代表不确定度。式（7-6）中的最后一项颇为复杂，通过观察其数学特性，会发现这一项可以约等于 $\log(\sigma)$，具体推导就不在这里展开了。好奇的读者可以使用 NumPy 通过随机生成 f_k 和 σ 代入到公式中进行计算比对，不难发现这一现象。

于是，带不确定度的分类任务损失函数可简化为式（7-7）：

$$L_{\text{Boltzmann}} = \frac{1}{\sigma^2} L_{\text{Softmax}} + \log(\sigma) \quad (7\text{-}7)$$

观察式（7-3）和式（7-7），读者应该也发现了，这两个任务的损失函数加入不确定度后，都变成了式（7-8）的形式：

$$L_{\sigma} = \frac{1}{\sigma^2} L + \log(\sigma) \quad (7\text{-}8)$$

这便是不确定度估计的精妙之处了。换言之，无论有多少个任务，只需要为每一个任务输出一个方差 σ，然后套用式（7-8）即得其带不确定度的损失函数。假设一个回归任务的原始损失为 L_1，方差为 σ_1，分类任务的原始损失为 L_2，方差为 σ_2，这两个任务的联合损失便可为：

$$L = \frac{1}{\sigma_1^2} L_1 + \frac{1}{\sigma_2^2} L_2 + \log(\sigma_2) + \log(\sigma_1) \quad (7\text{-}9)$$

观察式（7-9）不难发现，不确定度估计的作用是通过训练来学习各个任务的权重，由此避免了用大量的试验来确定各个任务的权重值。此外，权重值还会在训练的过程中根据模型的变化而变化，这更是人工确定的恒定权重值无法比拟的。式（7-9）的直观理解是，方差越大，不确定度就越大，所对应的任务权重就越低，同时还会在优化过程中最小化方差的 log 函数，也就是说希望得到的方差越小越好。

笔者使用基于不确定度的任务平衡法进行了试验，获得的结果如图 7-5 所示。

图 7-5 中的两条折线是出自普通的加权平衡法，左上角的两个数据点则得自不确定度加权法。使用不确定度进行任务平衡后，语义分割任务获得了最高的 mIoU，而目标检测任务也获得了历次试验中第二高的 mAP，效果极其显著。可见基于不确定度的任务平衡方法不但能大大节约试验时间，还能取得恒定的任务权重难以企及的精度。

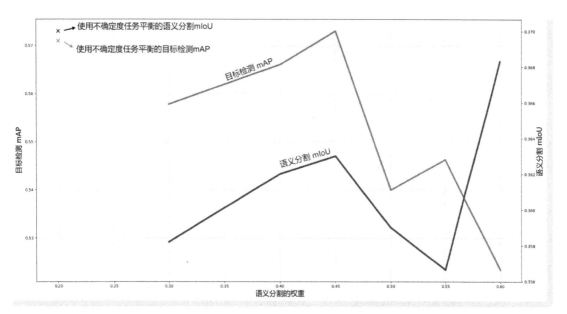

● 图 7-5 使用不确定度学习后两个任务的精度和任务权重的关系

7.2 用 PyTorch 搭建一个语义分割和目标检测双任务网络

搭建多任务网络和单任务网络没有根本的区别，但在软件设计上需要一些额外的处理。双任务网络比单任务网络代码更复杂，为了方便调试，增加复用性，工程师们往往会将系统设计为可插拔的形式。本节示例中将会介绍一个语义分割和目标检测双任务网络，那么整个系统应该可以通过简单的设置在语义分割单任务网络、目标检测单任务网络和语义分割-目标检测双任务网络之间自由切换。

为了达到灵活可复用的目的，需要在系统设计上稍微下一点功夫，本节将通过具体示例对实现多任务网络的最佳实践进行介绍。

7.2.1 多任务数据加载

多任务网络的数据加载涉及的问题是数据种类多。原本只需要考虑一种数据的加载，现在要考虑两种，每种数据的数据增广算法不同，但输入的图像必须是同一幅图。因此，在设计数据集结构的时候，需注意在图像和真实值之间建立对应关系。通常的做法是以图像的 ID 作为键值（Key），对各个任务的真实值进行索引。

为了方便读者进行实践，笔者用 GoPro 在住所附近采集视频数据，使用当时最强的目标检测模型 Centernet2（略逊于 SwinTransformer）对车辆目标检测任务进行标注，使用仍然居于 Cityscape 图像分割数据集前列的英伟达图像分割模型（Hierarchical Multi-Scale Attention for Semantic Segmentation）进行图像分割标注。在对初步标注的结果进行手动清理后形成专用于本书的数据集——慕尼黑数据集

（Munich Dataset），其得名于笔者长期居住的城市慕尼黑，也是视频采集地点。

数据集的具体结构如图 7-6 所示，整个数据集包括 3 个文件夹：camera 文件夹内保存的是.jpg 格式的图像文件，分辨率均为 640×480；detections 文件夹内保存的是.json 文件，文件内保存的是相应图片中检测目标的位置和类别。位置信息按检测框左上角 xy 坐标和右下角 xy 坐标的格式保存，类别均为 0，因为本数据集只进行车辆目标检测；seg 文件夹内保存的是.png 格式的图像分割文件，像素值代表类别标号，这也是图像分割数据最常用的格式。一共 19 个类别，沿用了 Cityscape 数据集的类别编号。

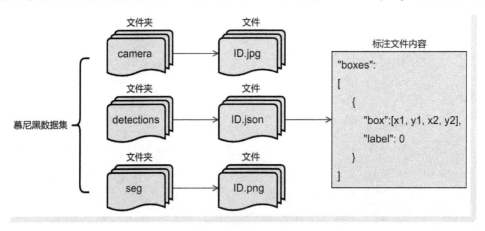

● 图 7-6　示例代码所用数据集的文件结构

在第 5 章语义分割一节中，笔者已经对如何使用 PyTorch 加载语义分割数据、如何对语义分割数据进行数据增广进行了讲解，在此不赘述，读者们直接阅读代码即可。加载多任务数据时额外值得注意的是如何将不同的数据整合到一个 batch 中，这个任务往往是由 PyTorch 的 DataLoader 类来完成的。在加载多任务数据时，为了对各个任务的数据进行单独组织，还可以通过重载 collate_fn 函数来定制 batch 的包装流程。

以下代码块展示了 collate_fn 函数的实现，其他几个函数不难理解，故在此省略。

```python
class MunichDataset(Dataset):
    def __init__(self, ...):
        ...
    def __len__(self):
        ...
    def __getitem__(self, index):
        ...
        return data
    def collate_fn(self, batch):
        # batch 包含了这一批次中各帧的图像和真值数据
        batch_output = dict()
        # 将 NumPy 数组转换为 3×480×640 的 Torch 张量
        imgs = [torch.Tensor(data["image"]).permute((2, 0, 1)) for data in batch]
        # 将 batch 中的图像堆叠在一起并归一化,得到一个 32×3×480×640 的张量
```

```
            batch_output["image"]= torch.stack(imgs, 0) / 255.0
                # 若本 batch 中有语义分割图,则对其进行预处理
                if "seg" in batch[0]:
                    # 将 NumPy 数组转换为 1×480×640 的 Torch 张量
                    segs = [torch.Tensor(data["seg"]).permute((2, 0, 1)) for data in batch]
                    # 将 batch 中的语义分割图堆叠在一起,得到一个 32×1×480×640 的张量
                    batch_output["seg"] = torch.stack(segs, 0)
                boxes = []
                for i, data in enumerate(batch):
                    # 若本帧图像中存在检测目标,则对检测框进行预处理
                    if "bboxes" in batch[i]:
                        box = torch.Tensor(batch[i]["bboxes"])
                        # 为检测框标识所属帧的 index
                        index_col = i * torch.ones((box.shape[0], 1))
                        box = torch.cat([index_col, box], dim=1)
                        boxes.append(box)
                if len(boxes) > 0:
                    # 假设一共有 N 个检测框,将其堆叠为 N×6 的张量
                    batch_output["bboxes"]= torch.cat(boxes, 0)
            return batch_output
```

从代码中可以看出来为什么需要实现 collate_fn 函数。因为一个 batch 中会包含很多帧图像(本例中为 32 帧),有些帧有检测目标,有些帧中可能没有。若使用默认的 collate_fn 函数,所有的目标检测框会被堆叠在一起,将无法区分各个检测框所属的图像。解决这个问题的方法便是将各检测框所属图像的 index 附于检测框参数之前,原始的检测框参数只有 5 个,即左上角、右下角坐标和检测对象的类别,在 collate_fn 中将图像的 index 附于各检测框参数之前,最终得到 6 个参数。

▶▶ 7.2.2 多任务网络的搭建

多任务网络模型的搭建与单任务并无不同,本例使用双 FPN 结构,也就是图 7-3 所示网络结构。语义分割头和目标检测头各自独占一个 FPN,两者均产生多尺度输出。如果将所有相关代码放在一个类中,这个类会变成一个由主干网络、两个 FPN、一个语义分割头和一个目标检测头组成的巨无霸,代码冗长复杂且难以管理。因此,常用的方法是把模型分成若干个部件分别构建,最后由一个大模型将各个部件组合在一起。如此,大模型的代码结构简洁而清晰,模型部件的代码复用性也会更高。本例中多任务网络的大模型代码如以下代码块所示。

```
class ResMultiTask(nn.Module):
# 多任务模型
    def __init__(self, with_seg=False,          # 定义是否包括语义分割任务
                       with_det=True,           # 定义是否包括目标检测任务
                       with_uncertainty=True,   # 定义是否使用不确定度学习
                       num_seg_classes: int = None):   # 定义语义分割类别数
        super(ResMultiTask, self).__init__()
        self.with_seg = with_seg
```

```python
        self.with_det = with_det
        # 定义主干网络，此处为 Resnet18
        self.backbone = ResnetBackbone()
        if self.with_seg:
            # 若包括语义分割任务，则定义语义分割头
            self.seg_head: SegHead = SegHead(in_channels=self.backbone.out_channels,
                                             num_classes=num_seg_classes,
                                             with_uncertainty=with_uncertainty)
        if self.with_det:
            # 若包括目标检测任务，则包括目标检测头
            self.det_head: YoloHead = YoloHead(input_channels=self.backbone.out_channels,
                                               with_uncertainty=with_uncertainty)
    def train_forward(self, x):
        # 得到主干网络提取的多尺度特征图
        features = self.backbone(x)
        outputs = dict()
        if self.with_det:
            # 若包括目标检测任务，将特征图输入到目标检测头
            det_outputs = self.det_head(features)
            outputs.update(det_outputs)
        if self.with_seg:
            # 若包括语义分割任务，将特征图输入到语义分割头
            seg_outputs = self.seg_head(features)
            outputs.update(seg_outputs)
        return outputs
```

读者会发现，这样的代码逻辑一目了然，模型结构不言自明，代码的可维护性和可读性都很强。各个任务的代码都被分离出来单独形成一个 Python 文件，这样高度相关的代码就可以集中在一处，阅读和修改代码也更方便。例如，语义分割头的代码就单独封装在 seg_head.py 文件中，这个文件不但包括语义分割头的模型，还包括了语义分割的损失函数，代码细节如以下代码块所示。

```python
class SegHead(nn.Module):
    '''语义分割头模型'''
    def __init__(self, in_channels: list,
                 num_classes: int,
                 with_uncertainty: bool):
        super(SegHead, self).__init__()
        self.with_uncertainty = with_uncertainty
        in_channels = in_channels.copy()
        in_channels.reverse()
        # 初始化各解码器网络层
        self.decoder_conv1 = nn.Sequential(
            nn.Conv2d(in_channels[0], in_channels[1], 3, padding=1),
            nn.ReLU(True),
            nn.BatchNorm2d(in_channels[1]),
            nn.UpsamplingNearest2d(scale_factor=2.0))
```

```python
        self.decoder_conv2 = nn.Sequential(
            nn.Conv2d(in_channels[1], in_channels[2], 3, padding=1),
            nn.ReLU(True),
            nn.BatchNorm2d(in_channels[2]),
            nn.UpsamplingNearest2d(scale_factor=2.0))

        self.decoder_conv3 = nn.Sequential(
            nn.Conv2d(in_channels[2], in_channels[3], 3, padding=1),
            nn.ReLU(True),
            nn.BatchNorm2d(in_channels[3]),
            nn.UpsamplingNearest2d(scale_factor=2.0))

        # 初始化 FPN
        self.fpn = FeaturePyramidNetwork(in_channels_list=in_channels,
                                        out_channels=num_classes)

        if self.with_uncertainty: # 若使用不确定度学习,初始化不确定度输出层
            self.uncertainty_layer = nn.Sequential(
                nn.AdaptiveAvgPool2d((1, 1)),
                nn.Flatten(),
                nn.Linear(num_classes, 64),
                nn.Linear(64, 1))

    def forward(self, features: Dict[str, torch.Tensor]):
        '''语义分割头的前向传播函数'''
        feets = OrderedDict()
        # 进行类 U-Net 的多尺度特征融合
        feets["0"] = features["0"]
        feets["1"] = features["1"] + self.decoder_conv1(feets["0"])
        feets["2"] = features["2"] + self.decoder_conv2(feets["1"])
        feets["3"] = features["3"] + self.decoder_conv3(feets["2"])
        # 输入到 FPN 中得到多尺度语义分割图
        seg_outputs = self.fpn(feets)
        outputs = {"seg": seg_outputs}
        if self.with_uncertainty:
            # 输出不确定度
            outputs["seg_uncertainty"] = \
                            [torch.mean(self.uncertainty_layer(seg_outputs['0']))]
        return outputs

    def compute_loss(self, seg_outputs, segs, weights=[0.125, 0.25, 0.5, 1.0]):
        '''语义分割损失函数'''
        # 定义交叉熵损失函数
        seg_loss_f = nn.CrossEntropyLoss()
        # 将真实值转换为浮点类型
        segs = segs.float()
```

```
        loss_scales = []
        # 定义各尺度输出同原始分辨率的比例
        scales = [1/32, 1/16, 1/8, 1/4]
        for index_str in seg_outputs:
            index = int(index_str)
            # 将原始真实值下采样至各个尺度
            target = F.upsample_nearest(segs, scale_factor=scales[index]).long().squeeze(1)
            # 计算各个尺度的损失并进行加权
            loss_scales.append(weights[index] * seg_loss_f(seg_outputs[index_str], target))
        # 计算各尺度损失的加权平均值
        return torch.sum(torch.stack(loss_scales))
```

把损失函数和模型放在一个文件甚至一个类里能增强代码的可读性和可维护性，工程师在调试代码的时候不需要在不同的文件夹之间跳来跳去。和本任务相关的代码都放在一个文件中也可以避免重构和修改时出现 bug。但这样的设计会导致代码的复用性变低，对于小型项目（如本例）或某些复用性低的特殊损失函数，是可以接受的，但对于大型项目，为了提高代码的复用性，一般都会把损失函数放在专门管理损失函数的文件中。

▶▶ 7.2.3 多任务损失的平衡

多任务网络最大的难点便是各个任务的平衡，根据本章前面所学理论，可以通过学习方差 σ 对各个任务进行加权。方差能够描述模型预测值的不确定度，为了便于理解，在代码中用 Uncertainty 表示。每一帧图像都会输出一个方差，为了让代码便于理解，对每一个批次（batch）的方差求平均值之后，将其用于对整个批次的加权。以下代码块展示了多任务学习的一个迭代。

```
for i, batch in enumerate(tqdm(dataloader)):
    '''从 dataloader 中加载一个 batch'''
    # 取出图像并存入 GPU
    image = batch["image"].to(device)
    # 进行前向计算获得模型输出
    outputs = model.train_forward(image)
    # 1. 通过不确定度计算两个任务的权重
    seg_weight = torch.exp(-outputs["seg_uncertainty"][0]).pow(2)
    det_weight = torch.exp(-outputs["det_uncertainty"][0]).pow(2)
    losses = []
    # 从 batch 中获得目标检测真实值
    targets = batch["bboxes"].to(device)
    # 计算目标检测任务的损失值
    loss_det, loss_components = model.det_head.compute_loss(outputs["det"], targets)
    # 对损失值进行不确定度加权后加入损失列表
    losses.append(det_weight* loss_det[0])
    # 从 batch 中获得语义分割真实值
    segs = batch["seg"].to(device)
    # 计算语义分割任务的损失值
    loss_seg = model.seg_head.compute_loss(outputs["seg"], segs)
```

```
    #2.对损失值进行不确定度加权后加入损失列表
    losses.append(seg_weight * loss_seg)
    #3.不确定度学习损失函数
    losses.append(outputs["seg_uncertainty"][0]+outputs["det_uncertainty"][0])
    #将所有的损失值加总并进行反向传播
loss = torch.sum(torch.stack(losses))
loss.backward()
optimizer.step()
optimizer.zero_grad()
```

代码中标号 1 的代码行计算的是各个任务的不确定度权重，也就是 $1/\sigma^2$。若模型直接输出方差值，训练过程中很可能会出现 0 方差，影响数值稳定性，因此模型并不直接输出方差，而是输出方差的对数。故最终计算方差时，还要对模型的输出值进行指数运算。

标号 2 的代码行是使用不确定度对损失值进行加权。于是标号为 1 和 2 的两行代码计算了式 (7-8) 的左半部分。标号 3 的代码行则计算了式 (7-8) 的右半部分。最后将各部分相加，得到式 (7-8) 的完整结果。

7.3 压缩神经网络提高推理速度

神经网络是过参数化（Over Parameterized）的模型，也就是说，神经网络的参数量超过了模型所需。如果把冗余的参数找出来删除，就能提高神经网络的推理速度，这就是网络压缩（Network Compression）的灵感来源。如今，在将神经网络部署到生产环境之前，网络压缩已经成了必不可少的步骤。

7.3.1 什么是神经网络压缩

研究人员早就发现了神经网络的过参数化特性，将神经网络中的冗余参数删除后，神经网络在验证集上的精度不但不会变低，有时甚至会变高。有研究者认为网络压缩可以当作正则化（Regularization）方法使用，能防止过拟合。

1. 剪枝策略

网络压缩的方法常被称为剪枝（Pruning），剪枝的策略根据力度大小不同可分为权值剪枝（Weight Pruning）、通道剪枝（Channel Pruning）和层剪枝（Layer Pruning）。

权值剪枝是将数值接近于零的权值筛选出来直接归零，卷积核因此出现大量空洞，卷积计算中的致密矩阵乘法（Dense Matrix Multiplication）变成了稀疏矩阵乘法（Sparse Matrix Multiplication）。权值剪枝是粒度最小，对精度影响最小的剪枝策略，但需要软硬件的支持才能对稀疏矩阵乘法进行加速。

通道剪枝实为卷积核剪枝。通过发掘特征图中不重要的通道，将与此通道相关的输入和输出卷积核删除。假设特征图一共有 64 个通道，有 4 个通道是可以删除的，通道剪枝的操作方法如图 7-7 所示。不难发现，删减 4 个通道之后，前一层的卷积层参数从 64×3×3×32 变为 60×3×3×32，一共有

4×32 个卷积核被删除；后一层的卷积层参数从 128×3×3×64 变为 128×3×3×60，一共有 128×4 个卷积核被删除。通道剪枝节省的计算量是相当可观的。通道剪枝对精度的影响较权值剪枝为大。

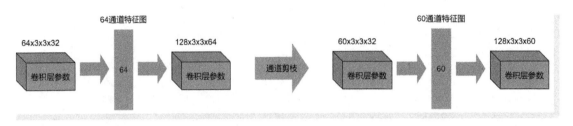

● 图 7-7 通道剪枝原理图

层剪枝就比较好理解了，就是直接将整个网络层删除，节省的计算量巨大，但对精度的影响也很大，故不常使用。本节接下来的内容将仅涉及通道剪枝，这也是工程实践中最常用，软硬件支持最佳的剪枝方法。

2. 神经网络的彩票假设

要更深入地理解神经网络压缩的原理，就不得不提一篇发表于 2018 年的重要论文 "The Lottery Ticket Hypothesis"（彩票假设）[47]。论文试图回答以下问题：如果神经网络被压缩之后精度不受影响，那么能不能直接训练这个被压缩的网络来达到同样的精度？被压缩之后的神经网络用更少的参数达到了同样的精度，是什么让这个神经网络如此特殊？网络压缩是不是一种寻找最佳网络结构的方法？

经过大量的对比试验，论文发现，每一个训练好的神经网络绝大部分的工作都是由内部一个子网络（Sub Network）完成的，而网络剪枝能把这个子网络挖掘出来，如图 7-8 所示。

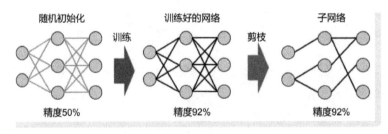

● 图 7-8 神经网络中的子网络

如果将剪枝得到的子网络重新初始化之后从零开始训练，会发现最终的精度将低于 92%。这说明决定这个子网络精度的不是它的结构。

随后，论文作者又试验保留子网络随机初始化的值（而非重新初始化），并重新训练，最后发现能达到 92% 的精度，试验过程如图 7-9 所示。

这个现象说明，让这个子网络表现如此之好的决定性因素居然是对参数进行初始化时赋予的随机数。因此，论文作者将这些随机数称之为中奖的彩票，并提出彩票假设："一个随机初始化的全连接

第 7 章
通过控制网络结构提高速度和精度

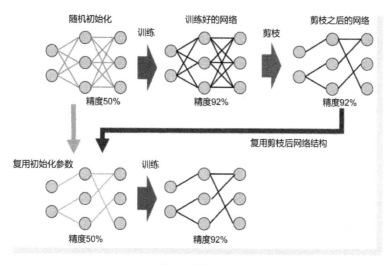

● 图 7-9 神经网络的"彩票假设"

神经网络里包含了一个子网络,这个子网络在赋予相同初始值的情况下经过同样次数的迭代,能在测试数据集上达到和原网络一样的精度"。

彩票假设告诉我们,一个神经网络的随机初始值非常重要,直接决定了剪枝后得到的子网络的结构和参数量。神经网络的随机初始值不可能全部中奖,模型中必然存在大量"没中奖"的彩票,因此总能在不影响精度的情况下对网络进行剪枝。

▶▶ 7.3.2 几种常见的通道剪枝方法

通道剪枝的目标是寻找特征图中不重要的通道并将其删除,所以各种通道剪枝方法的关键就在于判断各个通道的重要性,判断通道重要性的算法也是各个方法的主要区别。

1. 基于权重值的剪枝

最简单的方式就是对输出此通道的卷积核权重值进行统计,如果输出某个通道的卷积核权重值大部分都是很小的值甚至是零,那不难想到,这个通道很可能重要性不高。如图 7-10 所示,图中展示了两个卷积核,图 7-10a 所示卷积核的权重值都很大,应该保留,而图 7-10b 所示卷积核的权重值都很小,可以删除。

评价卷积核权重值大小的方法有很多,最常用的是计算卷积核权重值的平方和,然后人为地确定一个阈值,删掉平方和小于阈值的卷积核。也可以根据权重值平方和对各卷积核排序,然后根据需要删除排名最靠后的卷积核,例如,希望将通道数压缩 20%,就删掉最后 20% 的卷积核。

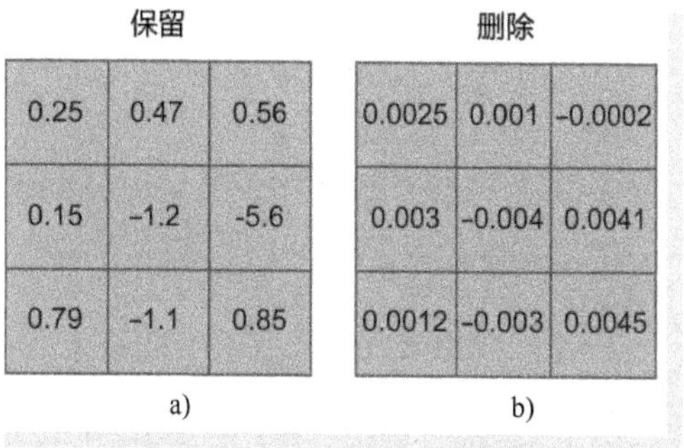

● 图 7-10 基于权重值的剪枝

使用基于权重值的剪枝法速度很快，只需要将与剪枝目标相关的卷积核权重统计一遍就可以得到剪枝方案了。但这个方法对精度影响较大。

2. 基于通道数值的剪枝

更常用的方法是基于通道本身的数输出值进行剪枝。既然目标是删除不重要的通道，那么直接统计各个通道的值大小就可以了。但每输入一张图像都会产生新的特征图，因此，为了保证删除的通道对大部分输入图片都不重要，需要将验证数据集中的数据逐一输入模型并评估各通道的重要性，只有当某个通道对于大部分的样本都不重要时，才能将其删除。

基于通道数值的剪枝会消耗比较长的时间，需要将验证数据集中的数据输入到模型中并统计各个通道的输出值大小。如果验证数据集内有 1000 幅图片样本，就要进行 1000 次推理运算，但这个方法对精度的影响较小。

3. 基于精度值的剪枝

最稳妥、对精度影响最小的方法是基于精度值的剪枝。也就是说直接通过精度损失的多少来评判某个通道的重要性，操作方法也十分简单，直接移除某个通道，然后计算模型在验证数据集上的精度变化，精度损失越大，则此通道越重要。这个方法直接测试某个通道对精度的影响，能最大限度地保持模型精度。

但这个方法的计算量耗费很大。假设一共有 256 个候选通道，必须分别移除每一个通道并计算精度值，若验证数据集中有 1000 幅图片，就要进行 256000 次推理运算。现代的卷积神经网络通道数极多，导致计算量极大。

▶▶ 7.3.3 在训练中使用 L1 正则化压缩权重

如果不在训练中进行任何正则化，神经网络的压缩空间会十分有限，只能寄希望于训练好的神经网络能自动产生很多小的权重值，期待好运气。既然目的是让尽可能多的权重值归零，那完全可以引入一个损失函数，对大的权重值进行惩罚。

最容易想到的是对神经网络参数的 L2 正则化，也就是权值衰减（Weight Decay）。训练模型的时候一般都会加上权值衰减，既然想要让权重值变得更小，只需加大权值衰减的力度即可。这是方法之一，L2 正则化不但能让权值变小，还能防止过拟合，可谓一箭双雕。

但要让权值尽可能地变为零，L2 正则化的效率就稍显不足了，此时便需要 L1 正则化。顾名思义，L1 正则化就是把权重的 L1 范数，也就是权重的绝对值作为正则化损失项。在第 1 章讲解过，L2 正则化等价于为权重值赋予一个均值为 0 的正态分布作为先验概率，而 L1 正则化则为权重值赋予了一个均值为 0 的拉普拉斯分布，其数学表达式如下：

$$P(W) = \frac{1}{2b} e^{-\frac{|w|}{b}} \quad (7\text{-}10)$$

式（7-10）中，$P(W)$ 表示权重 W 的概率分布。同样按照第 1 章的方法推导出负对数似然损失函数，易得：

$$W^* = \underset{W}{\mathrm{Argmin}}[\,\mathrm{NLL}(X) + \lambda \cdot |W|\,] \tag{7-11}$$

L1 正则化和 L2 正则化最大的区别在于权重值的衰减速度不一样。对 L2 正则化损失项求导，其梯度为：

$$\frac{\partial(\lambda \cdot W^2)}{\partial W} = \lambda \cdot W \tag{7-12}$$

而 L1 正则化损失项产生的梯度则为：

$$\frac{\partial(\lambda \cdot |W|)}{\partial W} = \mathrm{sgn}(W) \cdot \lambda \tag{7-13}$$

式（7-13）中的 sgn 为符号函数，当 $W>0$ 时为 1，当 $W<0$ 时为 -1。对比两种正则化产生的梯度可知，L1 正则化永远以同样的强度衰减，而 L2 正则化的衰减强度和权重值成比例。这意味着权重值大的时候，L2 正则化可以让权重快速衰减；当权重值变得越来越小时，L2 正则化产生的衰减强度也越来越弱。一个初始值为 1.0 的权重值在两种正则化的影响下权重值衰减变化趋势如图 7-11 所示。

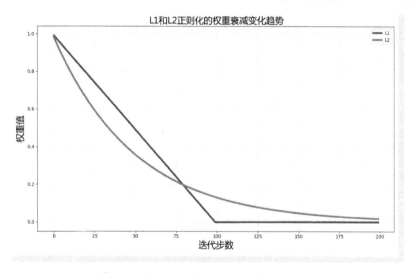

● 图 7-11　使用 L1 和 L2 正则化时卷积核权重值衰减趋势变化

从图 7-11 中可以看出来，在权重值较大的时候，L2 正则化产生的衰减比 L1 正则化快，但衰减强度越来越弱，权重值始终无法衰减到 0。而 L1 正则化虽然一开始衰减较慢，但可以保持一个恒定的衰减速度，权重值最终完全归零。所以，使用 L2 正则化会让神经网络中出现很多小权重值，权重的分布会比较平滑，不会出现极端的权重值，而 L1 正则化会让神经网络中出现大量的 0。

对于模型压缩而言，希望权重值的分布更加极端，有用的权重值越大越好，冗余的权重值最好直接等于零，所以如果准备对模型进行压缩，务必在损失函数中加上 L1 正则项。当然，过强的 L1 正则化会导致模型精度降低，因此，在工程实践中，可以通过调节 L1 正则项的强度来平衡模型的压缩率和精度。

▶▶ 7.3.4 使用可微通道加权进行通道剪枝

传统的通道剪枝方法是通过统计的方法确定通道的重要性。首先，这意味着被剪除的通道只是对特定数据集不重要。其次，因为是使用统计的方法进行测定，说明被删除的通道可能只是对"大部分"样本不重要，但这个通道还可能属于概率分布的长尾（Long Tail）部分，可能是为了识别某些特例而存在的，无法预测会不会因为这个通道的缺失导致模型泛化性受损。

最理想的情况是，在训练的时候让模型自己学习删减通道，这就是近年来越来越流行的可微剪枝（Differentiable Pruning），有时也被称为数据驱动剪枝（Data-driven Pruning）。可微剪枝的做法是在模型中加入通道选择掩膜（Channel Selection Mask）作为可训练参数和模型一起训练，最终模型就能学会挑选最重要的通道。这个做法的灵感来自可微网络结构搜索（Differentiable Network Architecture Search，DARTS），研究人员通过使用可微的掩膜来屏蔽神经网络的部分结构，并在训练中习得神经网络的最佳结构[48]。通道选择掩膜的实现原理如图 7-12 所示。

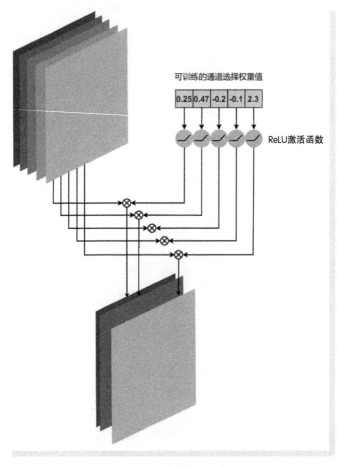

● 图 7-12　通道选择掩膜原理图

图 7-12 中原始特征图一共有 5 个通道，对应了 5 个可训练的通道选择权重值，这 5 个权重值经过 ReLU 激活函数后和相应的通道相乘，<0 的权重经过 ReLU 激活后被归零，其对应的通道与之相乘后也被归零，等效于被删减。就图中的示例而言，原始特征图的 5 个通道经过选择之后被压缩为 3 个通道。整个运算过程是可微的，梯度可以自由地回传到通道选择权重，因此称之为"可微通道剪枝"。

训练结束之后，各网络层通道选择权重中的负数对应的通道便可以直接删除了，不会对精度产生影响。>0 的权重还要对各个通道进行加权，这些权重本身就代表着通道的重要性，因此，还可以通过删除小权重对应的通道对模型进行进一步压缩。在确定了剪枝方案之后，这些权重值可以直接融合到后续卷积层中，ReLU 激活函数也可以移除，最终对模型的计算量不会有影响。

可微通道剪枝是最优雅，也是最可控的剪枝方式，但其缺陷也是很明显的，就是需要将通道选择权重作为模型的一部分参与训练，大大增加了训练和压缩的耦合度，也增加了代码的复杂性。

▶▶ 7.3.5 网络压缩的流程

网络压缩的流程有很多选择，常用的有 3 种：训练后压缩、压缩后微调和训练中压缩。三种流程分别如图 7-13 中的三行示意图所示。

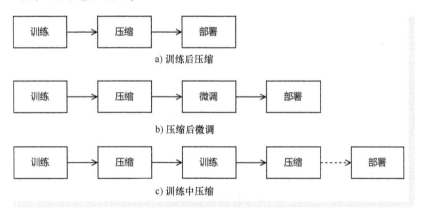

● 图 7-13 网络压缩的一般流程

1. 训练后压缩

网络压缩最简单的流程如图 7-13a 所示，训练之后根据通道的重要性进行压缩，然后部署到目标硬件上。在对性能要求不高的情况下，这样的压缩流程能保持各步骤代码的独立性，整个系统高度解耦，系统的灵活性、可维护性都很高。

2. 压缩后微调

如果对性能要求较高，在压缩后还可以对压缩过的模型进行微调（Fine Tune）。模型被压缩过之后，等于变成了另一个模型，其损失曲面必然会发生改变，原本训练好的最优点可能就不再是最优点了，因此，对压缩过的模型进行进一步的训练很有可能获得更优的模型。但是在压缩模型的时候已经选择压缩了最不重要的通道，所以新模型的最优点应该就在附近，训练的时候应该选择一个很小的学习率，试探性地训练少数几个Epoch。这种试探性的训练，就叫微调。微调并不是总是有效的，尤其是压缩强度低，而且模型的泛化性能已经很好的时候，微调带来的精度提升往往有限。

3. 训练中压缩

对精度影响最小的压缩流程是边训练边压缩。每经过若干个Epoch，都对模型进行压缩，移除对精度影响最小的少数几个通道，然后继续训练。这种压缩方法好处很多，每次压缩都只移除极少数影响最小的通道，有时甚至不移除，每一次压缩都尽量保守，将压缩对模型精度的影响保持在最低程度；每次压缩结束后模型都继续投入训练，压缩几乎等于是在对模型进行轻度正则化，反而可能提高精度；经过多次反复的压缩，积少成多，最终模型的压缩比率并不见得低于另外两种方法。

训练中压缩的缺陷也是很明显的，首先就是训练过程耗时增加，每隔几个Epoch都要对各个通道的重要性进行评估，这一步耗时不少。其次，代码和训练过程的复杂度大大增加，压缩和训练这两步高度耦合，系统灵活性变低，代码维护的难度也大大增加了。

因此，综合考虑各方面的利弊，第二种压缩流程，也就是压缩之后进行试探性微调的流程应用得最为广泛。

7.4 用PyTorch实现可微网络压缩

前文中介绍了几种网络压缩算法，其中最复杂莫过于可微通道剪枝。掌握了可微通道剪枝的实现方法，其他剪枝方法便可轻松掌握，因此，本节笔者会具体介绍可微通道剪枝的实现方法。

▶▶ 7.4.1 用PyTorch构造可微通道选择层

和普通的训练后剪枝算法不同，可微通道剪枝需要在模型中插入通道选择层，有的论文也称之为通道门控层（Channel Gating），在本例中笔者称之为通道掩膜（Channel Mask）。以下代码块演示了如何将可训练通道掩膜插入到ResNet模型的残差模块中。

```
class BasicBlock(nn.Module):
    def __init__(self, xxxx) -> None:
        super(BasicBlock, self).__init__()
        '''其余代码省略'''
        # 定义通道掩膜,将其注册为可训练的模型参数
        self.channel_mask = nn.Parameter(torch.rand(planes, dtype=torch.float32),
                                         requires_grad=True)
        # 默认为使用通道掩膜,部署时应设置为False
        self.with_mask = True

    def forward(self, x: Tensor) -> Tensor:
        '''一个残差模块的前向函数'''
        identity = x
        out = self.conv1(x)
        out = self.bn1(out)
```

```python
        out = self.relu(out)
        if self.with_mask:
            # channel_mask 的长度为 planes
            mask = F.relu6(self.channel_mask)
            # 为 batch 中的每一帧复制一份 channel_mask
            # 若 Batch Size 为 32,mask 的维度为 32×channels
            mask = torch.repeat_interleave(mask.unsqueeze(0), out.size(0), 0)
            # 将通道掩膜扩展为四维；32×channels×1×1
            mask = mask.view((out.size(0), out.size(1), 1, 1))
            # 将通道掩膜作用于上一层的输出特征图
            out = out * mask
        out = self.conv2(out)
        out = self.bn2(out)
        if self.downsample is not None:
            identity = self.downsample(x)
        out += identity
        out = self.relu(out)
        return out
```

代码的关键部分是在初始化函数中定义一个可训练的张量 channel_mask，这个张量被定义为 nn.Parameter 后就成了模型的一部分。在定义优化器以及向优化器中加入待优化参数时，常会调用以下代码来初始化优化器。

```python
# 列举出模型的所有参数
params = [p for p in model.parameters() if p.requires_grad]

# 将参数加入到优化器中
optimizer = optim.Adam(params)
```

只有在模型中被定义为 nn.Parameter 的张量，才会出现在 model.parameters( ) 返回的参数列表中。如果使用卷积层、全连接层等预定义的网络层来搭建网络，这些网络层的参数都定义在内部，使用者接触不到参数定义代码，但若是要自定义可训练的参数，便需开发者自行定义。本例中的通道选择层可算是自定义网络层，因此需要开发者在类的初始函数中自行定义。

通道掩膜定义为模型参数之后，就可以在前向传播函数中使用了。本例中通道掩膜的长度和输入特征图的层数相等，结合 ReLU 激活函数，通道掩膜对输入特征图进行门控（Gating）；通过与特征图相乘，对各层特征图进行重要性加权。最终输出经过门控和加权后的特征图。显然，若通道掩膜参数的值经过训练之后为负数，其对应的特征图将被直接置零，从而达到剪枝的目的。因为掩膜中越大的值对应的特征层对输出特征贡献越大，将掩膜中的值视为其对应通道的"重要性"。

通道掩膜可以插入到任意的两个卷积层之间，考虑到 ResNet 的残差模块中包含了两个连续的卷积层，若只对这两个卷积层中间的特征图进行压缩，那么残差模块之外的网络结构将不受影响，操作起来会更方便，因此本例的做法是将通道掩膜插入到 ResNet 的残差模块中。这就需要对 PyTorch 的 ResNet 模型进行修改。笔者直接将 PyTorch 的 ResNet 代码复制出来并对其进行修改，如此一来，除了 import 部分的代码之外，其余用到 ResNet 的代码就都不需要修改了。

7.4.2 利用通道选择层确定压缩方案

读者一定很好奇，经过训练后，会得到一个怎样的掩膜呢？毕竟我们期待得到一个包含了很多零的掩膜，零越多，压缩的比率就越大，如果训练结束以后掩膜里的值都很大，那岂不是白费工夫？笔者对此也很好奇，因此在训练结束后导出了某一层的 512 个通道重要性值并绘制直方图，如图 7-14 所示。

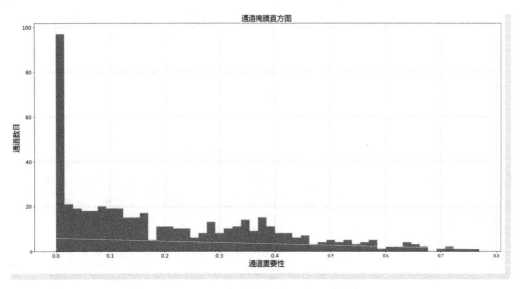

● 图 7-14　经过训练后的通道掩膜直方图

令人振奋的是，512 个值中有将近 100 个值几乎等于零，这也意味着至少可以安全地移除将近 20% 的通道。其他值呈现出均匀地分布，那么是不是可以移除重要性低的通道？这需要最后通过试验才能确定。经过试验之后，最终可以设定一个重要性阈值，通过剪除重要性低于某个阈值的通道达到更大的压缩率。

在进行模型压缩的工作中，绘制通道重要性直方图不仅是满足开发者的好奇心，也是为了对最终的压缩效果有一个全局的把握。若 20% 的压缩率已经满足需求，那么就可以沿用当前的配置。如果 20% 的压缩率仍然不够，还可以对通道掩膜进行更强的 L1 正则化，让更多的通道掩膜值归零，最终通过不断调整 L1 正则化的强度达到压缩目标。

为了让读者对 L1 正则化强度的影响有一个直观的印象，笔者进行了 4 次试验，将通道掩膜 L1 正则化的强度分别设置为 0、1e-5、1e-4、1e-3 四个值并进行训练。训练结束后将通道重要性<0.0001 的通道剪除，剪除的通道数量除以总的通道数便得到通道压缩率。例如，一共 512 个通道，若 256 个通道是可以剪除的，通道压缩率就是 50%。L1 正则化的强度和通道压缩率的关系如图 7-15 所示。

从图 7-15 可以发现，当 L1 正则化强度为 0 时（也就是不对通道掩膜进行 L1 正则化），压缩率仅为 4%，L1 正则化强度越大，最终得到的压缩率越大，若将 L1 正则化强度设置为 1e-3，压缩率则可

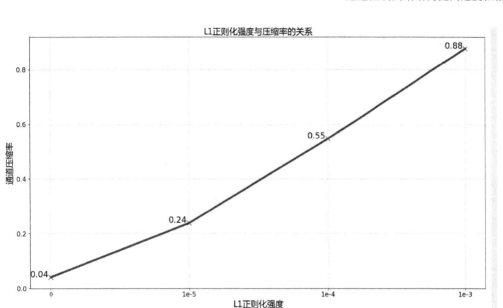

● 图 7-15　L1 正则化强度与通道压缩率的关系

以达到 88%。

在确定了 L1 正则化强度和重要性阈值后，可以计算出哪些通道是有待压缩的。因为所有的残差层中都插入了通道掩膜，为了将通道掩膜都找出来，需要遍历整个模型的参数，一旦遇到了通道掩膜参数，就根据通道重要性阈值筛选出重要性低的通道，这些通道是可以压缩的。将这些通道的信息记录下来并保存为一个 .json 文件，这个文件保存的便是模型的压缩方案。具体实现代码如以下代码块所示。

```python
def create_compression_configs(model, threshold: float):
    """根据通道重要性阈值确定模型的压缩策略"""
    configs = []
    # 遍历模型的所有参数
    for name, para in model.named_parameters():
        # 为模型中的通道掩膜确定压缩参数
        if "channel_mask" in name:
            curr_config = dict()
            # name:"backbone.resnet.layer1.0.channel_mask"
            subnetwork, backbone, layer, index, mask = name.split(".")
            # 记录当前通道掩膜所在的残差模块
            curr_config["layer"] = subnetwork+"."+backbone+"."+layer
            # 记录残差模块的编号
            curr_config["index"] = int(index)
            # 记录通道总数
            curr_config["total_channels"] = para.shape[0]
            # 记录待压缩通道的编号
```

```
            curr_config["channels"] = \
                (para < threshold).nonzero().cpu().numpy().flatten().tolist()
            # 打印压缩比率
            print(f"{len(curr_config['channels'])} out of {curr_config['all']} channels of {name}")
            configs.append(curr_config)
    return configs
```

以上代码块中的函数最终会将整个模型的压缩方案保存到一个 dictionary 中, 将这个 dictionary 保存下来, 用于之后的模型压缩。

7.4.3 对 PyTorch 模型进行压缩并对比运行速度

通过 7.4.2 小节的代码得到模型压缩策略后, 就可以对模型进行"外科手术"了, 也就是根据压缩方案对目标网络层进行修改, 最终得到一个压缩过的模型。模型压缩的实现如以下代码块中的 compress 函数所示。

```
def compress(self, compress_config: dict):
    # 遍历压缩方案中的相关网络层
    for compress_targe in compress_config:
        # 获得网络层的名字
        layer_str = compress_targe["layer"]
        # 获得网络层的编号
        layer_index = compress_targe["index"]
        # 获得通道总数
        full_channel = compress_targe["all"]
        # 获得待压缩的通道数
        channel_to_compress = compress_targe["channels"]
        # 建立通道掩膜,待压缩通道对应 False,需要留下来的对应 True
        mask = [(not i in channel_to_compress) for i in range(full_channel)]
        # 获得本网络层的实例
        layer = rgetattr(self, layer_str)[layer_index]
        # 修改第一个卷积层的权重
        layer.conv1.weight = nn.Parameter(layer.conv1.weight[mask, :, :, :])
        # 修改第一个卷积层的输出通道数
        layer.conv1.out_channels = full_channel-len(channel_to_compress)
        # 若卷积层有偏置,也对偏置进行压缩
        if not layer.conv1.bias is None:
            layer.conv1.bias = nn.Parameter(layer.conv1.bias[mask])

        # 对批归一化层进行压缩
        layer.bn1.weight = nn.Parameter(layer.bn1.weight[mask])
        layer.bn1.bias = nn.Parameter(layer.bn1.bias[mask])
        # 批归一化层的移动平均值和移动方差不需要计算梯度
        layer.bn1.running_mean = nn.Parameter(layer.bn1.running_mean[mask], requires_grad=False)
        layer.bn1.running_var = nn.Parameter(layer.bn1.running_var[mask], requires_grad=False)
```

```python
            layer.bn1.num_features = full_channel-len(channel_to_compress)
            # 修改第二个卷积层的输入通道数
            layer.conv2.in_channels = full_channel - len(channel_to_compress)
            # 修改第二个卷积层的权重
            conv2_weight = layer.conv2.weight[:, mask, :, :]
            # 若使用通道掩膜,则将通道掩膜与第二个卷积层融合
            if hasattr(layer, "channel_mask"):
                # 获得压缩后的通道掩膜
                channel_mask = layer.channel_mask[mask]
                # 将通道掩膜扩展为和卷积层权重一样的尺寸
                channel_mask = torch.repeat_interleave(channel_mask.unsqueeze(-1),
                                                      conv2_weight.size(2), -1)
                channel_mask = torch.repeat_interleave(channel_mask.unsqueeze(-1),
                                                      conv2_weight.size(3), -1)
                channel_mask = torch.repeat_interleave(channel_mask.unsqueeze(0),
                                                      conv2_weight.size(0), 0)
                # 将通道掩膜与卷积层权重融合
                layer.conv2.weight = nn.Parameter(conv2_weight* channel_mask)
                # 融合结束后,关闭通道掩膜
                layer.with_mask = False
        else:
            # 若不使用通道掩膜,则直接保存修改后的权重
            layer.conv2.weight = nn.Parameter(conv2_weight)
```

读者想必已经看出来了,以上代码适用性非常有限,如果换一个模型,这个压缩函数就不能用了。这也是网络压缩麻烦的地方,删除某一层的若干个通道,会影响到之前和之后的多个网络层。如果要快速简单地实现,就要根据网络结构的命名规则定制代码,代码可复用性较差;若是要实现可复用性强的网络压缩代码,则需要对网络结构进行遍历并分析其拓扑结构,代码会变得非常复杂。这也是软件开发中经常遇到的情况,可复用性差的代码可以写的简单直白,通用性强的代码则复杂难懂,如何编写既通用又易懂的代码几乎是一种艺术,想要挑战高难度程序的读者可以尝试实现一个通用的网络压缩类。为了便于展示编程思路,笔者使用了相对简单直白的实现方法。

最终,结合 7.4.2 小节和本小节的代码,模型加载和压缩的代码一共三行,如以下代码块所示。

```python
from models.model import ResMultiTask
# 实例化模型
model = ResMultiTask(with_seg=True,
                     with_det=True,
                     with_uncertainty=True,
                     num_seg_classes=19)
# 加载训练好的模型
model.load_weights("train_logs/100.pth")
# 指定阈值生成模型压缩方案
compress_config = model.create_compression_configs(threshold=10e-8)
# 根据模型压缩方案压缩模型
model.compress(compress_config)
```

前文中提到，可以通过调整 L1 正则化强度来控制压缩率，笔者进行了 4 次试验，每次试验都为通道选择层设置不同的 L1 正则化强度。训练完成后使用 1e-8 作为模型压缩阈值对 4 个模型进行压缩，最后测试了 4 个模型的运行时间和精度。4 次试验的结果见表 7-1。

表 7-1　L1 正则化强度对模型推理速度及精度的影响

L1 正则化强度	一个 Batch 的推理时间/ms	图像分割任务精度/mIoU
无 L1 正则化	185	0.623
1e-5	185	0.622
1e-4	173	0.622
1e-3	141	0.623

试验结果可能会出乎读者的意料之外，当 L1 正则化强度从低到高变化时，推理时间随之缩短，但图像分割任务的精度却几乎没有变化，压缩程度最大时精度反而更高了。这个结果有点违反直觉，照理模型越小，精度越低，模型压缩是通过牺牲精度来换取推理时间的，但试验结果却完全没有体现出这个趋势。一个原因是使用了可微的通道选择层，在训练中进行压缩，对精度影响较小；另一个原因是任务难度低，数据集较小，数据集中的场景也很单一，模型大小对精度影响不大。

读者可能会发现，虽然压缩率很高，但对推理速度影响却不大。如果观察训练好的通道选择层参数，越是接近输入端的残差模块压缩率越低，而越接近输入端特征图分辨率越高，计算量也越大。因此，即便某些卷积层压缩率很高，对整个计算量的影响仍相对较小。若希望进一步对网络进行压缩，也可以通过调整压缩阈值来达到目的，但这样就会对精度造成损害了。

第 8 章

导出和部署神经网络模型

自动驾驶系统是一个对实时性要求极高的系统，整个系统的延迟往往必须控制在 100ms 以内，分配给神经网络的推理时间更少。此外，出于实时性考虑，自动驾驶系统是用 C 和 C++开发的，但神经网络模型都是在 Python 环境下使用 PyTorch 搭建和训练的。因此，工程师们最终需要在 C++开发环境中加载神经网络模型并进行推理，这便是模型的导出（Export）和部署（Deployment）工作。因为涉及不同的硬件种类和软件库，模型导出和部署非常复杂。各类硬件支持的网络层会有各种各样的限制，例如，某些硬件不支持空洞卷积，有些硬件甚至只支持 3×3 的卷积核，种种硬件特性都必须仔细地浏览硬件厂商提供的支持矩阵（Support Matrix）才能掌握，甚至要根据硬件的特点来设计网络结构。

本章将围绕最常见的硬件——英伟达 GPU，讲解神经网络部署的技术细节。首先介绍用来快速配置标准化开发环境的工具 Docker，这对于 C++开发尤为重要，C++开发会涉及极其复杂的开发环境，环境标准化能大大提高工程师们的合作效率；然后介绍如何配置一个简单的 C++开发环境，尤其是 CMake 的使用；最后讲解如何将前几章训练的模型导出为.onnx 和.pt 格式，以及如何在 C++中用 LibTorch 和 TensorRT 加载模型进行推理。

8.1 配置开发环境

8.1.1 Docker 的使用

Docker 可能是很多读者一看到就头疼的单词，但 Docker 又能为开发者节约大量的时间，解决复杂的软件依赖和开发环境标准化问题。在自动驾驶系统开发的流程中，Docker 是绕不过去的工具。

Docker 能为开发者构造一个完全不同于当前操作系统的独立软件环境，而且可以很方便地保存下来。配置开发环境是一个很麻烦的事情：一是因为不同的代码库对环境的要求不同，对于深度学习的代码库而言，各个代码库对 CUDA、PyTorch 甚至 Nvidia 驱动的版本都会有不同的要求，同一台主机不可能同时满足不同代码库的要求；二是因为配置环境太过耗时，有些复杂的代码库（如百度阿波罗自动驾驶系统的代码库）可能需要好几天的时间耗费大量的精力才能配置成功。开发者希望能将复杂的开发环境配置好后就保存下来，一则避免重复配置环境，二则防止配置好的环境被其他项目破坏。

有了 Docker，这些问题都能得到解决。用户可以将配置好的环境保存为 Docker 镜像（Docker Image），如果想要在这个环境中运行程序，只需要基于这个 Docker 镜像创建一个 Docker 容器（Docker Container）并在容器中运行程序即可。Docker 能让用户瞬间穿越到一个预先保存好的软件环境中运行程序。

Docker 的安装步骤虽不复杂，但可能会在未来有所改变，因此就不在本书中列举安装步骤了，请读者前往 Docker 官网按照官方教程安装 Docker。我们的开发涉及 GPU 和显卡驱动，为了在 Docker 中使用 GPU，还需要安装 NVIDIA Container Toolkit，Nvidia 也提供了详细的安装步骤，读者们只需在搜索引擎中搜索 NVIDIA Container Toolkit installation guide 就能找到相关的页面。

1. Docker 的结构

Docker 的使用主要涉及三个部分：Docker 仓库（Docker Repository）、Docker 镜像（Docker Image）和 Docker 容器（Docker Container）。为了让本书的内容和工作环境中的 Docker 命令更清楚地对应起来，后文将直接使用专有名词的英文而非中文翻译。Docker 的系统结构如图 8-1 所示。

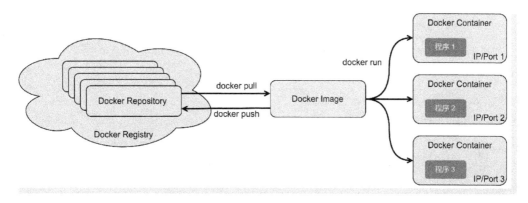

● 图 8-1　Docker 系统结构

（1）Docker Registry 和 Repository

Docker Repository 和 Github 的 Repository 类似，不过里面存的不是代码，而是 Docker Image。用来托管 Docker Repository 的服务叫 Docker Registry，托管服务的代码是开源的，也就是说每个人都可以在自己的服务器上运行 Docker Registry 服务来托管 Docker Repository。Docker 公司还提供云端托管服务，名为 Dockerhub，从名字就可以看出来，Dockerhub 和 Github 的功能是类似的。

出于安全性考虑，很多公司都会自己搭建 Docker Registry 服务器来托管自己的 Docker Repository，如 Nvidia 就有自己的 Docker 服务器。用户若是使用 Nvidia 官方发布的 Docker Image，都要从 Nvidia 的 Docker 服务器获取。Docker Image 里可能包含创建者的代码和软件，因此要尽量从官方渠道获取 Docker Image，避免不假思索地从 Dockerhub 获取 Docker Image，里面可能会携带恶意软件，对本地数据和代码造成威胁，如直接将文件通过后台程序上传到远程服务器。

（2）Docker 的 Image

Docker Image 可以认为是一个软件环境的模板，描述了一个软件环境的"样子"。例如，有一个深度学习论文的实现代码，要求使用 Ubuntu 16.04、CUDA 7.5、PyTorch 0.4.1 和 NumPy 1.16。即便本地操作系统是 Ubuntu 20.04，也可以创建一个符合要求的 Docker Image，然后上传到云端的 Docker Repository 以备以后使用。在发布代码的时候同时发布相应的 Docker Image，已经成了越来越普遍的做法。和 Git 系统类似，用户可以从 Docker Repository 拉取（pull）Docker Image，也可以把构建好的 Docker Image 推送（push）到 Docker Repository。

（3）Docker 的 Container

如果说 Docker Image 是一个环境的模板，那么 Docker Container 就是一个 Docker Image 的实例（Instance），是一个运行起来的 Docker Image。用户可以在 Docker Container 里面执行程序，也可以同

时运行多个 Docker Container，相当于创建多个 Docker Image 的实例。运行 Docker Container 需要的额外资源耗费很低，在极端的高并发环境下，同时创建并运行同一个 Docker Image 的上千个 Docker Container 都是很有可能的。

Docker Container 虽然运行在主机上，但其运行环境是封闭的，和主机（Host）隔离。如果不进行任何磁盘映射，在一个运行的 Docker Container 里是无法访问主机文件的，主机也无法访问 Docker Container 里的文件。用户可以选择将主机的文件夹映射到 Docker Container 中，这样就可以进行文件交互了。Docker Container 和主机默认使用桥接（Bridge）的方式和主机进行网络通信，Docker Container 开始运行的时候会自动分配 IP 地址和端口号。

2. Docker Image 管理

Docker Image 代表的是一个标准化的开发环境，同一个 Docker Image 在不同版本的操作系统、不同的机器上运行，给使用者营造的都是同一个开发环境。因此当项目在发展的过程中调整开发环境，如增加某个软件包、升级某个软件包，相应的 Docker Image 也要更新。Docker Image 的管理和分发需要配合项目一起推进。

（1）使用 Dockerfile 编译 Docker Image

Dockerfile 是用于构建 Docker Image 的文件，正如读者拿到了一台崭新的计算机，可能会先装一个 Python，然后安装软件包配置开发环境，Dockerfile 就记录了这个过程。下面展示一个简单的 Dockerfile。

```
FROM nvidia/cuda:11.3.1-base-ubuntu20.04
RUN apt update
RUN apt install -y python3
RUN apt install -y python3-pip
RUN python3 -m pip install --upgrade pip
RUN pip3 install numpy
RUN pip3 install torch torchvision --extra-index-url https://download.pytorch.org/whl/cu113
```

将上面的代码复制到一个记事本中，保存为无扩展名的文件 Dockerfile，然后在 Dockerfile 所在的文件夹中执行以下语句，便可以构建一个名为 text 的 Docker Image。

```
docker build .
```

也可以使用以下命令指定具体的 Dockerfile 进行构建。

```
docker build -f /home/user/Dockerfile .
```

FROM 关键字用来指定当前的 Docker Image 是基于哪个 Docker Image 构建的。例如，本例中笔者希望基于 Nvidia 官方提供的 Docker Image 开始构建，就可以使用 nvidia/cuda：11.3.1-base-ubuntu20.04 这个 Docker Image 作为构建的基础。这个长长的代号称作 Tag，一般代表了 Docker Image 的主要特征和版本号。Docker 会首先从 Dockerhub 寻找 FROM 关键字后面的 Tag，找到之后会将这个 Docker Image 从云端拉取到本机。

用户也可以基于本机的 Docker Image 进行构建，此时只需填入本机上 Docker Image 的 Tag 即可。

注意尽量不要使用 Dockerhub 里已经存在的 Tag 来为本机上的 Docker Image 命名，因为 Docker 会优先拉取云端的 Docker Image。为本机上构建的 Docker Image 标注 Tag 也很简单，只需要在执行构建命令时使用"-t"修饰符加上 Tag 即可。

```
docker build -t test:1.0.1 .
```

使用以上命令便可以在本机上构建一个 Tag 为 "test：1.0.1" 的 Docker Image。按照惯例，冒号之前的部分代表 Repository 的名字，冒号之后的部分代表版本号。或者使用以下命令从指定的 Dockerfile 构建一个 Tag 为 test 的 Docker Image。

```
docker build -t test -f /home/user/Dockerfile .
```

Dockerfile 中的 RUN 关键字代表执行命令，也就是说 Docker Image 的构建过程是一个不断给基础"添砖加瓦"的过程。首先 Docker 会拉取 FROM 关键字后面的 Docker Image 作为基础，然后在这个基础环境中执行用户规定的一条条命令，执行完成之后就会在本地保存为一个新的 Docker Image。

编写 Dockerfile 的常见做法是直接运行作为基础的 Docker Image，然后一条条地运行环境配置命令，每成功执行一条命令就将其记入 Dockerfile，如此 Docker 根据 Dockerfile 进行构建的时候才不会出现错误。

（2）管理 Docker Image

时间一长，本机上就会有很多 Docker Image，有的是从云端拉取的，有的是自己构建的，使用以下命令可以显示本机上所有 Docker Image。

```
docker images
```

执行此命令后，命令行会输出如图 8-2 所示的信息。图中第二个 Docker Image 的完整 Tag 是 "test:2.0"，冒号前的部分为 Repository 的名字，后面的部分为 TAG，用来标注版本号或这个 Docker Image 的特殊之处。不给 Docker Image 标注 Tag 也是可以的，图 8-2 中的第一个 Docker Image 就没有 Tag，但每个 Docker Image 都会有一个 Image ID 作为其唯一标识符。

• 图 8-2　本机上的 Docker Image 列表

读者可能已经发现了，有些 Docker Image 体积很大，如图 8-2 中的 "test：2.0" 占用空间多达 5.65GB，因此不需要的 Docker Image 就应该及时删除。假设想要删除 "test：2.0" 这个 Docker Image，可执行以下命令。

```
docker image rm test:2.0
```

对于没有 Tag 的 Docker Image，如图 8-2 中的第一个 Docker Image，则可直接通过 Image ID 来删除。

```
docker image rm 0e2af8c7f1da
```

除了通过 Dockerfile 构建一个 Docker Image，也可以直接从云端拉取 Docker Image。以 "nvidia/cuda：11.3.1-base-ubuntu20.04" 为例，首先开发者从 Nvidia 的官网找到自己想要的 Docker Image 的 Tag，然后使用以下命令即可从 Dockerhub 拉取到本地。

```
docker pull nvidia/cuda:11.3.1-base-ubuntu20.04
```

将 Docker Image 推送到云端存储则应使用 push，用户只能推送至自己的云端 Repository。此处的 Docker Image 是从 Nvidia 的官方 Repository 拉取的，用户并没有推送的权限。

（3）Docker 的 Container 交互

Docker Image 是一个软件环境的模板，而 Docker Container 则是基于此模板创建的实例化环境。Docker 的使用者一开始问得最多的问题就是，如何穿越到一个 Docker Container 运行程序进行试验？最简单的方法是执行以下命令。

```
docker run -it test:2.0 /bin/bash
```

这条命令做的事情是：基于 Tag 为 "test:2.0" 的 Docker Image 新建一个 Docker Container，并以交互的方式运行命令行工具/bin/bash。换句话说，此时用户已经穿越到了新建的 Docker Container 的命令行中，用户在这个命令行中做的所有事情都只会留在这个 Docker Container 中，不会影响主机，也不会影响其他的 Docker Container。

3. 在 Container 中执行命令

使用 docker run 命令可以基于某个指定的 Docker Image 新建一个 Container 并在其中执行命令。例如，希望在 Docker Container 中执行 ls 命令来打印当前文件夹中的所有文件，可以执行以下命令。

```
docker run test:2.0 ls
```

用户会看到执行结果（打印出来的文件列表），但不会在 Docker Container 中停留，命令执行完毕就会退出 Docker Container。只有在使用 "-it" 修饰符和运行有互动性的程序时，才能停留在 Docker Container 中进行互动。例如，可以使用以下命令进入 Python 环境。

```
docker run -it test:2.0 python3
```

命令执行后用户会发现自己已经位于 Docker Container 的 Python3 命令行中，并可以自由地执行 Python 脚本命令。

在某些大型服务器上，可能有多个 Docker Container 同时在运行，用户可以使用以下命令查看同时在运行的 Docker Container。

```
docker ps
```

用户会看到以下列表（见图 8-3）：

```
CONTAINER ID   IMAGE      COMMAND    CREATED         STATUS         PORTS   NAMES
b332174c2971   test:1.0   "bash"     4 seconds ago   Up 2 seconds           quirky_mcnulty
22585bb734bf   test:1.0   "python3"  3 minutes ago   Up 2 minutes           admiring_newton
```

● 图 8-3 运行中的 Docker Container 列表

图 8-3 所示的列表中显示了正在运行的两个 Docker Container。第一列显示了各个 Container 的 ID，第二列则显示了相应的 Docker Image。Docker Container 就和一个普通的操作系统一样，可以同时执行很多程序。例如，列表中的第二个 Container 正在运行 Python 命令行，用户仍然可以使用以下命令在这个 Container 中执行"ls"程序。命令中的那一串字符便是 Docker Container 的 ID。

```
docker exec b332174c2971 ls
```

简而言之，docker run 命令是基于某个 Docker Image 新建一个 Docker Container 并执行程序；docker exec 命令则是在某个正在运行的 Docker Container 中执行程序。

4. 在 Docker Container 中加载本地文件夹

Docker Container 虽然是和本地操作系统隔离开的，但为了方便开发，Docker Container 需要和本地硬盘交换数据和代码。Docker Container 模仿 ssh 的方式和本地硬盘进行数据交换。在运行一个新的 Docker Container 时，可以选择将本地磁盘加载（Mount）到 Docker Container 中，从而达到数据交换的目的。例如，用户想要将本地目录/home/user 加载为 Docker Container 内的/workspace 文件夹，使用"-v"修饰符即可。

```
docker run -v /home/user:/workspace -it test:2.0 /bin/bash
```

执行以上命令之后，用户将位于 Docker Container 的命令行内，且文件系统中出现了一个/workspace 文件夹，里面正是本地目录/home/user 中的文件。此时在 Docker Container 内可以随意地向/workspace 文件夹读写文件，等于是在访问本机的/home/user 文件夹。加载更多的文件夹也不在话下。

```
docker run -v 本地文件夹1:/A -v 本地文件夹2:/B -it test:2.0 /bin/bash
```

执行以上命令后，用户会发现 Docker Container 中的/A 文件夹和/B 文件夹正对应了本地文件夹 1 和本地文件夹 2。如此一来，用户就可以自由地通过加载的本地文件夹在本机和 Docker Container 之间交换数据了。

5. Container 的管理

当用户在 Docker Container 中运行程序结束之后，Docker Container 并不会自动消失，而是处于 Exited 状态。如果想要查看运行中的 Docker Container 列表，可执行以下命令。

```
docker ps
```

如果用户只是使用 Docker 进行开发，正在运行中的 Docker 往往不多，使用以下命令则可以打印出所有的 Docker Container。

```
docker ps -a
```

如果使用 Docker Container 很频繁，可能会出现几十上百个 Docker Container，每执行一次 docker run，就会多出来一个 Docker Container，显然，这很不利于管理。

在执行 docker run 命令的时候加上"-rm"，可以让 docker 自动删除已经退出的 Docker Container。

```
docker run --rm -it test:2.0 /bin/bash
```

如果用户使用 docker 执行程序完毕之后不再需要这个 Docker Container 了，就应该加上"-rm"修饰符。

删除某个 Docker Container 的命令和删除 Docker Image 的命令相似。此处的代码 02abd66c3856 是 Docker Container 的 ID，在打印 Docker Container 列表时可以看到，也可以使用 Docker Container 的名字，同样可以在打印列表时看到。如果用户不为 Docker Container 命名，Docker 系统会自动为一个新的 Docker Container 命名。

```
docker rm 02abd66c3856
```

6. 基于 VS Code 的 Docker 开发环境

日常开发程序，往往需要打开 PyCharm、VS Code（Visual Studio Code）之类的软件来调试程序，但使用 Docker Container 时往往只会通过命令行运行程序。如果在 Docker Container 内运行的程序非常复杂，就需要进行调试。VS Code 是一个免费的编辑器，可以通过安装各种插件实现想要的功能，笔者的日常工作如果涉及 Docker 环境，也是使用 VS Code 进行开发。

从原理上说，Docker Container 和一个远程服务器类似，甚至可以通过 SSH 登录 Docker Container。因此，VS Code 使用和远程调试同样的技术来调试 Docker Container 中的程序。整个调试系统的原理如图 8-4 所示。

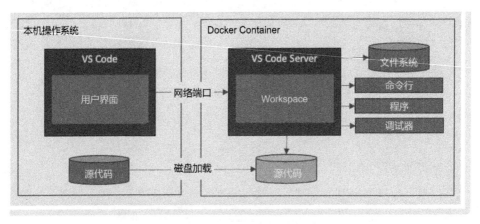

● 图 8-4　VS Code 调试原理图

用户看到的 VS Code 的用户界面在本机操作系统运行，VS Code Server 在 Docker Container 中运行，并通过网络端口和本机的 VS Code 进行通信。同时通过磁盘加载（Mount）让 VS Code 的用户界面和 VS Code Server 读取同一份代码。程序在 Docker Container 中运行，同时调试器通过网络端口和本机的 VS Code 联络进行远程调试（Remote Debugging）。

为了让图 8-4 中所示的整个调试系统运行起来，用户首先要在本机的 VS Code 中安装 Docker 和 Remote-Containers 这两个插件，然后在源代码的文件夹中新建一个名为 .devcontainer 的文件夹，这个文件夹以"."开头，在 Ubuntu 中被操作系统当作隐藏文件夹处理，因此只有打开隐藏文件夹才能在文件管理器中看到。然后在此文件夹中新建一个文件 devcontainer.json，并在文件中填入以下内容。

```
{
    "name": "Test Docker",
    "context": "..",
    "image": "nvidia/cuda:11.3.1-base-ubuntu20.04",
    "runArgs": [
    "--gpus", "all",
    "--user", "root",
    "-v", "本地文件夹:Docker 文件夹",
    "-e", "SHELL=/bin/bash"
    ]
}
```

一个最简单的配置就算结束了。此时如果在源代码的文件夹中打开 VS Code，会发现右下角会弹出对话框提醒，直接单击高亮的 Reopen in Container 按钮，VS Code 就会自动运行 Docker Container 并在其中启动 VS Code Server。等待片刻，Docker Container 和 VS Code Server 启动完毕后，就可以使用 VS Code 开始编程和调试了。此时代码的运行环境是 Docker Container，调试也会发生在 Docker Container 之中。

▶▶ 8.1.2 配置 C++开发环境

出于对实时性的要求，自动驾驶系统一般都用 C++甚至 C 语言进行开发，在 8.3 节笔者会带领读者将前几章训练的模型部署到 C++程序中进行推理。但在此之前，还需要配置 C++开发环境。

C++开发环境的配置比 Python 复杂很多，C++程序可以直接使用编译器 gcc 进行编译和链接。但直接使用 gcc 编译大型 C++程序会产生超长的命令行参数，很容易发生错误，于是工程师们开发了很多编译系统来生成这些命令行参数。最常用的就是 make，开发人员将编译的过程记录在 Makefile 中，然后调用 make 程序按照 Makefile 中编写的编译流程来编译 C++程序。在 Windows 系统中，Visual Studio 是更常用的编译系统。为了统一各种各样的编译系统，工程师们开发出了 CMake。CMake 通过统一的语言来描述一个 C++项目的编译流程，使用 CMake 可以生成 Makefile，也可以生成 Visual Studio 工程文件。

因此，开发人员只需要使用 CMake 描述 C++项目的编译方案即可。虽然还有很多其他的软件可以用来管理 C++的编译流程（笔者就职过的一家公司甚至还自行开发 C++编译流程管理软件），但当前最通用的方案仍然是 CMake，其生态系统已经发展得非常成熟，绝大部分开源软件都是使用的 CMake，用户很容易就能从程序员社区找到相关的知识和解决方案。

1. 一个简单的 CMake 项目

假设待编译的 C++源代码是 main.cpp，里面是一个 C++的 Hello World 程序。要使用 CMake 来生成编译文件，须在源代码的文件夹中新建一个 CMakeLists.txt 文件，这是 CMake 的项目管理文件，CMake 会以此文件为入口。一个最简单的 CMakeLists.txt 内容如下。

```
# 最低版本要求
cmake_minimum_required(VERSION 3.9)
# 使用 C++17 标准
set(CMAKE_CXX_STANDARD 17)
# 将项目命名为 test
project(test)
# 将 main.cpp 链接到 demo 程序
add_executable(demo main.cpp)
```

CMake 向后支持较好,因此最低版本要求一般都会尽量放低。随着一个又一个 C++ 标准的推出,很多新特性只有新版的 C++ 标准中才会有。因此为了利用最新的 C++ 特性,开发者需要指明项目需要的 C++ 标准,本例使用的是 C++17 标准。项目的名字设置为 test,编译输出的应用程序命名为 example。

编译这个项目最常见的操作是在源代码文件夹中执行以下三行命令。

```
# 创建 build 文件夹并进入文件夹
mkdir build && cd build
# 使用 CMake 生成 make 的编译文件
cmake ..
# 使用 make 对程序进行编译
make
```

CMake 程序后的两个点代表的是项目文件 CMakeLists.txt 所在的目录,因为当前文件夹为 build 文件夹,CMakeLists.txt 文件位于上级目录,也就是 ".."。编译完成之后,读者就会在 build 文件夹中看到编译好的可执行文件 example,执行此文件会打印 Hello World。

2. 在 CMake 中链接第三方库

编写 C++ 程序需要用到很多第三方库。如果使用 Python,只需要 pip install 就能安装第三方库了,C++ 引用第三方库要麻烦一些。一个 C++ 的第三方库,有很多种提供的方式,下面列举由易到难的几种。

(1) 源代码

现在开源文化流行,很多库都是直接以源代码形式提供的,其中最简单的一种就是 Header Only。所谓 Header Only,就是整个库都包含在一个头文件里,因此使用起来特别方便。例如,著名的 Json 文件解析库 nlohmann/json,整个库就是一个 json.hpp 文件。假设这个文件就放在源代码文件夹的 nlohmann 子文件夹中,用户只需在 CMakeLists.txt 中将 nlohmann 文件夹加入到 include 目录。然后就可以在 main.cpp 中通过 "include <json.hpp>" 使用 nlohmann/json 库里面的函数和类了。

```
# 最低版本要求
cmake_minimum_required(VERSION 3.9)
# 使用 C++17 标准
set(CMAKE_CXX_STANDARD 17)
# 将项目命名为 test
project(test)
# 将 nlohmann 文件夹加入包含目录
include_directories(nlohmann)
```

```
# 将 main.cpp 链接入 demo 程序
add_executable(demo main.cpp)
```

大部分库都是由.hpp 文件和.cpp 文件一起组成的。包含.hpp 文件的方法同样是使用 include_directories，但.cpp 文件的链接会稍有不同。假设第三方库由 lib.hpp 和 lib.cpp 两个文件组成，都放在名为 lib 的文件夹中，链接这个第三方库可以按如下方式组织 CMakeList。在 main.cpp 中加入"include <lib.hpp>"之后，就可以使用 lib 库中的函数和类了。

```
# 最低版本要求
cmake_minimum_required(VERSION 3.9)
# 使用 C++17 标准
set(CMAKE_CXX_STANDARD 17)
# 将项目命名为 test
project(test)
# 将 nlohmann 和 lib 文件夹加入包含目录
include_directories(nlohmann lib)
# 将 main.cpp 和 lib/lib.cpp 链接入 demo 程序
add_executable(demo main.cpp lib/lib.cpp)
```

（2）预编译安装包

对于大规模的第三方库，直接链接整个源代码就不现实了，而且大规模的库都有一套自己的编译流程。因此，更常见的方法是通过链接预编译安装包的方式使用大型第三方库。这些预编译的安装包有很多种发布的方式，最常见的是直接通过 apt-get 发布，例如，用来解析 yaml 文件的第三方库 yaml-cpp，可以直接在命令行中用以下命令安装。

```
sudo apt install libyaml-cpp-dev
```

安装完毕之后，yaml-cpp 的相关头文件和库文件（动态和静态链接库文件）会被复制到系统的指定位置，一般链接库会被复制到"/usr/lib"或"/usr/lib/x86_64-linux-gnu"，头文件会被复制到"/usr/include"。要引用这个库，需要在 CMakeLists.txt 中加入以下内容。

```
cmake_minimum_required(VERSION 3.9)
set(CMAKE_CXX_STANDARD 17)
project(test)

# 在系统中寻找 yaml-cpp 库
find_package(yaml-cpp REQUIRED)
# 将 yaml-cpp 库头文件加入包含目录
include_directories(${YAML_INCLUDE_DIRS})
add_executable(demo main.cpp)
# 链接 yaml-cpp 库文件
target_link_libraries(demo ${YAML_CPP_LIBRARIES})
```

首先使用 find_package 函数让 CMake 在操作系统中寻找 yaml-cpp，寻找的路径是 apt-get 的默认安装路径。然后将头文件加入包含目录，在这里不需要手动输入头文件的路径，只需要使用 ${YAML_INCLUDE_DIRS} 变量，CMake 会自动将所有头文件加入。最后将库文件链接到 example 程序中，同样，用户不需要手动指定库文件的地址，只需要使用 ${YAML_CPP_LIBRARIES}变量就可以将所有库文件链接进来了。

使用 apt-get 安装的预编译库或者在本机上自行编译安装的库都可以使用上述方法引用。也有不通过安装，直接提供库文件的做法，在下文中将以 LibTorch 为例进行详细讲解。

3. 基于 VS Code 的 C++开发环境

在 Linux 环境下开发 C++程序，在免费的 IDE 里，VS Code 几乎是最佳选择。VS Code 的 C++开发插件非常完备，从 CMake 插件到 C++自动补全插件应有尽有，直接在 VS Code 的插件市场中搜索 C++和 CMake，然后将排名前三的插件都装上，一个用来开发 C++的 IDE 就算是准备好了。将 CMakeLists 写好之后，在源代码的文件夹中打开 VS Code，读者会看到 C++插件会检测到 C++代码并要求用户选择 C++编译程序，直接选择最常用的 gcc 即可；CMake 插件会自动检测到 CMakeLists 文件并弹出对话框要求配置项目；单击"确定"按钮之后，CMake 插件会自动建立 build 文件夹并调用 CMake 程序生成编译文件。单击底部任务栏的 build 选项之后，VS Code 就会编译和链接 C++程序。

从 C++代码到编译成可执行文件，在 VS Code 的环境中，都是高度自动化的，用户只需单击"确定"按钮，选择编译器版本就能完成编译。但若是要对程序进行调试，需要使用 C++的调试器 gdb，还涉及传入参数问题，会更复杂一些。用户需要在源文件夹中新建一个".vscode"文件夹，然后在这个文件夹中新建一个叫 launch.json 的调试配置文件，里面包括以下内容。

```
{
    "version": "0.2.0",
    "configurations": [
        {
            "name": "C++ Launch",
            "type": "cppdbg",
            "request": "launch",
            "program": "${workspaceFolder}/build/demo",
            "args": [],
            "environment": [],
            "cwd": "${workspaceFolder}"}]
}
```

保存好 launch.json 文件之后，VS Code 左侧的调试标签页就会出现名为"C++ Launch"的调试选项了，单击"调试"按钮即可开始调试。

本节的例子是一个极简的示例，配置文件中的绝大部分内容对所有的项目都是一致的，除了文件中的 program 一项，此处应填写被调试的可执行文件的路径。此外，如果需要，args 一项可以填入程序的传入参数，对于大型程序而言，这是经常要用到的输入。environment 一项则可以填入程序要求的环境变量。

8.2 使用 LibTorch 部署 PyTorch 模型

PyTorch 可以认为是为 LibTorch 提供的 Python 接口，而 LibTorch 是用 C++和 CUDA 编写的，因

此，如果要在 C++ 的环境里加载 PyTorch 模型，使用 LibTorch 是兼容性最高的方式。本节展示的示例为前几章训练的 ResNet18-FPN 语义分割模型，开发工具为 CMake 和 VS Code，开发环境为 Nvidia 官方的 Docker Image，为了匹配下一节的内容，使用的 Docker Image 为"nvcr.io/nvidia/tensorrt：22.03-py3"。

8.2.1 导出 TorchScript 模型

在第 2 章末尾提到过，训练 Pytorch 模型时保存下来的模型文件是 .pth 格式的文件，这种格式只能在 Python 环境中加载，是不能被 LibTorch 解析的。此时就需要将模型转换为 TorchScript，TorchScript 是一种通用的模型描述语言，用于在 LibTorch 和 PyTorch 之间进行模型交换。

将 PyTorch 模型转换为 TorchScript 模型文件的原理是一个计算图追踪（Tracing）的过程。用户提供一个临时的输入张量，张量输入模型之后 PyTorch 会一步一步地跟踪模型的计算过程，并将每一步翻译成 TorchScript 的格式记录下来。

假设模型的类是 Model，为一个语义分割模型，在之前的训练中表现最佳的模型保存为 best_model.pth，输入张量的维度为 1×3×480×640。以下代码追踪模型的计算图，固定（Freeze）模型并保存为 TorchScript 格式的模型文件。

```python
# 定义模型
model = Model()
# 加载模型参数
model.load_state_dict(torch.load("best_model.pth"))
# 将模型置于非训练模式
model.eval()
# 关闭自动求导
torch.no_grad()
# 新建一个临时输入张量
input = torch.rand((1, 3, 480, 640))
# 追踪计算图,生成 TorchScript 模型
model_script = torch.jit.trace(model, input, strict=False)
# 固定模型
frozen_module = torch.jit.freeze(model_script)
# 保存模型
torch.jit.save(frozen_module, "frozen_model.pt")
```

转换后的模型将用于实时推理，因此要将其置于 eval 模式，这样 Dropout 之类仅在训练时起作用的网络层就会被关闭，同时关闭自动求导功能。输入的张量只是用于计算图追踪，因此临时生成一个随机张量即可。

代码中的 torch.jit 是 PyTorch 模型代码的转换器，可以将模型转换为 TorchScript。PyTorch 的模型代码自由度很高，很多模型在训练和推理两种状态下会表现出不同的行为。最常见的就是使用多尺度辅助损失（Multi-scale Auxiliary Loss）时，仅在训练的时候才开启多尺度输出，推理时会关闭多尺度输出，因此，模型代码中会出现 if-else 分支。在 strict 的计算图追踪模式下，if-else 分支结构是不允许

存在的,会导致追踪失败,所以在上述代码中要将strict参数设置为False。当然,在此之前要将模型置于eval模式,这样才能在追踪时选择正确的逻辑分支。追踪结束之后会输出一个TorchScript的模型,也就是代码中的model_script,这个模型已经可以直接保存为.pt文件了。但是,为了让模型更加精简,torch.jit模块还提供了freeze函数。这个函数可以对模型进行网络层融合,最常见的操作是将批归一化层(Batch Norm Layer)融合到卷积层中去,减少计算量。如果使用Netron软件打开freeze过的模型,会发现所有的批处理层都不见了,这样批处理层的计算量就都节省下来了。

▶▶ 8.2.2 将LibTorch加入CMake项目

LibTorch是整个PyTorch的基础,项目极其复杂。虽然LibTorch是开源的,但将整个LibTorch的代码都加入项目并不现实,仅编译LibTorch就可能会耗费好几个小时。最便捷的方法是直接使用官方提供的LibTorch预编译库,可惜的是预编译库并不是通过apt-get发布的,而是以压缩包的形式发布。

在PyTorch的官网下载符合本机要求的LibTorch预编译库之后将其解压,里面包含了bin、include、lib和share四个文件夹。bin文件夹里包含了可执行文件,include文件夹里是所有的头文件,lib文件夹里是所有的链接库文件,share文件夹里是cmake模块文件。其实发布在apt-get上的第三方库也是这些文件,只是使用apt-get安装时会将这些文件分别复制到系统默认的文件夹而已。LibTorch将这些文件做成压缩包提供给用户,主要是因为用户不一定有管理员权限,没有管理员权限就无法使用apt-get安装。

本节的示例程序将为读者演示如何在C++里加载一个TorchScript模型并输入图像进行推理。程序源代码文件为torch_inference.cpp,将LibTorch安装包解压之后复制到源代码文件夹中并重命名为libtorch,在源代码文件夹中新建一个CMakeLists.txt文件。CMakeLists.txt文件的内容如下。

```cmake
cmake_minimmm_required(VERSION 3.0)
set(CMAKE_CXX_STANDARD 14)
project(torch_inference)

list(APPEND CMAKE_PREFIX_PATH "./libtorch")
set(CMAKE_CUDA_COMPILER /usr/local/cuda/bin/nvcc)
find_package(Torch REQUIRED)
set(CMAKE_CXX_FLAGS "${CMAKE_CXX_FLAGS} ${TORCH_CXX_FLAGS}")

find_package(OpenCV REQUIRED)
INCLUDE_DIRECTORIES( ${OpenCV_INCLUDE_DIRS} )
add_executable(torch_inference torch_inference.cpp)
target_link_libraries(torch_inference "${TORCH_LIBRARIES}" ${OpenCV_LIBS})
```

为了更方便地进行文件输入、输出和图像可视化,笔者还安装了OpenCV,详细安装命令将在8.3.2小节讲解。上面的CMakeLists文件大部分内容和8.2.1小节的代码类似,应该不难理解,比较特殊的是中间4行代码块。

第一行list函数的作用是将libtorch文件夹加入CMake的搜索路径。第二行的set函数用来设置CUDA编译器nvcc的路径,笔者下载的是支持GPU的libtorch,因此需要CUDA相关库的支持,否则不需要。第三行 find_package 函数会在 CMake 的搜索路径中搜索 Torch，我们已经在 list 函数中加入了 libtorch 文件夹，因此 find_package 函数会在此文件夹中找到 Torch 库。第四行的 set 函数则是将链接 Torch 需要的 C++命令行参数加入到本项目中来。如果一切顺利，CMake 会根据提供的 LibTorch 和 CUDA 的路径找到这两个库，然后用户就可以包含 LibTorch 的头文件、链接库文件了。

▶▶ 8.2.3 将输入图像转换为 Tensor

在 Python 里面用 OpenCV 读取图片后数据以 NumPy 数组的形式存在，然后将 NumPy 数组转换为 PyTorch 的 Tensor 之后就可以输入到模型中进行训练或推理了。在 C++里流程与此类似，同样是使用 OpenCV 将图片读入到 OpenCV 的矩阵中，然后将其转换为 LibTorch 的 Tensor 输入到模型中进行推理。读取和转换图像的 C++代码如以下代码块所示。

```cpp
#include <torch/torch.h>
#include <torch/script.h>
#include <ATen/cuda/CUDAContext.h>
#include <torch/csrc/jit/runtime/graph_executor.h>
#include <opencv2/opencv.hpp>
int main()
{
    //1. 读取样例图片
    cv::Mat image = cv::imread("../test_image.jpg");
    //1. 将 BGR 转换为 RGB
    cv::cvtColor(image, image, BGR2RGB);
    //2. 定义样例图片的维度
    std::vector<int64_t> shape{1, 480, 640, 3};
    //3. 定义 CPU 设备
    torch::Device cpuDevice = torch::Device(torch::kCPU);
    //3. 设置目标 Tensor 的属性
    auto options_cpu_uint8 = torch::TensorOptions().dtype(torch::kUInt8).device(cpuDevice)
                                    .requires_grad(false);
    //4. 将图片数据转换为 Tensor
    at::Tensor tensor = torch::from_blob((void*)image.data, at::IntArrayRef(shape),
                                    options_cpu_uint8);
    //5. 定义 GPU 设备
    torch::Device cudaDevice = torch::Device(torch::kCUDA, 0);
    //5. 将 CPU 上的 Tensor 复制到 GPU
    tensor = tensor.to(cudaDevice);
    //6. 将图片的维度从 1×480×640×3 变为 1×3×480×640
    tensor = torch::permute(tensor, at::IntArrayRef{0, 3, 1, 2});
    //6. 将 uint8 类型的图片数据转换为 float 类型
    tensor = tensor.toType(torch::kFloat32);
    //7. MinMax 输入归一化
    tensor = tensor/255.0f;
}
```

代码的流程可以简述为 7 步，每一步的编号都对应了代码中的编号。

1）用 OpenCV 的 imread 函数将图片读入为 cv::Mat，图片数据存储在连续的内存块中，其排布顺序为 BGR，故还需调用 cvtColor 函数将排布顺序转换为 RGB。

2）定义目标 Tensor 的维度。因为直接使用 OpenCV 的内存块，因此目标 Tensor 的维度应与 OpenCV 数据的内存排布一致，最低维度为 RGB，然后是行和列，故 Tensor 的维度应为 1×480×640×3。

3）定义目标 Tensor 的属性。LibTorch 的 Tensor 属性很复杂，首先需要定义 Tensor 的数据类型，读入的图片为 uint8 的图片，因此数据类型为 uint8；然后需要定义 Tensor 的设备，输入图片位于内存中，因此是 CPU 设备；最后定义是否需要计算梯度，本例中的 C++代码仅用于推理，故不需要计算梯度。

4）用 LibTorch 的 from_blob 函数将 cv::Mat 中的图片数据内存块（image.data）转换为 LibTorch 的 Tensor。

5）定义 GPU 设备并将位于内存上的 Tensor 复制到显存。

6）将 Tensor 的原始维度和数据类型转换为模型要求的维度（1×3×480×640）和数据类型（float）。

7）将 Tensor 除以 255，对输入数据进行 MinMax 归一化。

▶▶ 8.2.4 加载 TorchScript 模型并进行推理

运行过 8.2.3 小节的代码后，用于输入的 Tensor 就算是完全准备好了：float 的数据类型，1×3×480×640 的维度，位于 GPU 的显存上并进行了 MinMax 输入归一化。接下来就要加载训练好的模型并进行推理了，相关代码如以下代码块所示。

```
//1.定义 GPU 设备
torch::Device cudaDevice = torch::Device(torch::kCUDA, 0);
//1.将固定好的 TorchScript 模型文件加载到 GPU 显存
torch::jit::Module model = torch::jit::load("../frozen_model.pt", c10::Device(cudaDevice));
//2.将模型置于 eval 模式
model.eval();
//2.关闭 Torch 的自动求导
torch::NoGradGuard no_grad;
//3.对输入张量进行前向推理
auto output = model.forward({tensor});
//4.将输出数据转换为具有连续内存块的 Tensor
at::Tensor outputTensor = output.toTensor().contiguous();
//5.对语义分割的独热输出取 argmax,获得语义分割图
at::Tensor seg = torch::argmax(outputTensor, 1);
//6.将语义分割图复制到内存并转换为 uint8 类型
seg = seg.to(cpuDevice).toType(torch::kUInt8);
//7.以语义分割输出为基础新建一个 OpenCV 图像
cv::Mat outputImage(120, 160, CV_8UC1, seg.data_ptr());
//8.将语义分割图像保存到磁盘中
cv::imwrite("seg.png", outputImage);
```

上述代码的简要解释如下。

1）定义 GPU 设备，并将 8.2.1 小节中导出的 TorchScript 模型加载到 GPU 的显存中。

2）将模型置于 eval 模式，此时 Dropout 等仅和训练有关的网络层会被关闭，并将 LibTorch 的自动求导功能关闭。

3）将 8.2.3 小节准备好的输入张量输入到模型的 forward 函数中进行前向推理。

4）将输出值转换为 LibTorch 的 Tensor，并令其存储空间变为连续存储空间。

5）语义分割模型的输出为独热编码，其维度应为 1×2×480×640，对第二个维度求 argmax 之后获得语义分割图。

6）将语义分割图复制到内存空间并转换为 uint8 类型。

7）以输出的语义分割内存块为基础新建一个 OpenCV 单通道灰度图。

8）使用 OpenCV 的 imwrite 函数保存语义分割图。

8.3 用 TensorRT 部署模型

8.1 节介绍了如何使用 LibTorch 在 C++开发环境中部署模型。LibTorch 适用于一些包含复杂网络层的模型，以及运算量较小的模型。而且部署方便，和 PyTorch 代码的接口类似，开发人员的学习成本比较低。

如果对实时性要求高或是部署的环境对耗电量有限制，就需要对模型进行进一步的优化和加速，此时就需要 Nvidia 的 TensorRT 模型加速库。TensorRT 是 Tensor Real Time 的缩写，顾名思义，是为了满足高实时性应用的要求而存在的。TensorRT 是 Nvidia 官方推出的模型加速库，因此得以从底层控制硬件来发挥 Nvidia 芯片的全部潜力，这也是 TensorRT 的局限性所在，其仅支持 Nvidia 芯片。

虽然神经网络加速芯片市场竞争激烈，Nvidia 的芯片仍然是使用最广的，包括奔驰、沃尔沃和蔚来汽车在内的众多汽车制造厂商都选择了 Nvidia 作为其自动驾驶系统的硬件平台。TensorRT 可谓最接近业界工程实践的模型加速库，这也是笔者选择 TensorRT 作为最后一章主要内容的原因。

▶▶ 8.3.1 Nvidia 的推理引擎 TensorRT

TensorRT 是用于 Nvidia 硬件的神经网络加速库，因此，运行本章的示例代码需要 Nvidia 的硬件支持。读者可以使用搭载了 Nvidia 显卡的台式计算机或笔记本计算机进行开发。如果预算有限，也可以购买 Nvidia 的小型开发板 Nvidia Jetson Nano 进行开发，但安装和编译过程会麻烦很多。TensorRT 和 LibTorch 一样，也是 C++库，本节依旧从环境配置开始深入讲解 TensorRT 的使用。

TensorRT 使用了很多方法对模型进行加速。首先是层融合（Layer Fusion），例如，批归一化层（Batch Norm Layer）在进行推理时参数是固定的，从计算的角度来看只是对输入数据进行缩放之后再减去一个均值，也就是一次相乘和相加的操作。这两次算术运算可以很容易融合到下一层卷积层的参数中去，等于少进行了一次相乘相加运算，且减少了一次层间数据搬运。考虑到批归一化层出现的频率很高，使用层融合节省的计算量是很可观的。

其次就是算子搜索。神经网络中的各种网络层会涉及卷积、反卷积、插值、Softmax 等数学运算，这些运算常被称之为算子（Operator）。同一种算子有多种实现方式，而不同的硬件平台对同一个算子的不同实现具有不同的加速效果，TensorRT 的任务之一就是针对不同的硬件平台和算子选择速度最快的实现。此外还有对某些网络层的加速算法，如使用 Winograd Transformation（Winograd 变换）可以加速卷积的计算。

最后就是低精度推理。使用 PyTorch 训练的模型权重值一般保存为 32 位浮点数，但模型的计算过程往往并不需要这么高的精度。TensorRT 除了支持 32 位浮点数运算，还支持 16 位浮点数和 8 位整数运算。换言之，TensorRT 可以在推理过程中用低精度的算子取代高精度的算子，运算速度因此成倍提升。

通过结合多种模型加速手段，使用 TensorRT 加速的模型运行时间往往可以减半，显存占用也会显著降低。TensorRT 虽然使用了各种算法对模型进行加速，但随着模型日趋复杂，研究人员不断地发明新的网络层，很多网络层都不在 TensorRT 的支持之列。随着 TensorRT 版本的迭代，其支持的网络层也越来越多，为了保证模型最终能够导出到 TensorRT，开发人员常会先对照支持矩阵（Support Matrix）检查模型中的网络层。所谓支持矩阵，是指一个 TensorRT 对各种网络层支持程度的表格，用户可以在官网上找到各个版本 TensorRT 的支持矩阵。因为 TensorRT 在不断拓展其支持范围，开发人员往往会选用最新版本来获得最全面的支持。

▶▶ 8.3.2 配置 TensorRT 开发环境

TensorRT 不是完全开源的库，和模型加速相关的核心逻辑是闭源的，和用户相关的应用逻辑是开源的。TensorRT 原本是一个 C++库，经过数年的发展，越来越多的功能慢慢地都配备了 Python 接口，为开发者提供了极大的便利。但也因其功能越来越复杂，要配置一个支持本机显卡驱动、CUDA 版本和 Python 接口的 TensorRT 变得困难重重。为了解决这个问题，Nvidia 推出了官方 Docker 仓库，用户可以选择适合的 Docker Image 进行开发。一个 TensorRT 的 Docker Image 会为用户配置好正确的 CUDA 库、TensorRT 及其 Python 接口，可谓开箱即用。如果需要其他的库，完全可以基于这个 Docker Image 构建一个新的 Docker Image。

为了构建一个符合用户需求的 Docker Image，需要一个 Dockerfile 来描述整个构建过程。除了已经配置好的 TensorRT 开发环境，还需要 C++编译器、调试器和 CMake，为了加载和保存图片，还需要 OpenCV 的 C++库。Dockerfile 的编写可以按照上述思路进行。

1. 引入 TensorRT 的 Docker Image

首选要确定一个合适的 Docker Image 作为构建的基础，笔者选择使用成书时最新的带 Python3 接口的版本，以获得最全面的支持。以下代码块为相关的 Dockerfile 语句。

```
FROM nvcr.io/nvidia/tensorrt:22.03-py3
ENV DEBIAN_FRONTEND=noninteractive
RUN apt update
```

```
RUN apt install -y debconf-utils
RUN apt install -y keyboard-configuration
```

第一行表示用户的 Docker Image 以 Nvidia 官方发布的 "nvcr.io/nvidia/tensorrt：22.03-py3" 为基础进行构建。接下来的 4 行语句是为一个全新的系统更新 apt 包管理系统、安装键盘设置等。

2. 加入编译和安装 OpenCV 的命令

安装和 C++ 开发有关的支持库，其中 gdb 是 C++ 的调试器，git 用来拉取 git 仓库的代码，g++ 是 C++ 的编译器，wget 是一个命令行下载工具，用来下载第三方库或源代码。

```
RUN apt -y install gdb git cmake g++ wget
```

至此为止，C++ 开发的环境配置就算是结束了。

接下来要在这个新环境中编译和安装 OpenCV。虽然在本书中 OpenCV 只是用来加载和保存图片，但作为最流行的图像处理库，OpenCV 是自动驾驶工程师们必备的库，因此相关的 Dockerfile 命令也一并列举如下。

```
RUN apt install -y libeigen3-dev libgphoto2-dev libpcl-dev
RUN apt install -y libgtk2.0-dev pkg-config libavcodec-dev
RUN apt install -y libavformat-dev libswscale-dev libtbb2
RUN apt install -y libtbb-dev libjpeg-dev libpng-dev
RUN apt install -y libtiff-dev libdc1394-22-dev unzip wget
RUN apt install -y rsync libgtest-dev

RUN wget https://github.com/opencv/opencv/archive/refs/tags/4.5.5.zip
RUN unzip 4.5.5.zip
RUN cd opencv-4.5.5 \
&& mkdir build \
&& cd build \
&& cmake -DCMAKE_BUILD_TYPE=release -DBUILD_EXAMPLE=off -DBUILD_opencv_python2=OFF -DBUILD_opencv_python3=ON .. \
&& make -j 8 \
&& make install \
```

编译安装 OpenCV 的 Dockerfile 命令分为三部分：第一部分是安装依赖库。OpenCV 是一个非常复杂的库，依赖的第三方库很多，有用于图片和视频编码解码的，有用来加速矩阵运算的，有用来进行并行运算的，还有和显示界面相关的库，这些库都需在编译之前安装好；第二部分是下载 OpenCV 源代码压缩包并解压缩。本书示例中使用的是最常用的 4.5.5 版，读者也可以使用更新的版本，但使用本示例中的命令不一定能编译通过新版本的 OpenCV；第三部分是使用 CMake 生成编译文件并编译和安装 OpenCV。OpenCV 的编译是非常耗时的，笔者的 CPU 有 16 个核心，在 Dockerfile 命令中使用了 8 个线程进行并行化编译以加快编译速度。读者可以根据自己机器的硬件条件修改线程数。

3. 构建 Docker Image

准备好 Dockerfile 之后，就可以基于该 Dockerfile 构建 Docker Image 了。只需在 Dockerfile 所在的

文件夹中打开命令行并执行：

```
docker build -t tensorrt .
```

Docker 就会根据 Dockerfile 的命令从云端拉取 TensorRT 的 Docker Image，然后依次执行后续命令，构建一个名为 tensorrt 的 Docker Image，我们的开发工作都可以基于这个 Docker Image 进行。每次开发之前，执行以下命令即可运行一个新的 Docker Container 并进入其命令行。

```
docker run --gpus all -it --rm -v /home/user/code/trt_inference/:/workspace tensorrt:latest bash
```

运行 Docker Container 的命令在 8.1.1 小节已经讲解过了，读者们对这行命令中大部分的选项应该都不陌生，比较特别的是"-gpus all"。这是和 Nvidia Container Toolkit 有关的选项，意为在 Docker 中使用本机所有的 GPU。

若是使用 Visual Studio Code 进行开发，如 8.1.2 小节所述，应在源代码文件夹中新建一个 .devcontainer 文件夹并新建 devcontainer.json 文件，文件内容和 8.1.2 小节的示例大同小异，如下所示。

```
{
    "name": "TensorRT",
    "image": "tensorrt:latest",
    "runArgs": [
    "--gpus", "all",
    "-e", "SHELL=/bin/bash",
    "-v", "/home/user/code/trt_inference:/workspace"
    ]
}
```

在 VS Code 中打开源代码文件夹后，Docker 插件会自动检测到 .devcontainer 配置文件夹，并询问用户是否在 Docker Container 中打开，此时单击"确定"即可。

4. 建立 CMake 项目

假设源代码文件夹为 /home/user/code/trt_inference，用 VS Code 打开这个文件夹后新建一个 CMakeLists.txt 文件，此文件便是 CMake 项目的配置文件。本例的 CMake 项目需要引用与 TensorRT 相关的库，故和 8.2.2 小节引用 LibTorch 的 CMake 项目稍有不同。CMakeLists.txt 文件中的内容如下所示。

```
cmake_minimum_required(VERSION 3.9)
set(CMAKE_CXX_STANDARD 17)
project(inference_in_trt)
# 1. 引用 CUDA
set(CMAKE_PREFIX_PATH "/usr/lib/x86_64-linux-gnu/")
set(CMAKE_CUDA_COMPILER /usr/local/cuda/bin/nvcc)
enable_language(CUDA)
# 2. 引用 OpenCV
find_package( OpenCV REQUIRED )
# 3. 引用与 TensorRT 相关的库
```

```cmake
find_package(CUDA QUIET REQUIRED)
list(APPEND PLUGINS "nvinfer")
list(APPEND PLUGINS "nvonnxparser")
list(APPEND PLUGINS "nvparsers")
list(APPEND PLUGINS "nvinfer_plugin")
foreach(libName ${PLUGINS})
    find_library(${libName}_lib NAMES ${libName} "/usr" PATH_SUFFIXES lib)
    list(APPEND PLUGIN_LIBS "${${libName}_lib}")
endforeach()
#4. 将各依赖项加入到项目中
include_directories(${CUDA_INCLUDE_DIRS} ${OpenCV_INCLUDE_DIRS})
add_executable(trt_inference trt_inference.cpp)
target_link_libraries(trt_inference ${CUDA_LIBRARIES} nvonnxparser nvinfer nvparsers nvinfer_plugin ${OpenCV_LIBS})
```

CMake 项目可以分为 4 个部分：第一部分是添加 CUDA 依赖，因为要操作显存，很多 CUDA 库函数是必不可少的；第二部分是添加 OpenCV 库，因为 Docker Container 里已经安装好了 OpenCV，CMake 能很容易地通过 find_package 命令在默认安装路径里找到 OpenCV 的库文件；第三部分是引用 TensorRT 的核心库，这些库都是以 TensorRT 插件（TensorRT Plugin）的形式存在的，现依次在系统中寻找这些插件的路径；第四部分是将 CMake 找到的依赖项添加到 trt_inference 这个编译目标中。

在 trt_inference.cpp 中编写一个简单的 Hello World 程序后，读者们应该就可以在命令行中执行以下 4 条命令对目标程序进行编译了。

```
mkdir mybuild
cd mybuild
cmake ..
make
```

和 8.1.2 小节不同的是，新建的编译文件夹没有命名为 build，而是命名为 mybuild，这是考虑到 VS Code 的 CMake 插件默认将编译文件夹命名为 build，为了避免冲突，在这里使用了一个不同的文件夹名。

至此开发环境配置基本就绪，读者可以用 VS Code 打开源文件夹，并选择在 Docker Container 中打开，然后为 Docker Container 中的 VS Code 安装 CMake 和 C++等插件，并尝试编译和调试 Hello World 样例程序。若调试正常，就可以开始在 VS Code 中编写程序了。

▶▶ 8.3.3 导出 TensorRT 支持的网络模型

经过 8.3.2 小节的环境配置，读者们应该已经能在 Docker Container 中打开 VS Code 并调试程序了。本节将详细讲解使用 TensorRT 部署 PyTorch 模型的步骤和相关代码。

TensorRT 支持的模型文件一般被称为 engine 文件，因其扩展名为 ".engine"。使用 TensorRT 对模型进行部署，最大的阻碍便是将 Pytorch 训练好的模型转换为 ".engine" 文件。如前文所述，TensorRT 支持的网络层有限，很多复杂的网络层是无法转换的。而且 TensorRT 提供的转换器并不支持

PyTroch 的 ".pth" 模型文件，因此，还需要以 ONNX 模型文件为中间表达（Intermediate Representation，IR），将 PyTorch 模型转换为 TensorRT 模型，转换过程如图 8-5 所示。

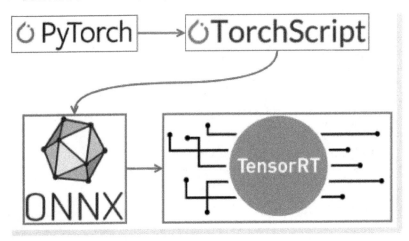

● 图 8-5　4 种模型表示之间的转换过程

第一步是图 8-5 的上半部分，将 PyTorch 的 ".pth" 模型文件转换为 TorchScript 模型文件，详细的转换过程在 8.2.1 小节中已做过讲解，在此不再赘述。

1. TorchScript 转为 ONNX

PyTorch 提供了专门的函数将 TorchScript 模型转换为 ONNX 模型，如以下代码块所示。

```
# 准备输入样例
input = torch.rand((1, 480, 640, 3))
# 将模型保存为 ONNX
torch.onnx.export(
    model_script,                          # TorchScript 模型
    input,
    "model.onnx",                          # 输出的 ONNX 模型文件
    export_params=True,                    # 导出模型参数
    opset_version=11,                      # ONNX 版本号
    do_constant_folding=True,              # 进行常量合并优化
    input_names=['input'],                 # 模型输入代号
    output_names=["output"],               # 模型输出代号
    dynamic_axes=
    {'input': {0:'batch_size'},            # 输入的可变维度
    'output': {0:'batch_size'}}            # 输出的可变维度
)
```

代码中 model_script 为 TorchScript 模型，转换成功后此函数会将模型保存为 model.onnx，输入端命名为 input，输出端命名为 output。同时还将第一个维度设置为可变的维度，这个维度一般代表批次大小，也就是说，模型将允许把多张图像置于同一个批次中作为输入。

ONNX 的版本号是一个很重要的参数，因为不同版本的 TensorRT 支持的 ONNX 版本号各不相同。本书成书时最新的 TensorRT 最高支持 opset 13，而 ONNX 已经发展到了 opset 17。为了覆盖更多的 TensorRT 版本，本例选择了 opset 11，可以同时兼容 TensorRT 7.x 和 TensorRT 8.x。模型转换结束后，读者们会发现一个 model.onnx 文件已经成功导出了，要检查这个模型就需要一个可视化模型结构的软件，业界常用的软件是 Netron。这是一个开源免费的模型可视化软件，读者们可以前往官网下载安装，Netron 可以可视化大部分主流模型格式，包括 ONNX。

2. ONNX 转为 TensorRT Engine

成功获得了 ONNX 模型之后，接下来就要将 ONNX 模型转为 TensorRT 的 ".engine" 模型文件了，这一步比较烦琐，有很多参数需要设置，耗时也很长。转换工具也有两种选择：一种方法是使用 trtexec 程序，这是一个 TensorRT 的命令行工具，具有几乎 TensorRT 的所有功能，用户需要通过设置复杂的选项来实现想要的功能；另一种方法是使用 tensorrt 的 Python 包，本书主要介绍这种方法，因其可读性和可维护性都更强。模型转换的 Python 代码如以下代码块所示。

```python
import tensorrt as trt
# 1.新建一个 Logger 并设置为详细模式
logger = trt.Logger()
logger.min_severity = trt.Logger.Severity.VERBOSE
# 2.支持可变批次大小
flags = 1 << int(trt.NetworkDefinitionCreationFlag.EXPLICIT_BATCH)
builder = trt.Builder(logger)
network = builder.create_network(flags)
config = builder.create_builder_config()
profile = builder.create_optimization_profile()
# 3.设置输入张量尺寸
profile.set_shape("input",
    min=(1, 480, 640, 3),
    opt=(1, 480, 640, 3),
    max=(4, 480, 640, 3))
config.add_optimization_profile(profile)
parser = trt.OnnxParser(network, logger)
runtime = trt.Runtime(logger)
# 4.加载和解析 ONNX 模型文件
with open("model.onnx", "rb") as f:
    parser.parse(f.read())
# 5.编译 TensorRT engine
config.max_workspace_size = 5 * 1 << 30 # 5 GB
plan = builder.build_serialized_network(network, config)
engine = runtime.deserialize_cuda_engine(plan)
# 6.将 TensorRT engine 序列化后写入模型文件
with open("model.engine", "wb") as out_file:
    out_file.write(engine.serialize())
```

模型转换一共分为 6 步，分别对应代码注释中的 6 个编号。第一步是新建一个记录器（Logger），并将其设置为详细（Verbose）模式，这样就能在模型转换过程中观察模型编译器做了些什么；第二步是准备模型转换需要的各个类的对象，要让模型接受不同的批次大小（Batch Size），需要设置 EXPLICIT_BATCH 对应的二进制位，否则会出错；第三步的关键是设置输入张量尺寸，因为是可变批次大小，为了便于 TensorRT 编译器对输入层进行优化和显存分配，需要设置最小尺寸，也就是 min 设置为 1。进行推理时绝大部分时间是输入一张图片，因此常用尺寸 opt 也设置为 1。最大尺寸在本例中设置为 4，允许一次最多对 4 张图片进行推理；第四步是读入 ONNX 模型文件 model.onnx；第五步是根据设置的模型编译计划来编译模型，此处需要将最大工作空间设置得足够大，否则可能导致模型转换失败；第六步是将转换好的模型序列化（Serialization）之后写入文件。所谓序列化是指将一个复杂的数据结构转换为二进制比特数据，转换成功后文件夹中会出现一个 model.engine 文件，这便是 TensorRT 的模型文件。

▶▶ 8.3.4　加载 TensorRT 模型并初始化执行环境

获得模型文件之后，本小节将介绍如何在程序中加载 TensorRT 模型文件并初始化推理引擎，为后续的高速推理做好准备。

1. TensorRT 推理引擎的结构

TensorRT 推理引擎由 3 个部分组成，分别是输入绑定（Binding）、输出绑定和执行环境（Execution Context）。输入、输出是模型规定的输入、输出张量，其尺寸、数据类型和名称都是模型中定义好的。对输入数据进行推理的流程如图 8-6 所示。在进行推理之前，需开辟一块显存作为输入张量存放的地址。每次推理时，用户都应将内存中的图片数据复制到输入显存，然后调用执行环境的 execute 函数对输入显存中的输入数据进行推理。输入显存一般仅在执行环境初始化的时候开辟一次，然后反复使用，如此便避免了反复开辟显存空间，节约了运行时间。

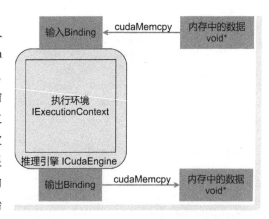

● 图 8-6　TensorRT 数据交换原理图

图中内存中的数据为一指针，指向存储输入、输出数据的内存空间。本例中直接使用 OpenCV 矩阵数据 cv::Mat 的内存空间，按照 OpenCV 的数据结构，其内存空间是连续排布的，可以直接使用 cudaMemcpy 函数将其复制到输入显存空间。

在进行推理之前，首先要加载 TensorRT 的 ".engine" 模型并初始化执行环境。和 TensorRT 的模型转换代码类似，读者可能会感觉初始化的代码量相当大，但这些代码都是固定的，不需要用户进行太多的改动，绝大部分情况下简单地复制粘贴即可。

2. 实现 Logger 类

使用 TensorRT 加载模型时必须提供一个 Logger 来记录加载过程，TensorRT 只提供了一个接口类

ILogger。所谓接口类是指没有具体功能，只规定了标准接口函数的纯虚类，用户必须按照接口标准实现一个自己的 Logger 类。下面的代码块就实现了一个直接在命令行中打印 log 信息的 Logger 类。

```cpp
#继承接口类,实现一个Logger
class TrtLogger : public nvinfer1::ILogger
{
    void log(Severity severity, const char * msg) noexcept override
    {#接口纯虚函数的实现
    std::cout << msg << std::endl;
    }
};
```

3. 加载模型

准备好 Logger 类之后，就可以开始加载模型了。下面的代码块演示了如果加载一个 TensorRT 模型，本例中的模型文件路径为 model.engine。

```cpp
nvinfer1::ICudaEngine * mEngine = nullptr;
nvinfer1::IExecutionContext * mContext = nullptr;
#模型文件路径
std::string engineFile = "model.engine";
#模型文件的二进制流
std::ifstream in(engineFile.c_str(), std::ifstream::binary);
if (in.is_open())
{
    #读取模型的二进制数据
    auto const start_pos = in.tellg();
    in.ignore(std::numeric_limits<std::streamsize>::max());
    size_t bufCount = in.gcount();
    in.seekg(start_pos);
    std::unique_ptr<char[]> engineBuf(new char[bufCount]);
    in.read(engineBuf.get(), bufCount);
    #新建一个模型解析器
    auto iRuntime = nvinfer1::createInferRuntime(logger);
    #将二进制数据反序列化为推理引擎
    mEngine = iRuntime->deserializeCudaEngine((void *)engineBuf.get(), bufCount, nullptr);

    #根据不同版本的要求销毁 iRuntime 对象
#ifdef kNV_TENSORRT_VERSION_IMPL    // --- version > 8
    delete iRuntime;
#else
    iRuntime->destroy();
#endif
}

#为推理引擎新建执行环境
mContext = mEngine->createExecutionContext();
```

首先将模型文件读入为二进制流并存储到 engineBuf 中，然后新建一个模型解析器 iRuntime 对二进制的模型数据进行反序列化（Deserialization），反序列化的作用是将模型的二进制数据转换为一个推理引擎对象 mEngine。

成功地将模型反序列化为推理引擎后，便可以将模型解析器销毁。此处根据不同版本 TensorRT 的要求以不同的方式销毁 iRuntime 对象。最后为推理引擎新建一个执行环境 mContext。

▶▶ 8.3.5 TensorRT 模型的输入、输出

8.3.4 小节完成的任务是加载一个 TensorRT 模型并初始化执行环境，也就是图 8-6 中标注了"执行环境"的部分。接下来就要为执行环境准备输入、输出 Binding，并进行推理。

1. 开辟输入、输出显存空间

输入、输出的显存由用户负责开辟，输入、输出 Binding 的名字、数据类型、张量尺寸等信息可以从模型中读取，各个 Binding 的显存空间大小可通过读取相关信息来确定。以下代码块展示的是如何从模型中读取 Binding 的信息并开辟显存。

```cpp
# 读取所有 Binding 的数目
int nbBindings = mEngine->getNbBindings();
# mBinding 用于存放各 Binding 的显存指针
std::vector<void*> mBinding;
mBinding.resize(nbBindings);
# mBindingSize 用于存放各 Binding 的空间大小
std::vector<size_t> mBindingSize;
mBindingSize.resize(nbBindings);
# 本例中每个批次放一个样本
int32_t mBatchSize = 1;

for(int i=0; i< nbBindings; i++)
{
    # 读取第 i 个 Binding 的张量维度
    nvinfer1::Dims dims = mEngine->getBindingDimensions(i);
    # 读取第 i 个 Binding 的数据类型
    nvinfer1::DataType dtype = mEngine->getBindingDataType(i);
    # 读取第 i 个 Binding 的名字
    std::string nodeName = std::string(mEngine->getBindingName(i));
    # 计算第 i 个 Binding 所需显存空间大小
    int64_t totalSize = trtTensorVolume(dims, mBatchSize, dtype);
    mBindingSize[i] = totalSize;
    # 打印第 i 个 Binding 的信息
    std::cout<<nodeName<<":"<<dims.d[0]<<","<<dims.d[1]<<","<<dims.d[2]<<","<<dims.d[3]<<"\n";
    std::cout<<totalSize<<"\n";
    # 为第 i 个 Binding 开辟显存空间
    cudaMalloc((void**)&mBinding[i], totalSize);
}
```

第 8 章
导出和部署神经网络模型

如注释所示,代码准备了两个数组:一个是 mBinding,用于存放各个 Binding 的显存指针;一个是 mBindingSize,用于存放各个 Binding 的显存。循环代码中的内容便是从模型中读取各个 Binding 的维度和数据类型,然后计算其所需显存空间大小,最后根据计算出来的显存空间大小开辟显存空间,并将显存指针存入 mBinding 数组中。

2. 读取输入图像并转换数据类型

输入 Binding 的张量有其确定的数据类型,通道排布和维度,读入的数据并不一定与之相符,因此需要在读取输入图像后对其进行一系列的预处理,以使之与输入 Binding 的张量一致。本例中,输入张量是一个 RGB 彩色图像,数据类型为 32 位浮点数(float32)。使用 OpenCV 读入的图像通道顺序为 BGR,数据类型为 8 位无符号整数(uint8),因此需要进行数据类型转换。按照模型部署的最佳实践,用户应该尽量减少显存和内存之间的数据搬运,复制 uint8 类型的数据,然后在 GPU 中转换为 float32 类型是更好的选择。但在本书完稿之时,TensorRT 尚不支持 uint8 的数据输入,因此只能转换为 float32 类型再复制到显存。以下代码块展示了读取图像数据,进行预处理并复制至输入 Binding 显存空间的全过程。

```
# 读取输入图像
cv::Mat image = cv::imread("image.png");
# 将 BGR 通道顺序转换为 RGB
cv::cvtColor(image, image, cv::COLOR_BGR2RGB);
# 将 uint8 图像转换为 float32 图像
cv::Mat floatImage;
image.convertTo(floatImage, CV_32FC3);
# 将内存中的图像数据复制到输入显存
cudaMemcpy(mBinding[0],
    (void*)floatImage.data,
    mBindingSize[0],
    cudaMemcpyHostToDevice);
```

代码中最后将图像数据复制至输入 Binding 的显存时,本例直接将其复制到了编号为 0 的 Binding,这是因为本例已经通过打印输入、输出 Binding 的信息得知编号为 0 的 Binding 正是输入 Binding。

将输入图像复制到输入 Binding 的显存空间后,只需调用执行环境的 execute 即可进行推理。

```
mContext->execute(mBatchSize, &mBinding[0]);
```

3. 将输出数据复制到内存并可视化

在执行 execute 函数时,提供了显存指针的列表 mBinding,mContext 会从 mBinding 中的输入显存获取输入数据,推理完毕后将输出数据存入 mBinding 中的输出显存。因此 execute 函数执行完毕之后,输出数据已经位于输出 Binding 的显存空间了,用户可以直接将其复制到内存空间并可视化为图片。本例使用的模型是一个语义分割模型,输出的数据是 32 位整型(int32)的语义分割图,只需将其复制到一个 OpenCV 的矩阵数据结构中,转为 8 位无符号整型(uint8)即可存为 .png 格式的图片,具体代码如以下代码块所示。

```
# 准备输出数据的矩阵
cv::Mat predSeg = cv::Mat::zeros(120, 160, CV_32SC1);
# 准备输出可视化的图片
cv::Mat predSegUint8 = cv::Mat::zeros(120, 160, CV_8UC1);
# 将输出数据从输出显存复制到 OpenCV 矩阵
cudaMemcpy((void*)predSeg.data, mBinding[1], mBindingSize[1], cudaMemcpyDeviceToHost);
# 将输出数据的类型转换为 uint8 类型
predSeg.convertTo(predSegUint8, CV_8UC1);
# 将语义分割图保存为灰度图,乘以 10 更易分辨
cv::imwrite("seg.png", 10*predSegUint8);
```

和输入类似,模型的 Binding 中编号为 1 的 Binding 对应了输出张量,因此在进行推理之后,可以直接从 mBinding[1]将输出数据从显存复制到位于内存空间的 predSeg。本例中的模型最后直接输出语义分割图,每一个像素代表了其分类类别的编号,一共输出 18 个类别,uint8 类型一共可以表示 255 个类别,因此此处将 int32 转换为 uint8 不会损失任何信息。

打开保存的 seg.png 语义分割图,读者们应该能勉强分辨出各个类别的像素,如果觉得视觉效果不佳,可以将原语义分割图乘以 10,保存为图片后会更易分辨。

8.4 量化神经网络提高推理速度

使用 TensorRT 运行经过压缩的模型,运行时间相较原始模型已能大大缩减,工程师们对模型推理加速的追求却并未止步于此。得益于神经网络过参数化的特征和对正则化方法的使用,模型对噪声的容忍程度是很高的,如 Dropout 就是常用的正则化方法,甚至还有直接向特征或权重值中加入噪声的正则化方法。换言之,神经网络模型能容忍一定的噪声,甚至还能容忍随机地去掉一些特征,不难想到,神经网络很可能也能容忍低精度运算带来的数值误差。模型训练一般会使用 32 位浮点数(FLOAT32,FP32)来表达权重值和特征,如果能使用 8 位整数(INT8)来进行近似,并将 32 位浮点数乘法运算用 8 位整数乘法代替,那节省的计算量会相当惊人,毕竟神经网络的推理过程中绝大部分的运算都是乘法。

模型量化(Model Quantization)就是用低精度运算对高精度运算进行近似的模型加速技术,经过量化的模型不但模型体积成倍缩小,运行时间也会成倍降低。

▶▶ 8.4.1 模型量化中的精度转换

神经网络量化的第一步是将高精度的数值转换为低精度,最简单的做法便是直接对数值进行缩放,然后四舍五入得到低精度数值。计算过程如图 8-7 所示。图 8-7a 所示为无溢出状态下的精度转换,上轴数据点为所有高精度数据点,下轴数据点为相应的低精度数据点。将高精度数据直接缩放后四舍五入,即得低精度数据点,也可以用式(8-1)来表达这个转换过程:

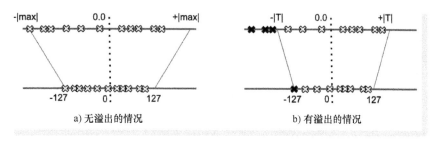

- 图 8-7　模型量化中数值截断产生的精度损失

$$V_{\text{INT8}} = \left| \frac{128}{\max} V_{\text{FP32}} \right| \tag{8-1}$$

图 8-7b 所示为有溢出的情况，此时原精度数据点中有 3 个值经过缩放后 <-127，无法用 8 位整型表达，因此采取截断（Clamping）操作，将 3 个溢出的数据点都用 -127 表达。显然，在有溢出的情况下，极端的数据值最后会产生更大的误差。

图 8-7 中的示例是对称量化（Symmetric Quantization），所有的数据点都是用相同的缩放比例进行量化的，这也是最为常用的量化方法。也有非对称量化（Asymmetric Quantization）法，根据数据点分布的疏密对不同的数据点赋予不同的缩放比例，限于篇幅，在本书不深入讨论了。

▶▶ 8.4.2　使用低精度数值完成运算

神经网络模型的计算过程中涉及的高精度数值主要有模型的参数和各层特征图，输入数据若为 RGB 图像数据，原本就是 8 位整型，因此无需额外转换。但进行卷积计算时，会涉及大量 8 位整型相乘、相加的操作，此时输出的数值必然会超过 8 位整型的范围，需要进行额外的处理。图 8-8 所示为经过量化后的模型是如何实现一个卷积层的运算的。

读者仔细观察就会发现，卷积运算的过程中并不是所有的参数都是 8 位整型。权重和输入数值经过量化后均为 8 位整型，经过卷积运算之后，因为大量的相乘和相加运算，精度会变为 32 位整型。若卷积层是带偏置的卷积层，偏置也会是 32 位整型。接下来便是激活层，很多激活层是复杂的非线性函数，其特性需要较高精度才能实现，因此激活层的运算会用高精度实现。在激活层之后，就得到了 32 位的特征图，在输入到下一个卷积层进行运算之前，为了保证输入卷积的数据为低精度数据，需要对 32 位的高精度特征图进行量化转换为低精度特征图。

图 8-8 中展示的运算过程巧妙地在计算最密集的部分（也就是卷积运算部分）使用了低精度运算；在计算量比较低的部分，也就是累加偏置和激活层部分，则使用高精度

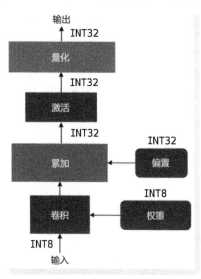

- 图 8-8　量化后模型的推理计算图

运算。如此就兼顾了运算量和运算精度。

▶▶ 8.4.3 使用随机数据进行量化校准

回顾图 8-7，对称量化的原理是根据最大最小值将 FP32 的数值映射到 INT8。需要量化的值有两种：一种是卷积层的权重，这是静态数值，不会随着输入的改变而改变，可以直接统计最大最小值；另一种是激活层的输出值。神经网络各激活层的输出值是动态数值，会根据输入的变化而变化，每一次推理的最大最小值也会不断地变化，于是一个很自然的问题就是如何获得一组恒定的最大最小值？一个简单的方法是尽可能地输入不同的数据并对各层的输出进行统计，获得各层输出值的全局最大最小值，然后基于这组值进行量化。这个输入尽可能多的数据来统计最大最小值的过程称为 INT8 校准（INT8 Calibration），使用的数据集便称作校准数据集（Calibration Dataset）。

校准数据集直接决定了各层输出最大最小值的统计范围，也就决定了 FP32 到 INT8 的映射方式，因此进行 INT8 量化的关键便是选择一个符合需求的校准数据集。如果覆盖的范围偏窄，量化后的模型精度损失会更小，但遇到极端的值会产生数值溢出现象；如果范围偏广，精度损失会更大，但能覆盖到极端的数值，模型对长尾（Long Tail）数据的表现会更好。因此，对校准数据集的选择完全取决于工程师是否愿意牺牲长尾数据的精度来换取常见数据的精度。

常用的校准数据集构建方法一般有两种：一种是使用随机数据，有的任务对精度损失并不敏感，随机数据即可满足要求；另一种是直接使用测试数据集，或者从各个类别的数据中进行采样。前文中介绍了如何将 ONNX 模型转换为 TensorRT 的 .engine 文件，若按照默认精度进行模型转换，转换后的模型精度为 FP32。为了获得 INT8 精度的模型，开发者必须根据 TensorRT 提供的 INT8 校准基类实现一个 INT8 校准器（INT8 Calibrator），并使用这个类对模型进行校准，才能导出 INT8 精度的 engine 文件。一个简单 INT8 校准器实现如以下代码块所示。

```python
import tensorrt as trt
class RndInt8Calibrator(trt.IInt8EntropyCalibrator):
    """trtexec 默认校准器—随机数据校准器"""
    def __init__(self, inputs: Dict[str, Tuple[int]], _samples: int):
        """初始化函数
        Args:
        inputs (Dict[str, Tuple[int]])：输入张量的名字和维度
        num_samples (int)：用于校准的样本数
        """
        trt.IInt8EntropyCalibrator.__init__(self)
        self.inputs = inputs
        self.num_samples = num_samples
        self.current_sample = 0
        self.batch_size = 1

        self.volumes = []
        self.host_inputs = []
        self.device_inputs = []
        # 为校准过程中的输入数据开辟内存和显存空间
```

```python
        for input_name, input_shape in self.inputs.items():
            # 检查张量是否为空
            count = len(list(filter(lambda x: x < 1, input_shape[1:])))
            assert count == 0, "input shapes are not defined, got {}".format(input_shape)

            # 计算空间占用
            volume = trt.volume((self.batch_size, *input_shape[1:]))
            self.volumes.append(volume)
            # 为输入分配内存空间
            self.host_inputs.append(cuda.pagelocked_empty(volume, np.float32))
            # 为输入分配显存空间
            self.device_inputs.append(cuda.mem_alloc(volume * trt.float32.itemsize))

    def get_batch(self, names):
        # 此为必须实现的接口函数,返回一个 batch 的输入数据
        if self.current_sample >= self.num_samples:
            return None
        self.current_sample += self.batch_size

        # 为所有的输入张量生成数据
        for idx, volume in enumerate(self.volumes):
            # 随机生成一个取值范围为 0~255 的 NumPy 数组
            data = np.random.uniform(low=0, high=255, size=volume).astype(np.float32)
            # 将 NumPy 数组的数据整理为连续内存并复制到内存
            np.copyto(self.host_inputs[idx], data.ravel())
            # 将内存数据复制到显存
            cuda.memcpy_htod(self.device_inputs[idx], self.host_inputs[idx])

        # 返回输入数据的显存空间
        return [int(device_input) for device_input in self.device_inputs]

    def get_batch_size(self):
        # 此为必须实现的接口函数,返回 batch size
        return self.batch_size

    def read_calibration_cache(self):
        pass

    def write_calibration_cache(self, cache):
        pass
```

代码中的校准类继承自 TensorRT 提供的基类 trt.IInt8EntropyCalibrator,用户需要自行实现的功能很简单,就是 get_batch 和 get_batch_size 这两个函数,用来返回下一个 batch 的数据。也就是说,实现一个 TensorRT 的校准器,用户只需要负责提供校准数据,具体的校准算法已经在基类中实现了。在本例中,为了便于展示,笔者实现了一个随机数据校准器,这也是 TensorRT 的默认 INT8 校准器,使用这个校准器不需要用户提供数据,所有数据都是在线随机生成的,因此非常方便。如果想要使用真

实数据，只需要将代码中随机生成 NumPy 数组的部分改为读取图片就可以了，读者们不妨自己实现一下。

基类的名字是 IInt8EntropyCalibrator，说明这个类使用的是基于 Entropy 的校准算法。上文中提到，模型校准是通过统计各个激活层输出值实现的，最大最小值范围越小，精度越高，范围越大，越能覆盖长尾数据。INT8 映射的最大最小值可以直接使用全局最大最小值，以求最大程度地覆盖长尾数据。但用户也可以设计算法来选择一个合理的范围，以获得精度和长尾数据覆盖的最佳平衡。基于 Entropy 的校准是最常用的校准算法。其原理是将 FP32 模型和 INT8 模型之间的相对熵（Relative Entropy）作为优化目标来最优化各层的最大最小值范围，相对熵是衡量两个分布类似程度的统计量，它的另一个名字是 KL 散度（KL Divergence）。

实现好了 INT8 校准器之后，只需将 8.3.3 小节中的代码块稍加改动，即可导出 INT8 精度的.engine 文件，改动内容如以下代码块所示。

```
# 5.编译 TensorRT engine
config.max_workspace_size = 5 * 1 << 30 # 5 GB
# 将精度设置为 Int8
config.set_flag(trt.BuilderFlag.INT8)
# 收集输入张量信息
inputs = {network.get_input(idx).name: network.get_input(idx).shape \
        for idx in range(network.num_inputs)}
# 定义 Int8 校准器,使用 1000 个随机样本
config.int8_calibrator = RndInt8Calibrator(inputs=inputs, num_samples=1000)
# 根据设置编译 engine 文件
plan = builder.build_serialized_network(network, config)
engine = runtime.deserialize_cuda_engine(plan)
```

相较于默认的 FP32 精度编译，只需将精度设置为 INT8 并提供一个 INT8 校准器，就能编译出 INT8 精度的.engine 文件了。加载 INT8 精度.engine 文件进行推理的代码和 FP32 一样，TensorRT 推理引擎会根据.engine 文件中的信息确定推理模式。

8.4.4 模型推理时间对比

到此为止，为了降低神经网络的推理时间，工程师们可谓无所不用其极，第 7 章介绍了网络压缩，本章则介绍了模型量化。读者一定很好奇，这些手段分别能降低多少推理时间？如果把它们全部用上，最终能将推理时间降低到多少？为了让读者们有一个直观的印象，笔者将模型压缩和模型量化两种方法进行组合，做了 4 次试验，试验结果见表 8-1。

表 8-1 模型压缩和模型量化对推理时间及精度的影响

	TensorRT FP32	TensorRT INT8
原始模型耗时/ms	3.025	1.915
原始模型精度/mIoU	0.776	0.763

（续）

	TensorRT FP32	TensorRT INT8
压缩后模型耗时/ms	2.077	1.317
压缩后模型精度/mIoU	0.776	0.759

从试验结果可以发现，通过控制模型压缩的阈值，可以让压缩过的模型保持和原始模型一样的精度，模型压缩能降低30%的推理时间。而模型量化能在此基础上再降低35%的推理时间，两种方法结合之后，推理时间从3ms/帧降低到了1.3ms/帧！

同时，也应该注意到模型量化会对精度造成的影响，而且在经过模型压缩之后模型量化对精度的影响会更为显著。在本例中，mIoU 降低了1.7%，考虑到模型量化带来的巨大推理速度提升，这个精度损失还是可以接受的。

参 考 文 献

[1] NAKKIRAN P, KAPLUN G, BANSAL Y, et al. Deep Double Descent: Where Bigger Models and More Data Hurt [J]. J. Stat. Mech.: Theory Exp, 2021.

[2] LEE H, GROSSE R, RANGANATH R, et al. Convolutional Deep Belief Networks for Scalable Unsupervised Learning of Hierarchical Representations [C]. Montreal: ICML, 2009.

[3] IOFFE S, SZEGEDY C. Batch Normalization: Accelerating Deep Network Training by Reducing Internal Covariate Shift [J]. PMLR, 2015.

[4] BA J, KIROS J, HINTON G. Layer Normalization [D/OL]. (2016-07-21) [2023-03-04]. https://arxiv.org/abs/1607.06450.

[5] ULYANOV D, VEDALDI A, LEMPITSKY V. Instance Normalization: The Missing Ingredient for Fast Stylization [D/OL]. (2016-07-27) [2023-03-04]. https://arxiv.org/abs/1607.08022.

[6] WOO S, PARK J, LEE J, et al. CBAM: Convolutional Block Attention Module [C]. Munich: ECCV, 2018.

[7] YU C, GAO C, WANG J, et al. BiSeNet V2: Bilateral Network with Guided Aggregation for Real-time Semantic Segmentation [J]. International Journal of Computer Vision, 2020.

[8] RONNEBERGER O, FISCHER P, BROX T. U-Net: Convolutional Networks for Biomedical Image Segmentation [C]. Munich: MICCAI, 2015.

[9] LIN T, DOLLAR P, GIRSHICK R, et al. Feature Pyramid Networks for Object Detection [C]. Honolulu: CVPR, 2017.

[10] TAN M, PANG R, LE Q. EfficientDet: Scalable and Efficient Object Detection [C]. Virtual: CVPR, 2020.

[11] HE K, GIRSHICK R, DOLLAR P. Rethinking ImageNet Pre-training [C]. Seoul: ICCV, 2019.

[12] HE K, FAN H, WU Y, et al. Momentum Contrast for Unsupervised Visual Representation Learning [C]. Virtual: CVPR, 2020.

[13] WANG X, ZHANG R, SHEN C, et al. Dense Contrastive Learning for Self-Supervised Visual Pre-Training [C]. Virtual: CVPR, 2021.

[14] SIMONYAN K, ZISSERMAN A. Very Deep Convolutional Networks for Large-Scale Image Recognition [C]. San Diego: ICLR, 2015.

[15] DING X, ZHANG X, MA N, et al. RepVGG: Making VGG-style ConvNets Great Again [C]. Virtual: CVPR, 2021.

[16] HE K, ZHANG X, REN S, et al. Deep Residual Learning for Image Recognition [C]. Las Vegas: CVPR, 2016.

[17] YU X, YU Z, RAMALINGAM S. Learning Strict Identity Mappings in Deep Residual Networks [C]. Salt Lake City: CVPR, 2018.

[18] VEIT A, WILBER M, BELONGIE S. Residual Networks Behave Like Ensembles of Relatively Shallow Networks [C]. Barcelona: NIPS, 2016.

[19] HOWARD A, ZHU M, CHEN B, et al. MobileNets: Efficient Convolutional Neural Networks for Mobile Vision Applications [D/OL]. (2017) [2023-03-12]. https://arxiv.org/abs/1704.04861.

[20] RADOSAVOVIC I, KOSARAJU R, GIRSHICK R, HE K, DOLLÁR P. Designing Network Design Spaces [C]. Virtual: CVPR, 2020.

[21] HU J, SHEN L, ALBANIE S, et al. Squeeze-and-Excitation Networks [C]. Salt Lake City: CVPR, 2018.

[22] REN S, HE K, GIRSHICK R, et al. Faster R-CNN: Towards Real-Time Object Detection with Region Proposal Networks [C]. Montreal: NIPS, 2015.

[23] REDMON J, FARHADI A. YOLOv3: An Incremental Improvement [D/OL]. (2018-04-08) [2023-03-21]. https://arxiv.org/abs/1804.02767.

[24] LIU W, ANGUELOV D, ERHAN D, et al. SSD: Single Shot MultiBox Detector [C]. Amsterdam: ECCV, 2016.

[25] LIN T, GOYAL P, GIRSHICK R, et al. Focal Loss for Dense Object Detection [C]. Venice: ICCV, 2017.

[26] BOCHKOVSKIY A, WANG C, LIAO H. YOLOv4: Optimal Speed and Accuracy of Object Detection [D/OL]. (2020-04-22) [2023-04-01]. https://arxiv.org/abs/2004.10934.

[27] ZHOU X, WANG D, PHILIPP KRÄHENBÜHL P. Objects as Points [D/OL]. (2019-04-16) [2023-03-24]. https://arxiv.org/abs/1904.07850.

[28] GE Z, LIU S, WANG F, et al. YOLOX: Exceeding YOLO Series in 2021 [D/OL]. (2021-08-06) [2023-04-02]. https://arxiv.org/abs/2107.08430.

[29] RONNEBERGER O, FISCHER P, BROX T. U-Net: Convolutional Networks for Biomedical Image Segmentation [C]. Munich: MICCAI, 2015.

[30] WANG J, SUN K, CHENG T, et al. Deep High-Resolution Representation Learning for Visual Recognition [J]. PAMI, 2019.

[31] TAO A, SAPRA K, CATANZARO B. Hierarchical Multi-Scale Attention for Semantic Segmentation [D/OL]. (2020-05-21) [2023-04-11]. https://arxiv.org/abs/2005.10821.

[32] ZHAO H, SHI J, QI X, et al. Pyramid Scene Parsing Network [C]. Honolulu: CVPR, 2017.

[33] CHEN L, PAPANDREOU G, SCHROFF F, et al. Rethinking Atrous Convolution for Semantic Image Segmentation [D/OL]. (2017-12-05) [2023-04-12]. https://arxiv.org/abs/1706.05587.

[34] YU C, GAO C, WANG J, et al. BiSeNet V2: Bilateral Network with Guided Aggregation for Real-time Semantic Segmentation [J]. International Journal of Computer Vision, 2020.

[35] PAN X, SHI J, LUO P, et al. Spatial As Deep: Spatial CNN for Traffic Scene Understanding [C]. New Orleans: AAAI, 2018.

[36] HOWARD A, SANDLER M, CHU G, et al. Searching for MobileNetV3 [C]. Seoul: ICCV, 2019.

[37] HE K, GKIOXARI G, DOLLÁR P, GIRSHICK R. Mask R-CNN [C]. Venice: ICCV, 2017.

[38] LIU S, QI L, QIN H, et al. Path Aggregation Network for Instance Segmentation [C]. Salt Lake City: CVPR, 2018.

[39] WANG X, KONG T, SHEN C, et al. SOLO: Segmenting Objects by Locations [C]. Glasgow: ECCV, 2020.

[40] TIAN Z, ZHANG B, CHEN H, et al. Instance and Panoptic Segmentation Using Conditional Convolutions [J]. TPAMI, 2021.

[41] TIAN Z, SHEN C, WANG X, et al. BoxInst: High-Performance Instance Segmentation with Box Annotations [C]. Virtual: CVPR, 2021.

[42] FU H, GONG M, WANG C, et al. Deep Ordinal Regression Network for Monocular Depth Estimation [C]. Salt Lake City: CVPR, 2018.

[43] LI Z, WANG X, LIU X, et al. BinsFormer: Revisiting Adaptive Bins for Monocular Depth Estimation [D/OL]. (2022-04-03) [2023-03-15]. https://arxiv.org/abs/2204.00987.

[44] ZHOU T, BROWN M, SNAVELY N, et al. Unsupervised Learning of Depth and Ego-Motion from Video [C]. Honolulu: CVPR, 2017.

[45] GODARD C, MAC AODHA O, FIRMAN M, et al. Digging Into Self-Supervised Monocular Depth Estimation [C]. Seoul: ICCV, 2019.

[46] KENDALL A, GAL Y, CIPOLLA R. Multi-Task Learning Using Uncertainty to Weigh Losses for Scene Geometry and Semantics [C]. Salt Lake City: CVPR, 2018.

[47] FRANKLE J, CARBIN M. The Lottery Ticket Hypothesis: Finding Sparse, Trainable Neural Networks [D/OL]. (2018-03-09) [2023-03-26]. https://arxiv.org/abs/1803.03635.

[48] LIU H, SIMONYAN K, YANG Y. DARTS: Differentiable Architecture Search [D/OL]. (2018-06-24) [2023-04-25]. https://arxiv.org/abs/1806.09055.